KB189730

마약류 중독의 이해와 치료

조성남 · 강향숙 · 김선민 · 김주은 · 문봉규 · 박상규 · 신성만 공저

학지사

저자 서문

저는 1988년에 처음 치료감호소에서 정신과 전문의로 일을 하면서 메스암페타민 중독으로 정신병적 상태에서 자신의 6개월 된 딸을 끔찍하게 살해한 사람, 부인을 살해한 사람, 여자 친구를 살해한 사람을 만나 충격을 받고 마약류 중독의 무서움을 경험하였습니다. 이들이 중독에서 회복할 수 있도록 내가 무엇을 해야 하고, 할 수 있는지 고민하는 동안 어느덧 30년이라는 세월이 흘렀습니다.

이 책의 저자들은 오랜 기간 동안 마약류 중독자들을 만나 치료하면서 중독의 무서움을 너무나 절실하게 깨닫고 있습니다. 수많은 중독자가 치료를 받지 않거나 치료를 받더라도 재발하는 모습을 보면서 이들에게 중독과 회복에 대해서 보다 정확한 정보를 알려 주어 잘 회복할 수 있도록 안내할 책이 필요하다는 마음이 합해져 이 책을 만들게 되었습니다.

우리나라는 1999년에 마약류 사범이 10,000명을 넘었으며 마약사범지수(인구 10만 명당 마약류 사범 수) 역시 20을 넘어서, 마약류가 급속도로 확산될 위험에 대한 통제가 필요한 국가가 된 지도 어느덧 20여 년이 지났습니다. 하지만 아직도 재벌가나 연예인, 방송인들의 마약류 남용과 밀수사건이 사회문제화되고 있고, '버닝썬' 사건으로 데이트강간 마약류에 대한 경각심이 높아지고 있습니다. 이런 상황에서 2018년을 기준으로 마약류 사범 수는 16,000명이 넘었으며, 인터넷과 SNS를 통한 구매와 대포통장이나 던지기 수법 등으로 서로를 모른 채 불법적인 마약류 거래가 이루어져 이제는 청소년들조차 몇 만 원만 있으면 쉽게 마약류를 구할 수 있는 실정입니다. 또한 최근 들어서는 불법 마약류보다 시중에서 처방되는 마약류의 중독, 예를 들어 졸피뎀과 같은 수면제나 마약성 진통제, 다이어트약으로 남용되는 각성제, 항불안제, 프로포폴과 같은 마취제 등에 대한 의존이 급격하게 늘어나고 있습니다.

의료보험에 의해 처방되는 마약류들은 약물 사용 등록(Drug Use Registration: DUR) 제도를 통해 마약류에 대한 사용 등록이 가능하므로 이중 처방을 예방할 수 있습니다. 그러나 다량의 마약류를 처방받고자 하는 사람들은 이와 같은 제도를 역이용해 '비급여' 방식으로 DUR을 피하여 처방받아, 마약류가 얼마나 처방되고 남용되는지 정부에서 알 수 없는 실정입니다.

이러한 방식으로 처방되는 마약류의 남용을 규제하고자 정부에서는 2018년 5월 18일부터 마약류통합관리시스템(Narcotics Information Management System: NIMS)을 운영하여 마약류의 제조 · 수입 · 유통 · 사용 내용을 투명하게 관리하도록 하였으나, NIMS가 운영되자 이제는 처방되는 마약류를 인터넷을 통해 불법적으로 구매하려는 양상이 늘어나기 시작하였습니다.

미국의 경우, 2018년 말을 기준으로 3,000만 명 이상이 마약류를 남용하고 있다는 보고가 있으며, 2017년 한 해 동안 마약성 진통제(주로 펜타닐)의 남용으로 47,600명이 목숨을 잃어, 결국 도널드 트럼프(Donald Trump) 전대통령이 공중보건 비상사태를 선포하기에 이르렀습니다. 미국의 마약류 남용 대책 관련 예산만 해도 1년에 300억 달러 이상이 사용되며, 마약류 중독의 예방과 이미 중독이 되어 버린 사람들의 치료에 매진하고 있습니다. 반면에 우리나라 정부는 마약류 중독자들을 치료가 필요한 환자보다는 범죄자로 보고, 그들을 구속 또는 수감하는 정책을 고수하고 있습니다. 제도적으로 치료를 위한 치료보호제도나 치료감호제도가 있으나 거의 활용되지 못하고 있으며, 국민들도 중독의 심각성이나 질병에 대한 정보를 알기 힘들고, 심지어 중독자 본인도 '왜 중독이 되었는지' '어떻게 치료를 받아야 하는지'에 대한 정보 부족으로 치료적 접근을 못하는 실정입니다.

이 때문에 온 국민에게 중독이 본인뿐만 아니라 가족과 나라를 피폐하게 만드는 무서운 질병임을 알릴 필요가 있습니다. 또한 중독자 본인뿐만 아니라 가족 및 치료 전문가에게 '왜 중독이 되는지' '그 피해가 얼마나 큰지' '치료는 어떻게 하는지' 등을 자세하게 설명하여 중독의 늪에서 빠져나오도록 도와주어야 합니다. 이제 저자들은 이 책을 통해 독자들에게 마약류 중독에 대한 실태와 중독의 기전, 가족문제, 치료적 이슈들에 대해 상세하게 안내하고자 합니다.

이 책이 중독에서 회복 중인 분과 그의 가족 그리고 전문가에게 많은 도움이 되었으면 합니다.

국립법무병원 원장

조성남

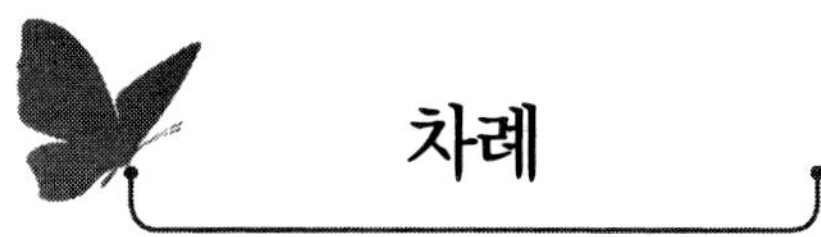

차례

제1장

마약류 중독의 실태와 대책

1. 마약류의 종류와 특성

1) 마약류 물질

세계보건기구(World Health Organization: WHO)에서는 마약류를, ① 약물 사용에 대한 욕구가 강제적일 정도로 강하고(의존성), ② 사용 약물의 양이 증가하는 경향이 있으며(내성), ③ 사용을 중지하면 온몸에 견디기 힘든 증상이 나타나며(금단증상), ④ 개인에 한정되지 아니하고 사회에도 해를 끼치는 약물로 정의하고 있다. 우리나라에서는 그동안 「마약법」「향정신성의약품관리법」「대마관리법」으로 각각 분리되어 운영되다가 2000년에 「마약류 관리에 관한 법률」(약칭 「미약류관리법」)로 통합되었으며, 제2조에 마약류는 마약 · 향정신성의약품 및 대마를 말한다고 정의되었다. 또한 제5조의2에 의하면 식품의약품안전처장은 마약류가 아닌 물질 · 약물 · 제제 · 제품 중에서 오용 또는 남용으로 인한 보건상의 위해가 우려되어 긴급히 마약류에 준하여 취급 · 관리할 필요가 있다고 인정하는 경우에 임시마약류로 지정하도록 되어 있다.

2) 마약류 물질의 종류

마약류란, 중추신경계에 영향을 미쳐 중추신경의 작용을 과도하게 하거나 억제하는 물질 중 신체적 · 정신적 의존성이 있는 것으로서, 관련 법규에 따라 규제 대상으로 지정된 물질을 말하며 일반적으로 중추신경억제제(진정제)와 중추신경흥분제(각성제) 등으로 분류된다.

〈표 1-1〉 마약의 분류

분류	품명	지정 성분 수	비고
천연마약	양귀비, 아편, 코카잎(엽)	3	
추출 알칼로이드	모르핀, 코데인, 헤로인, 코카인 등	35	일부 의료용 사용
합성마약	페티딘, 메타돈, 펜타닐 등	91	일부 의료용 사용

출처: 대검찰청(2019).

(1) 천연마약 및 추출 알칼로이드

① 양귀비

양귀비는 일명 '앵속'이라고 불리는데, 1년생 식물로 기원전 300년경부터 재배되기 시작하여 황금의 초승달 지대(아프가니스탄, 파키스탄, 이란 접경 지역)를 중심으로 거의 전 세계에서 재배된다. 국내에서는 대부분 농어촌, 산간지역 등에서 가정상비약이나 관상용으로 재배하다가 적발되기도 한다.

② 아편

아편(opium)은 설익은 양귀비 열매에 상처를 내어 흘러나온 우윳빛 추출물을 건조시킨 암갈색의 덩어리로, 탁월한 진통 효과를 가지고 있으나 남용 시 몽롱한 황홀감 등을 경험하게 되고, 지속적으로 남용하면 내성과 금단증상으로 심한 중독 상태에 이르게 된다.

③ 모르핀

모르핀(morphine)은 아편으로부터 불순물을 제거하고 일정한 화학반응을 거쳐 추출한 진통성이 강한 알칼로이드(alkaloid)로, 1805년에 독일 의사 프리드리히 제르튀르너(Friedrich Sertürner)에 의해 분리되었으며 그리스신화의 모르페우스(Morpheus, 꿈의 신)의 이름을 따서 명명하였다. 모르핀은 진통 · 진정 · 진해 효과가 뛰어나 의료용으로 사용되나 의존성이 심하고, 구토, 발한, 발열, 설사, 복통, 간질 등의 신체적 금단증상이 심하게 나타난다.

④ 코데인

코데인(codeine)은 메틸모르핀(methyl morphine)이라는 알칼로이드의 일종으로, 진통 효과는 모르핀의 1/6 정도이지만 수면을 촉진하고, 기침을 완화하며, 통증을 억제하고, 신체적 의존성이 비교적 적은 편이나 정신적 의존성과 금단증상을 유발한다.

〈표 1-2〉 마약의 분류 및 특성

구분	종류	명칭	특성	작용
천연마약	아편계	양귀비	• 키 1~1.5m의 식물 • 백색, 적색, 자색의 꽃이 핌	
		아편	• 설익은 꽃봉우리에 생채기를 내어 우윳빛 즙을 담아 두면 암갈색 타르가 됨(생아편) • 응고하면 딱딱한 왁스 형 • 달콤하고 톡 쏘는 건초향이 남	• 고통 완화, 졸린 듯한 상태에서 편안함과 황홀함을 느낌 • 의존성, 내성, 변비, 얼굴 창백, 신경질적, 식욕 · 성욕 상실, 구토, 동공 수축, 호흡장애
		모르핀	• 아편으로 모르핀 제조, 무취, 쓴맛이 남 • 제형: 분말, 캡슐, 주사	• 의약용으로 사용 • 강한 진통 효과 도취, 수면 • 아편보다 강한 중독성, 호흡 억제, 구토, 발한, 변비

〈계속〉

<table>
<tr><td rowspan="5">천연마약</td><td rowspan="2">아편계</td><td>헤로인</td><td>• 모르핀 양의 1/2로 동일 효과
• 백색, 황백색, 회색, 연갈색의 미세결정
• 무취, 쓴맛, 모르핀에 무수초산을 가하여 제조</td><td>• 쾌감 쇄도 후 졸음, 도취
• 모르핀보다 강한 중독성, 변비, 동공 수축, 호흡 감소, 무감각, 내분비계통의 퇴화, 자아 통제 불능</td></tr>
<tr><td>코데인</td><td>• 모르핀으로부터 분리
• 제형: 주사, 캡슐 정제</td><td>• 의약용으로 사용
• 진통 및 진해에 특효</td></tr>
<tr><td rowspan="2">코카계</td><td>코카인</td><td>• 코카잎에서 추출
• 솜털 같은 백색 결정 분말
• 코로 분말 흡입, 주사 혹은 구강을 통해 투여</td><td>• 효과가 신속하고 대뇌 흥분, 동공 확장, 심장 박동이 증가함
• 심장 장애, 호흡 곤란, 경련, 공격적 행동, 과대망상, 정신착란</td></tr>
<tr><td>크랙</td><td>• 코카인에 베이킹소다, 물을 넣고 가열하여 제조
• 자갈 모양의 결정체
• 워터파이프로 흡연</td><td>• 효과가 신속하고 강력, 황홀감
• 코카인보다 중독 위험이 심각함
• 비용은 코카인보다 저렴함
• 부작용은 코카인과 유사함</td></tr>
<tr></tr>
<tr><td rowspan="2">합성마약</td><td colspan="2">페티딘계</td><td>정제, 패치형</td><td>• 아편계 중독 치료제로도 사용
• 졸림, 호흡 감소, 경련</td></tr>
<tr><td colspan="2">메타돈계</td><td>• 주사, 정제, 캡슐
• 24시간 장기 지속</td><td>아편계 중독 치료제로도 사용</td></tr>
</table>

출처: 한국과학기술한림원(2019).

⑤ 헤로인

헤로인(heroin)은 디아세틸모르핀(diacetylmorphine)으로도 불리는데, 아편에 소석회와 물, 염화암모니아 등을 첨가하여 혼합, 침전, 여과, 가열 과정을 거친 후 모르핀 염기에 무수초산, 활성탄, 염산, 에테르 등으로 화학 처리하여 제조한다. 헤로인은 '용감한, 강력한'이라는 의미로, 1974년에 최초로 합성되었으며 모르핀의 10배에 달하는 약리작용을 나타내어 1924년에 전면 금지되었다.

⑥ 코카인

코카인(cocaine)은 볼리비아, 페루, 콜롬비아 등의 안데스산맥 고지대에서 자생하는 코카나무 잎에서 추출한 알칼로이드로, 중추신경을 자극하여 쾌감을 야기하는 천연마약이다. 고대 잉카제국에서 제사장들이 종교의식 중에 최면 효과를 내거나, 일반인들이 배고픔이나 피로감을 잊기 위해 사용하였다. 코카잎은 1532년에 유럽에 전해졌고, 1873년에 처음 의료용 진통제로 사용되었으며, 의료용으로는 국소용 마취제로 사용된다. 남용 방법은 보통 코카잎을 씹거나, 코카 반죽(코카페이스트)를 섭취하거나, 결정체 분말을 코로 흡입하거나 주사기로 투약한다. 코카인은 약효가 빠르고 강력한 도취감을 일으키는 중추신경흥분제(각성제)로 과도한 양을 사용하면 피부에 벌레가 기어다니는 느낌의 환각(cocaine bug)이 나타나고 맥박이 빨라지며, 호흡이 불규칙해지고 열과 경련이 나타나며 결국에는 호흡 곤란으로 사망한다.

크랙(crack)은 코카인과 탄산나트륨 등을 물에 희석하여 불로 가열한 후 냉각시켜서 추출한 백색의 결정체로, 코카인보다 중독성이 몇 배 강하며 유리관에 넣어 가열하거나 기포화하여 흡입한다.

(2) 합성마약

합성마약은 모르핀과 비슷한 진통효과를 내면서도 의존성이 적은 의약품을 개발하는 과정에서 합성된 마약으로, 페티딘계, 메타돈계, 모르피난계, 아미노부틴계, 벤조모르핀계로 분류되며, 페티딘계와 메타돈계가 가장 널리 남용된다.

① 페티딘계

페티딘은 1939년에 최초로 합성되었으며, 페티딘, 펜타닐, 디페녹실레이트 등이 있으며, 최근 펜타닐 남용으로 인한 사망이 크게 증가하여 사회문제가 되고 있다.

② 메타돈계

메타돈은 제2차 세계대전 중에 모르핀 부족을 해결하기 위해 개발된 합성마약으로, 메타돈, 아세틸메타돌, 디피파논 등이 있다. 모르핀과 화학 구조는 다르나 비슷한 효과를 나타내고, 모르핀보다 지속 시간이 길어 현재 마약중독의 치료에서 대체약물로 사용된다. 우리나라에서는 아편 중독을 치료하기 위해 메타돈이 사용되다가 남용이 심해지자 1965년에 메타돈 파동이 일어나 판매가 중단되었다.

(3) 향정신성의약품

향정신성의약품은 의료용 목적으로 합성된 물질을 말한다. 다만 개발 목적이었던 효과보다 습관성 물질로서의 부작용이 심각하여 의료용 사용을 금지하거나 일부 제한을 두는 약품이다. 이는 「마약류관리법」 제2조 3항에 따라 가, 나, 다, 라의 네 가지 목으로 구분된다.

① 메스암페타민(Methamphetamine)

메스암페타민은 우리나라에서 가장 많이 남용되는 중추신경흥분제로, 속칭 '필로폰'으로 알려져 있으며, '히로뽕' '백색가루' '술' '뽕' '크리스탈' '물건' '총' 등의 은어로 불린다. 미국에서는 결정체는 'ice', 가루 형태는 'speed'로 불리며, 중국에서는 '빙두', 북한에서는 '얼음', 일본에서는 '각성제', 필리핀에서는 '사부', 대만에서는 '아미타민' 등으로 불린다. 메스암페타민은 1888년 일본 도쿄대학 의학부 나가이 나가요시(長井長義) 교수가 천식 치료제인 마황에서 에페드린을 추출하는 과정에서 발견하였으며, 1893년에 최초로 합성에 성공하였다. 일본이 대일본제약회사에서 제2차 세계대전 중에 군인과 군수공장 노동자들에게 피로 회복과 전투 의욕, 작업 능력, 생산 능력 등을 높이기 위하여 '히로뽕'(영문 상품명 philopon)이라는 상품명으로 잠을 쫓고 피로감을 없애 주는 각성제로 판매하였고, 제2차 세계대전 이후에는 학생과 트럭 운전기사들 사이에서 잠을 쫓기 위해 사용되다가 의존성이 심하여 금지되었다.

메스암페타민을 사용하면, 도파민(dopamine)을 과량 증가시켜서 암페타민 정신병(amphetamine psychosis)을 유발함으로써 조현병과 비슷한 정신병적 증상이 나타나며, 이로 인한 피해망상과 환청에 의한 살인 사건 등과 같이 많은 범죄가 일어나고 있다. 우리나라에서는 메스암페타민에 의해 야기되는 정신병적 증상을 소위 '쭈라'나 '상태'가 왔다는 식으로 표현하며, 경상도 지방에서는 '따라꾸미'라는 말로 부른다.

〈표 1-3〉 향정신성의약품의 법적 분류

분류	대표 품명	지정 성분 수	비고
가목	리네르그산 디에틸아이드(LSD), 메스카티논(Methcathinone) 및 유사체, 크라톰(Kratom), JWH-018 및 유사체 등	83	의료용 불사용, 심한 신체적 또는 정신적 의존성을 일으키는 약물
나목	암페타민(amphetamine), 메스암페타민(methamphetamine), MDMA, 케타민(ketamine) 등	43	매우 제한된 의료용 사용, 심한 신체적 또는 정신적 의존성을 일으키는 약물
다목	바르비탈(barbital), 리세르그산 아미드(lysergic acid amide), 펜타조신(pentazocine) 등	61	의료용 사용, 그리 심하지 아니한 신체적 의존성 또는 심한 정신적 의존성을 일으키는 약물
라목	디아제팜(diazepam), 펜플루라민(fenfluramine), 졸피뎀(zolpidem), GHB, 카리소프로돌(carisoprodol), 프로포폴(propofol) 등	70	의료용 사용, 다목보다 신체적 또는 정신적 의존성을 일으킬 우려가 적은 약물

출처: 대검찰청(2019).

② 메틸렌디옥시 메스암페타민

메틸렌디옥시 메스암페타민(Methylene Dioxy MethAmphetamine: MDMA)은 1914년 독일에서 식욕 감퇴제로 개발되었으며, 강력한 환각 성분으로 인한 뇌손상 등 부작용이 심하여 유통이 금지되었다. 별칭으로는 '엑스터시(Ecstasy)' 'XTC' 'Adam' 'Eve' 'Clarity' 'Decadence' 'M & M' 등이 있고, 우리나라에서는 '도리도리' '엑스터시' 등으로 불린다. MDMA를 복용하면 경계심이 없어지고 신체접촉 요구가 강하게 일어나 '포옹마약'(hug drug)으로도 불린다.

MDMA는 여러 가지의 환각제나 마약류를 섞어 알약 형태로 만들어지기 때문에 남용하는 사람들은 어떤 성분이 들어 있는지 알 수가 없으며, 강한 성분이 들어 있는 약물을 다량 복용함으로 인해 사망하는 사고가 많다.

③ 리세르그산 디에틸아미드

리세르그산 디에틸아미드(Lysergic Acid Diethylamide: LSD)는 1938년에 스위스 화학자 엘버트 호프만(Albert Hofmann)에 의해 합성되었으며, 무미, 무취, 무색의 환각제로, 종이 또는 정제에 LSD 용액을 흡착하여 사용한다. LSD는 강력한 환각제로 뇌를 심하게 손상시키며, 과량 투여 시 급성 정신병적 증상을 야기하고, 플래시백(flash back) 현상을 야기하여 약효가 사라진 후 일정 시간이 지나 급성 중독으로 인한 정신병적 증상의 악화가 일어나게 된다. 우리나라에서는 2018년에 LSD 급성 중독으로 정신병적 상태에서 어머니와 이모를 살해한 사건이 있었다.

④ 날부핀

날부핀(nalbupine)은 일명 '누바인'으로 불리며 일반적으로는 의료용 진통제로 사용되지만, 과량 복용 시 환각 효과가 있어 한때 유흥업소 종사자 사이에서 필로폰 대용으로 남용되기도 하였다. 중단 시 신체적 금단증상과 함께 통증이 심해져서 병원 응급실에서 날부핀을 구하기 위한 강절도 사건이 일어나기도 하였다.

⑤ 덱스트로메토르판, 카리소프로돌

덱스트로메토르판(dextrometorphan)은 일명 '러미나'라고 불리며, 진해 거담제로 처방되는 약물이다. 카리소프로돌(carisoprodol)은 근육이완제로 일명 'S정'으로 불리며, 낮은 가격과 과량 복용 시 환각 효과로 인해 유흥업소 종사자나 청소년 사이에서 많이 남용되었다. 현재는 향정신성의약품으로 등록되어 있다.

⑥ 펜플루라민

펜플루라민(Fenflulamine)은 중국과 태국 등지에서 밀수입되며, '분불납명편, 분미림편, 섬수, 상주청, 철선감비요환, 패씨감비요환, 건미소감비요환' 등의 제품명으로, 일반인에게는 살 빼는 약으로 유통된다.

⑦ 합성대마

합성대마(synthetic cannabis)는 대마의 주성분인 테트라히드로칸나비놀

(tetrahydrocannabinol)과 화학 구조는 다르나 대마보다 강력한 환각 효과를 내는 합성물질로, JWH 계열과 HU-210, CP-47497 등으로 진통 효과와 환각 효과를 나타낸다. JWH-018은 일명 '스컹크' 또는 '스파이스'로 불리며, 건조된 식물에 합성물질을 흡착시켜서 '식물성 제품(herbal product)' 형태로 판매되는데, 이를 태운 연기를 흡입하는 방식으로 남용된다.

⑧ 크라톰

크라톰(kratom)은 태국과 말레이시아 등의 동남아 등지에 자생하는 열대성 나무의 잎으로, 힘든 일을 견디기 위한 차나 가루 형태의 각성제로 남용된다.

⑨ 케타민

케타민(ketamine)은 인체용 또는 동물용 마취제로 사용되며, 데이트강간약(date rape drug)으로 알려져 있다. 근육이나 정맥주사, 흡연 또는 흡입하면 신체에서 벗어난 듯한 강력한 환각 효과가 나타난다. 우리나라에서도 유명 가수가 케타민 남용으로 사망한 사례가 있다.

⑩ 야바

야바(Yaba)는 태국어로 '미친 약(crazy drug)'이라는 의미로, 필로폰(30%)에 카페인(60%) 및 기타 성분(코데인 등 10%)을 혼합한 합성마약이다. 정제나 캡슐 형태로 제조된다. 값이 싸고 복용하기 쉬우며 강한 효과로 중독성이 강하다.

⑪ 감마 히드록시부티레이트

감마 히드록시부티레이트(Gamma Hydroxy Butyrate: GHB)는 속칭 '물뽕' '데이트강간약'으로 불리며, 성범죄에 악용되고 있다. 본래 발작성 수면인 기면증(narcolepsy)을 치료하기 위한 수면 보조제나 수술용 마취제로 소개되었으나 효과가 미미하여 시장에서 사라졌으며, 보디빌더 사이에서는 아나볼릭 스테로이드 대체제로 남용이 되었다. 백색 분말이나 액체 형태로 음료나 물에 희석하여 남용하며, 술과 함께 남용하면 진정 효과가 배가되어 치명적이다. 지속시간이 3~4시간으로 짧으며, 혼수나 발작을 야기하고, 24시간 내에 인체에서 빠져나가 사후 추적이 어렵다. 금단증상이 심하여 갑자기 중단하면 불안과 공황 등이 심해지며, GABA 수용체를 공유하므로 금단치료가 매우 어렵다.

⑫ 프로포폴

프로포폴(propofol)은 일명 '우유주사'로 불리는데 수술 시 전신마취 유도와 유지를 위해 사용되는 수면마취제로, 인공호흡 중인 중환자의 진정이나 수면내시경 검사 시 사용된다. 마취 효과가 빠르게 나타나며 중단하면 바로 깨는 특성으로 짧은 시간 마취 시 의료용으로 많이 사용된다. 깨고 나면 푹 자고 난 것처럼 느껴지고, 일시적으로 우울감이 사라져서 주로 유흥업소 종사자나 연예인, 의료 종사자들이 피로 회복을 목적으로 남용한다. 과량 투여로 사망하는 사고가 많아지자 2011년에 향정신성의약품으로 지정되었다.

〈표 1-4〉 향정신성의약품의 종류와 특성

종류		특성	작용
중추 신경 흥분제 (각성제)	암페타민류	• 원료: 염산에페드린 • 백색, 회색, 황색의 분말 또는 크리스탈 덩어리 • 약간의 신맛이 남, 물에 잘 녹음 • 주사나 코로 흡입, 술이나 음료에 타서 남용 • 아시아에서는 주로 필로폰(히로뽕)으로 남용되며, 유럽 지역에서는 암페타민 유도체로 남용됨	• 기관지 확장, 혈압 상승, 심박 증가, 동공 확대, 혈당 증가, 근력 증가 • 황홀감을 느낌, 공복감 상실, 상쾌함을 느낌, 자신감이 생김, 식욕 억제, 피로 억제 • 불안, 흥분, 환각, 망상, 불면, 정신착란, 플래시백
	MDMA 및 유도체	• 3,4-Methylene Dioxy Methamphetamine	

〈계속〉

<table>
<tr><td rowspan="2">각성제</td><td>MDMA 및 유도체</td><td>• Ecstasy, XTC, Adam, Eve, 도리도리 등으로 통칭됨
• 최초 개발 목적은 식욕 감퇴제</td><td>• 극적 흥분감, 성욕 증가, 심박 증가, 혈압 증가, 공복감 상실 등
• 불안, 초조, 환각 등</td></tr>
<tr><td>YABA</td><td>• 암페타민 25% 함유
• 작은 정제</td><td>• 도취, 흥분, 환각, 공격성
• 우울증, 정신착란, 공포</td></tr>
<tr><td rowspan="3">환각제</td><td>LSD</td><td>• 무색, 무미, 무취
• 제형: 투명액, 정제, 캡슐, 각설탕 형태 등으로 다양
• 소량(0.1mg)으로도 6~12시간 환각</td><td>• 자신의 모습을 제3자의 입장에서 관찰, 감각의 혼란
• 판단력 감소, 자기통제력 감소
• 동공 확대, 홍조, 체온 저하, 발한, 현기증 등</td></tr>
<tr><td>PCP</td><td>• 천사의 가루(angel dust)라고도 불림
• 흡연 혹은 주사로 남용</td><td>• LSD와 유사한 환각 증세
• 고용량에서는 편집증과 공격성을 나타냄</td></tr>
<tr><td>메스칼린</td><td>• 멕시코 선인장 페요테(peyote)에서 추출
• 제형: 분말, 캡슐, 용액</td><td>• 환상, 환각</td></tr>
<tr><td rowspan="4">억제제</td><td>진정수면제</td><td>• 바르비탈염제제, 각종 수면제 등</td><td>• 불면 치료 목적의 의약품
• 의존성, 내성, 호흡 곤란, 심장 기능 저하, 기억장애 등 초래 가능</td></tr>
<tr><td>신경안정제</td><td>• 디아제팜, 로라제팜 등</td><td>• 불안 및 긴장 완화 치료 목적
• 내성, 착란, 졸리움, 장기 복용 시 기억력 저하 가능</td></tr>
<tr><td rowspan="2">최면마취제</td><td>• 프로포폴</td><td>• 전신마취 유도를 위한 정맥마취제
• 수면내시경 검사에서의 마취
• 무호흡, 혈압 저하, 경련, 착란 등</td></tr>
<tr><td>• 감마 히드록시부티레이트(GHB)</td><td>• 속칭 '물뽕'으로 불리는 약물로, 흔히 성범죄에 악용됨</td></tr>
</table>

출처: 한국과학기술한림원(2019).

3) 대마 및 관련 의약품

대마는 캐너비스(cannabis) 속 일년생 식물로서 중국, 인도, 아프리카, 중남미 등 광범위한 지역에서 섬유 원료나 두통 등의 치료 약물로 오래전부터 재배되어 왔다. 우리나라에서 대마를 유흥의 목적으로 흡입하게 된 것은 1960년대 이후로 당시 유행하던 히피 문화 및 베트남전 파병에 따른 영향 등이 기여한 바 크다.

대마는 '삼(hemp)'이라고 하며, 대마줄기는 삼베나 그물을 짜는 원료로 쓰이고, 열매는 향신료나 한방 약재로, 종자는 조미료용이나 채유용으로, 잎과 꽃은 흡연용으로 사용되어 왔다. 대마의 주요 성분은 테트라히드로칸나비놀(TetraHydroCannabinol: THC)이다. THC는 정신신경계에 다양한 영향을 미치는 정신활성물질로 흡연 시 도취와 환각 상태에 이르게 된다. 대마는 잎, 줄기, 꽃대, 씨앗 등을 목적에 따라 달리 사용하는데, 대마초는 대마의 잎과 꽃대의 윗부분을 건조하여 연초 형태로 만든 것을 말하며, 재배삼 암그루의 꽃이삭과 잎에서 얻은 것을 '간자(ganja)', 야생삼에서 얻은 것을 '마리화나(marijuana)' 또는 '브항(bhang)'이라고 불린다. 마리화나는 포르투갈어 'Mariguago(취하게 만드는 것)'에서 유래하였다. 이 대마초를 건조 후 압착시켜서 수지 형태로 만든 것이 하시시(hashish)로, 1kg의 하시시를 얻기 위해서는 약 30kg의 대마초가 필요하다. 하시시는 대마의 중독 물질인 THC의 함유량이 10%로 대마초보다 8~10배 강하며, 또한 하시시 오일(hashish oil)은 반복적인 농축 과정을 거치면서 THC 함유량이 20%로 높아진다.

최근에는 니코틴 용액 카트리지를 충전해서 흡연하는 전자담배와 유사한 전자대마초가 등장하여 우려를 낳고 있다.

〈표 1-5〉 대마의 종류와 특성

종류		특성	작용
천연대마	대마초	• 연녹색, 황색, 갈색의 잎 • THC 성분이 도취 및 환각 유발	

〈계속〉

천연대마	대마수지 (하시시)	• 대마초 30kg으로 하시시 1kg 제조 • 갈색 혹은 흑색 수지 • THC 2~10% 함유	• 흥분과 억제 작용 • 초조, 만족감, 이완, 꿈꾸는 느낌, 공복감 • 변비, 환각, 심박 증가, 공포, 집중력 상실, 자아상실감, 플래시백(중단 후 환각 재현)
	대마 오일 (하시시 오일)	• 하시시 3~6kg으로 하시시 오일 1kg 제조 • 암녹색 혹은 흑색의 오일 형태 • THC 10~30% 함유	
대마성분 의약품	Marinol®	• 성분명: Dronabinol	• 적응증: 식욕부진을 겪는 후천성 면역결핍증(AIDS) 환자, 항암치료 후 구역질 및 구토 증상
	Cesamet® Canemes®	• 성분명: Nabilone	• 적응증: 항암치료 후 구역 및 구토 증상
	Sativex®	• 성분명: THC/CBD	• 적응증: 다발성 경화증 환자의 경련 완화제
	Epidiolex®	• 성분명: CBD	• 드라베증후군(영아기 중증 근간대성 뇌전증), 레녹스가스토증후군(소아기에 발생하는 뇌전증)

출처: 대검찰청(2019).

2019년 3월 12일부터 우리나라에서도 의료용 목적으로 대마 성분 의약품 처방이 합법화되어 뇌전증 치료와 다발성 경화증 환자의 경련 완화 목적 혹은 항암치료 후 식욕부진을 겪는 환자들에게 제한된 범위 안에서만 처방과 사용이 가능하다. 주성분은 대마 성분 중 환각 효과가 없는 칸나비디올(Cannabidiol: CBD)로 남용의 여지는 거의 없다고 볼 수 있다. 그러나 의료용 대마의 합법화에서 시작하여 결국 전면적인 합법화가 확산되어 가고 있는 미국의 상황으로 미루어, 향후 THC가 포함된 의료용 대마를 수입하려고 하거나 전면적인 합법화를 주장할 우려가 있어 이에 대한 경계가 필요하다.

4) 임시마약류

임시마약류란, 현행 마약류가 아닌 물질 중 마약류 대용으로 남용되어 국민 보건에 위해를 끼칠 우려가 있는 물질을 지정하여 마약류와 동일하게 관리 및 통제하는 대상을 말한다. 임시마약류로 지정 및 공고한 날로부터 3년간 마약류에 준하여 유통, 제조, 수입, 사용 등이 금지되며, 마약류 지정 검토에 추가적인 시간이 필요한 경우에 재지정이 가능하다. 임시마약류는 1군과 2군으로 구분하여 지정하며, 1군 임시마약류는 중추신경계에 작용하거나 마약류와 구조적 · 효과적 유사성을 지닌 물질로서 의존성을 유발하는 등 신체적 · 정신적 위해를 미칠 가능성이 높은 물질로 14종이 지정되었고, 2군 임시마약류는 의존성을 유발하는 등 신체적 · 정신적 위해를 미칠 가능성이 높은 물질로 91종이 지정되어 있다.

〈표 1-6〉 임시마약류의 분류

분류	물질명	지정 성분 수	비고
1군	2,3-DCPP, AL-LAD, Benzylfentanyl 등	14종	아편 유사제 계열 등
2군	Alkyl nitrate, 1P-LSD 등	91종	암페타민, 합성대마 계열 등

출처: 대검찰청(2019).

5) 다이어트 의약품

다이어트 목적으로 처방되는 의약품은 크게 식욕억제제, 지방흡수억제제, 사하제 등으로 구분한다. 그중에서 식욕억제제는 암페타민계 성분이 포함되어 있어 오남용의 우려가 있다. 이와 같은 약물들은 중추신경계를 자극하기 때문에, 불면이나 어지러움, 두통 등의 부작용과 심계항진 등의 문제를 일으킬 수 있다. 이에 일반적으로 4주 이내의 처방만 허가하고 있으나, 의사의 판단하에 그 처방 기간을 연장할 수 있도록 되어 있어 오남용의 위험이 존재한다.

〈표 1-7〉 국내에서 처방 가능한 비만억제제

분류	성분명	상품명	향정신성의 약품 여부
식욕억제제	펜터민(phentermine)	푸리민®, 아디펙스®, 디에타민®, 휴터민®	○
	펜디메트라진(phendimetrazine)	푸링®	○
	디에틸프로피온(diethylpropion)	디피온®	○
	마진돌(mazindol)	마자놀®	○
	로카세린(lorcaserin)	벨빅®	○
	부프로피온(bupropion)+날트렉손(naltrexone)	콘트라브®	×
지방흡수억제제	오르리스타트(orlistat)	제니칼®	×
GLP-1 유사체	리라글루티드(liraglutide)	삭센다펜®	×

출처: 약학정보원(2018).

6) 화학물질

화학물질에는 마약류는 아니지만 톨루엔, 초산에틸, 메틸알코올, 시너, 접착제, 풍선류, 도료, 부탄가스, 아산화질소 등 환각 효과가 있는 의존성 높은 물질을 포함한다. 그동안 「유해화학물질 관리에 관한 법률」로 규제하다가, 2015년부터 '환각물질'을 '흥분 · 환각 또는 마취의 작용을 일으키는 화학물질로서 대통령령으로 정하는 물질'로 정의하고 「화학물질관리법」으로 개정하여 시행 중이다. 유해물질 오남용에 해당되는 화학물질은 주로 기체 형태로, 흡입제(inhalant)라고도 불린다. 흡입제는 휘발성 용매로서 산업적인 목적으로 만들어진 화학물질이며, 본래의 사용 용도와 다르게 인체에 흡입하였을 때 환각과 같은 정신과적 증후군을 일으킬 수 있다. 구체적인 예로 탄화수소류로는 본드로 사용되는 아교, 페인트시너, 매니큐어 제거제, 드라이클리닝 용매, 톨루엔, 담배 라이터액, 가솔린, 아세톤, 나프탈렌, 벤젠, 에테르, 크로로포름 등이 있고, 비탄화수소류로는 에어로졸 스프레이, 질산아밀, 마취제인 아산

화질소가 여기에 해당된다.

우리나라에서는 1970년대 이후 산업화와 더불어 본드, 부탄가스 등의 사용량이 증가하고, 1980년대부터 대표적인 환각물질로 유행하면서 사회문제로 부각되었다. 특히 흡입제는 값이 싸고 손쉽게 구할 수 있다는 점에서 청소년이나 빈곤층에서 많이 남용되었다.

2. 마약류 남용의 실태와 대책

우리나라는 1999년에 마약류 사범이 10,000명을 넘어섰는데, 이는 마약사범지수(인구 10만 명당 마약사범의 수)가 20을 넘었다는 것이며, 마약 사용의 확산 방지를 위한 통제의 필요성을 인식해야 함을 의미한다. 우리나라가 마약 안전지대에서 벗어난 지 이미 20년이 넘었다. 요즈음 연예인이나 방송인들의 마약류 남용과 밀수사건이 사회문제화되고 있고, '버닝썬' 사건으로 데이트강간 마약류에 대한 경각심이 높아지고 있다. 지금은 인터넷과 각종 SNS를 통해 마약류를 구매하고, 대포통장으로 결재하여 국제우편이나 택배를 통해 받거나 일명 '던지기' 수법으로 감춰 둔 곳에 가서 찾아오기 때문에 청소년이라도 몇 만 원만 있으면 손쉽게 마약류를 구입할 수 있어 빠른 속도로 마약류 남용이 급증하고 있다. 또한 불법마약류뿐만 아니라 처방되는 마약류로 수면제나 마약성 진통제, 진정제나 항불안제, 다이어트약으로 처방되는 각성제, 프로포폴과 케타민 같은 마취제 등의 남용이 늘어나고 있다. 미국은 2018년 기준 마약류 남용자가 3,000만 명을 넘었으며, 마약성 진통제 남용으로 2017년에 47,600명이 사망하자 트럼프(Trump) 대통령은 2017년 10월 26일에 '공중보건비상사태'를 선포하면서 처방되는 마약성 진통제를 철저히 관리할 것을 다짐하였다.

〈표 1-8〉 연도별 마약류 사범

연도 / 마약류	'02	'03	'04	'05	'06	'07	'08	'09	'10	'11	'12	'13	'14	'15	'16	'17	'18	'19
합계	10,673	7,546	7,747	7,154	7,709	10,649	9,898	11,875	9,732	9,174	9,255	9,764	9,984	11,916	14,214	14,123	12,613	16,044
마약	790	1,211	1,203	768	868	958	1,396	2,198	1,124	759	582	685	1,187	1,139	1,435	1,727	1,533	1804
향정	7,918	4,727	5,313	5,354	6,006	8,521	7,457	7,965	6,771	7,226	7,631	7,902	8,121	9,624	11,396	10,921	9,613	11611
대마	1,965	1,608	1,231	1,032	835	1,170	1,045	1,712	1,837	1,189	1,042	1,177	676	1,153	1,383	1,475	14,67	2629

출처: 대검찰청(2019).

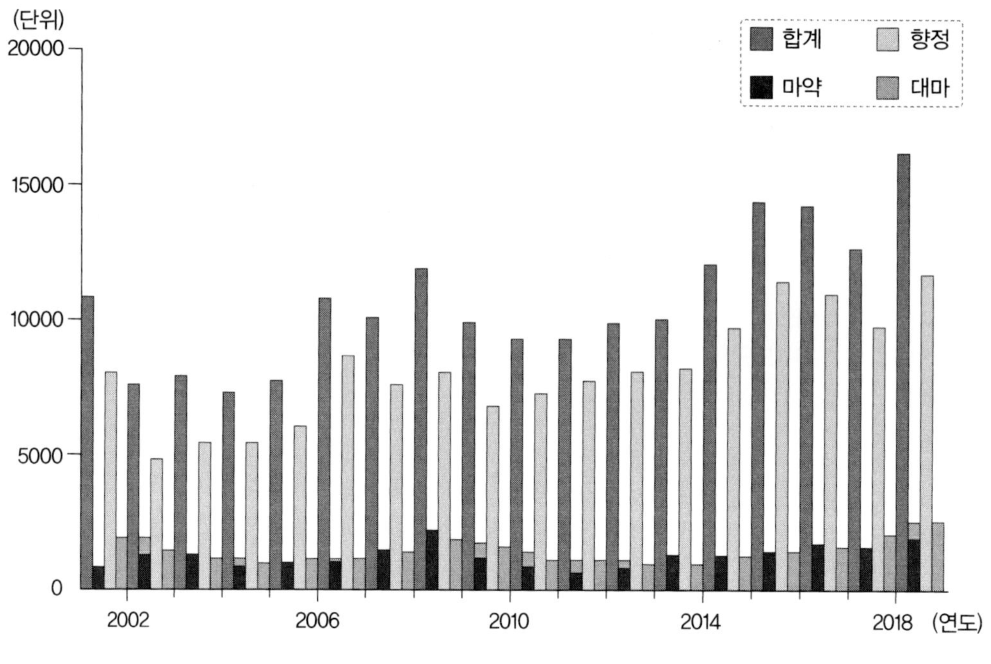

[그림 1-1] 연도별 마약류 사범

우리나라도 2018년 5월에 마약류통합관리시스템(Narcotics Information Management System: NIMS)을 도입하여 마약류의 제조, 유통, 처방, 투약까지 투명하게 관리할 수 있게 되었다. 정부는 우리나라가 마약의 안전지대라고 생각하는 것 같다. 마약류 정책은 공급차단정책과 수요감소정책이 같이 이루어져야 하는데, 우리나라는 검거 위주의 공급감소정책으로 일관하고 있으며, 이는 치료재활에 대한 인식이 매우 부족하기 때문이다.

2000년 7월 「마약법」과 「향정신성의약품관리법」 「대마관리법」이 「마약류관리에 관한 법률」로 통합되면서 몇 가지 중요한 변화가 있었다. 첫째는 의사의 보고 의무가 없어졌다. 그동안 일반 병원에서 자발적인 마약류 의존자의 치료가 거의 불가능했던 것은 환자를 진료할 때 보건당국에 보고해야 하는 의무가 있었기 때문이다. 환자의 기밀이 보고되면 당국의 조사가 있을 것이라는 불안 때문에 자발적 치료를 기피해 왔다. 따라서 치료를 받지 않거나 치료를 받더라도 알코올 중독이나 우울증 등의 다른 진단명을 사용해 왔으며, 이로 인해 적극적인 치료가 불가능하고 체계적인 치료 방법을 이용할 수 없었다. 이제는 의사의 보고 의무가 없어졌으므로 비밀보장을 받는 일반적인 질환들과 마찬가지로 의료보험으로 치료가 가능하다. 둘째는 치료보호제도의 활성화를 위해 그동안 검찰에서만 치료보호를 할 수 있었던 것을, 자발적으로 치료보호 지정병원에 치료보호를 신청하면 검찰을 거치지 않고 비밀보장하에 치료보호를 받을 수 있게 되었다. 이제는 조사나 검거의 두려움 없이 치료보호 지정병원에 가서 입원이나 외래치료를 요청하기만 하면 비밀보장하에 1년 이내의 기간 동안 무료로 치료를 받을 수 있다.

1) 치료보호

마약류 중독자 치료보호 규정에 의해 마약류 중독자들은 21개 치료보호 지정병원에서 비밀보장하에 무료로 외래치료나 입원치료를 받을 수 있다. 그러나 치료보호에 대한 인식 부족으로 검찰에서의 치료보호 의뢰가 적은 실정이며, 자발적 치료도 예산 부족으로 활성화되지 못하고 있다. 치료보호 예산은 국가와 지방자치단체의 50:50 매칭펀드로, 보건복지부에서 치료보호 예산을 지방자치단체에 보내 주어야 지방자치단체에서 같은 예산을 마련하여 치료비를 전액 지원하게 된다.

재범을 줄이는 가장 좋은 방법은 치료를 통해 재발을 예방하는 것이다. 중독은 질병이기 때문에 자신의 의지만으로는 해결되지 않는다. 21개의 치료보호 지정병원이 있지만 대부분 병원이 지정되어 있다는 사실조차도 모르고 있다. 더구나 국립 부곡병원을 제외한 4개의 국립병원은 예산이 없다는 이유로 치료보호 환자를 받지 않고 있는 실정이다.

〈표 1-9〉 최근 5년간 치료보호 실적 (단위: 명)

연도		2014년	2015년	2016년	2017년	2018년
합계		73	191	252	330	267
입원	자의	51	90	82	108	87
	검찰 의뢰	15	10	7	3	2
	기타 의뢰	–	1	–	–	–
외래	자의	6	83	154	209	175
	검찰 의뢰	–	7	9	10	3
	기타 의뢰	1	–	–	–	–

출처: 대검찰청(2019).

〈표 1-10〉 마약류 중독자 치료비 지원 예산 및 실적 (단위: 백 만 원/명/개소)

	2008*	2009	2010	2011	2012	2013	2014	2015	2016	2017	2018	2019
예산	79	130	130	130	84	84	65	65	60	72	92	120
지원 실적**	63	22	23	18	18	12	31	113	165	248	205	–
지정 기관 (국립)	24(3)	24(3)	11(4)	12(5)	19(5)	21(5)	21(5)	21(5)	22(5)	22(5)	23(5)	21(5)

* 식약청에서 보건복지부로 이관(당초 예산은 1억 3,200만 원으로, 7,900만 원 이체)

** 5개 국립병원은 자체 예산으로 사업을 수행하므로 지원 실적에서 제외

출처: 한국과학기술한림원(2019)에서 재인용

치료보호를 통한 치료비 지원은 민간병원에만 국한되며, 국립병원은 자체 예산으로 치료를 하도록 하고 있으나 부곡병원을 제외하고는 예산이 마련되어 있지 않다. 예산 마련이 어렵다면 국립병원도 민간 치료보호 지정병원과 마찬가지로 치료보호 예산에서 치료비를 지원해 주어야 한다. 특히 국립병원은 민간병원에서 치료하기 어려운 환자들을 치료하는 기능을 수행하여야 하며, 하루빨리 예산을 마련하여 치료보호를 적극적으로 수행하여야 한다. 그나마 적극적으로 치료보호를 하려고 해도 예산 부족으로 중단되는 현실이다. 치료보호를 받기 위해서는 치료비 전액을 국가에서 부

담하기 때문에 비용이 많이 들어 소수의 사람만이 혜택을 받을 수 있다. 따라서 대부분의 마약류 중독자도 의료보험이나 의료급여로 인해 적은 비용으로 치료를 받을 수 있도록 해야 한다. 전액 지원이 아니더라도 의료보험 또는 의료급여에서 부담하지 못하는 자기부담금만 지원해도 될 것이다.

〈표 1-11〉 치료보호 지정병원 현황 (단위: 명)

구분 시도	병원명	지정 병상 수	치료보호 실적(명)				
			2014년	2015년	2016년	2017년	2018년
합계			73	191	252	330	267
서울	국립정신건강센터	2	1		1		
	서울특별시립은평병원	25	4	4		2	4
	강남을지병원	2	6	83	146	206	136
인천	인천광역시의료원	2	1	4			
	참사랑병원	8				29	26
대전	참다남병원	4		1	2		
대구	대구의료원	2	4	6	2	2	1
부산	부산광역시의료원	2	1	2	5	4	1
울산	큰빛병원	12				1	
	마더스병원	84					35
광주	광주시립인광정신병원	5					
경기	경기도의정부의료원	5		1	2		
	용인정신병원	10	11	8	3	1	
	계요병원	10	4	3	3	3	1
강원	국립춘천병원	10				1	
충북	청주의료원	2					1
충남	국립공주병원	10					
경북	포항의료원	3					
경남	국립부곡병원	200	41	78	86	81	62
	양산병원	2					
전북	원광대학교 병원	2			2		
전남	국립나주병원	10					
제주	연강병원	2		1			

출처: 대검찰청(2019).

2) 치료감호

알코올이나 환각물질, 마약류 중독자가 금고 이상의 형에 해당하는 범죄를 행한 경우, 치료를 받지 않을 시 재범의 위험성이 있다고 판단되면 「치료감호 등에 관한 법률」(약칭 치료감호법)에 따라 검사의 청구로 법원에서 치료감호 선고가 확정된 후에 개시된다. 치료감호는 병과형보다 먼저 집행이 되고, 최장 2년까지 가능하며, 6개월마다 법무부차관이 위원장인 법무부 치료감호심의위원회의 심사에 의해 출소가 결정된다. 2년이 되기 전에 출소한 경우에는 가종료로 출소하게 되며, 3년간 보호관찰을 받는다. 보호관찰 기간 중에 재발이 되거나 보호관찰을 위반하면 치료감호심의위원회에서 가종료 취소를 결정하여 다시 치료감호가 집행되는데, 2년 만기까지 남은 기간 동안 치료감호를 받게 된다. 만약에 재범으로 징역형을 받은 후 가종료가 취소되면 징역형을 살고 난 후에 다시 치료감호가 시작된다. 가종료 취소로 치료감호를 받는 중에 재판에서 징역형이 선고되면 치료감호가 끝난 후에 교도소로 이송되어 징역형을 살게 된다.

치료감호는 중독에 대한 집중적인 치료 및 재활이 가능한 제도로, 1996년에 '거듭나기'라는 치료적 공동체(Therapeutic Conmunity: TC)를 운영하였으나 현재는 약물중독재활센터에서 치료를 담당하고 있다. 센터에는 정신건강의학과 전문의, 정신보건 간호사, 정신보건 임상심리사, 정신보건 사회복지사 등의 전문 인력과 회복자, 종교계 · 문화계 인사의 자원봉사자들과 체계적인 프로그램을 통해 정신치료와 약물치료, 인지행동치료를 기본으로 자기 사랑하기, 행복 찾기, 단약자조집단, 회복된 중독자의 메시지 전달 등 회복을 위한 다양한 프로그램을 운영하고 있다. 그러나 치료감호를 받는 인원이 매년 20~30명으로 매우 적으며, 대부분의 마약류 중독자가 치료를 받지 못하고 교도소에 수감되어 있는 실정이다. 치료감호소 약물중독재활센터는 50명 정원의 병동이 2개 운영되어 오다가 현재는 1개 병동만 운영되고 있으며, 그나마도 20여명 정도만 치료를 받고 있는 실정이다. 앞으로 검찰에서 적극적으로 치료감호를 청구할 필요가 있으며, 법원에서도 검사의 청구 없이도 치료감호를 선고할 수 있도록 「치료감호 등에 관한 법률」의 개정이 필요하다.

〈표 1-12〉 치료감호 현황 (단위: 명)

	2014년	2015년	2016년	2017년	2018년
치료감호	28	32	25	16	29

자료: 대검찰청(2019).

치료감호를 선고하는 데 있어서도 정신감정을 통해 공급 사범을 제외하고 투약자 중에서 중독으로 진단을 받아 치료가 필요하거나 치료 받기를 원하는 사람을 선별하여 치료감호를 선고해야 한다. 물론 선고는 판사의 재량권이지만 전문가의 의견이 수렴될 수 있는 통로가 확보될 필요가 있다. 또한 치료를 열심히 받는 경우 법적인 이득을 줄 수 있다면, 예를 들어 가출소 등이 이루어진다면 치료의 집중력과 효과가 높아질 것이다.

3) 교육이수조건부 기소유예, 선도조건부 기소유예, 수강명령, 치료명령

대다수 초범인 경우에 검찰에서 수십 시간의 마약류 예방교육을 받는 조건으로 기소를 유예하고 있으며, 법원에서는 집행유예를 선고하는 경우에 수강명령을 부가하고 있다. 이러한 교육을 받는 인원은 치료를 받는 인원에 비해 월등히 많으며 점차 늘어날 것으로 보인다.

〈표 1-13〉 교육이수조건부 기소유예 (단위: 명)

	2014	2015	2016	2017	2018
기소유예	421	503	648	722	470

자료: 대검찰청(2019)에서 수정

검찰에서는 '교육이수조건부 기소유예'를 통해 주로 초범에게 마약퇴치운동본부에서 수십 시간의 단약 관련 교육을 받는 조건으로 기소를 유예하고 있다. 물론 교육만 받는 것으로 치료가 되리라고는 생각하지 않는다. 일부는 짧은 교육으로도 약물 남용의 무서움을 깊이 깨닫고 단약을 할 수도 있으나, 대부분 단기간의 교육만으로는 치료 효과를 볼 수 없으므로, 교육을 통해 중독을 이해하고 자신이 중독이 되었음을 인정하여 치료를 받도록 안내하는 치료적 동기화를 강화하는 프로그램인 동기강화치료(Motivation Enhancement Treatment: MET)에 집중하는 것이 효율적이다. 치료에 대한 동기화가 되어야만 전적인 치료를 받을 수 있기 때문에, 어떻게 보면 단약교육의 기회는 앞으로의 자발적인 치료를 유도할 수 있는 매우 중요한 시기라고 할 수 있다. 따라서 교육 프로그램은 단기간의 시간을 효과적으로 이용할 수 있도록 짜임새 있고 극적인 효과를 노린 교육 방법이 주를 이루어야 한다. 현재의 수강명령은 각 기관별로 독립적으로 운영이 되고 있으며, 통합된 프로그램은 없다. 앞으로의 과제는 40~50시간의 집중적인 동기화 치료를 위한 표준화 작업이라고 할 수 있다. 또한 보호관찰과 함께 이루어지기 때문에 정기적인 약물검사와 상담이 병행되도록 법적인 명문화나 조건부를 통한 강제 외래치료 등이 함께 이루어진다면 그 효과를 높일 수 있을 것이다. 2019년에는 '선도조건부 기소유예'제도가 생겼는데, 일정 시간 교육을 받은 후 6개월간 보호관찰을 받으면서 치료를 받는 조건으로 기소를 유예하는 제도다. 교육이수조건부 기소유예와 치료보호조건부 기소유예의 중간 형태로 치료에 입문을 시킬 수 있어 효과가 기대된다. 또한 2016년에 「치료감호법」이 「치료감호 등에 관한 법률」로 개정되면서 '치료명령'이 추가되었는데, 법원에서 주취자뿐만 아니라 마약류 중독자에게도 집행유예를 선고함과 동시에 치료명령을 부가할 수 있어 보호관찰을 통해 치료 과정을 감독할 수 있게 되었다.

4) 자발적 치료

현재 병원에서 자발적으로 치료를 받는 경우, 치료 받는 환자의 인적사항을 보건당국에 보고하도록 되어 있었던 의사의 보고 의무가 2000년에 「마약류 관리에 관한 법률」로 통합되면서 없어졌기 때문에 법적 제약이 전혀 문제가 되지 않고 있으며, 의료보험도 가능한 상태이기 때문에 많은 환자가 이용할 수 있다. 그러나 현실은 많은 의사가 이러한 사실을 정확히 알고 있지 못하고, 환자들은 이를 믿지 못해 치료받기를 꺼리고 있다. 실제로 자수 기간과 자수에 준해 선처한다는 내용에 대한 홍보만 있을 뿐 '비밀보장하에 무료로 치료해 준다'는 내용을 중심으로 한 치료보호제도와 자발적 치료에 대한 홍보는 거의 없는 실정이다. 책임 있는 정부 기관들이 나서서 비밀보장하에 치료가 가능함을 적극적으로 홍보할 필요가 있다. 특히 경찰이나 검찰, 법무부에서 마약에 대한 예방 홍보나 자수 기간 홍보뿐 아니라 비밀보장하에 자발적 치료를 받을 수 있음을 홍보한다면 많은 환자가 안심하고 병원에서 치료를 받을 수 있을 것이다.

현재 병원은 환자가 별로 없어 다양한 치료 방법을 연구하거나 개발하지 못하고 있지만, 환자가 많아지면 자연스럽게 치료 방법의 개발과 실행이 이루어질 것이다. 자발적 치료가 활발해져야만 범죄자의 양산을 막고 회복자의 수를 늘려 결과적으로 약물 남용의 감소를 유도할 수 있다.

5) 교정시설 내 프로그램

교정시설에서는 「형의 집행 및 수용자의 처우에 관한 법률 시행규칙」 제209조에 의해 마약류 사범을 사회와 격리 처우하기 위하여 교정시설에 수용하고, 재활교육 등의 서비스를 제공하도록 하고 있다. 법무부는 2000년 11월 30일에 각 교정 기관에서 마약류 사범에 대해 일반 수용자와 별도의 마약류 사범 재활교육을 실시하도록 하였으며, 2001년 2월에는 의정부교도소에 마약류 사범 재활교육센터를 개관하였고, 2011년 3월부터 8개의 마약류 사범 전담 재활교육 기관(의정부교도소, 서울남부교도소, 진주교도소, 경주교도소, 홍성교도소, 군산교도소, 장흥교도소, 충주구치소)을 지정하여 마약류 사범에 대해 3개월간 13회기의 교육과정을 실시하고 있다. 처음에는 자발적으로 원하는 사람들을 대상으로 3개월간 같은 방에 기거하면서 교육을 받도록 하였으며, 교육 성적이 좋은 경우에 가석방을 해 주기로 하였다. 하지만 현재는 교정기관에서 본인 의사와 상관없이 선발하고 있고, 가석방시키는 경우도 거의 없는 실정이며, 과정 후에는 원래의 교도소로 이감하게 되어 교육을 받지 않은 마약류 사범과 같이 지내게 되기 때문에 교육 효과가 반감될 우려가 있다.

〈표 1-14〉 교정시설 마약류 사범 대상 재활교육 프로그램 운영 형태

시행 기관	재활교육 프로그램	운영 형태	비고
전국 52개 교정시설 (교도소, 구치소)	단약동기증진 기본과정	• 1개월 과정(8회기, 회기당 2시간, 총 16시간) • 집단 규모 : 10명 내외 • 해당 교정시설 내 마약류 재소자 중 선발(4범 이하)	각 교정시설은 한국마약퇴치운동본부 등과 협의하여 전문 프로그램 개발 및 시행
전국 8개 교정시설 (심리치료 특화시설)	단약동기증진 집중과정	• 2개월 과정(13회기, 회기당 2시간, 총 26시간) • 집단 대상: 재범위험성 평가도구 (Recidivism Prediction Index: REPI) 중위험군 • 집단 규모 : 10명 내외 • 전국 교정시설 내 마약류 재소자 중 선발(5범 이상)	
군산교도소 제2심리치료센터	치료공동체 과정(심화과정)	• 치료 · 재활 및 사회 복귀를 위한 프로그램 • 3개월 과정(67회기, 총 134시간) • 집단 대상: REPI 고위험군 • 마약류 사범 중 집중적인 치료 및 재활을 요하는 재소자 중 선발(5범 이상)	

출처: 한국과학기술한림원(2019).

〈표 1-15〉 심리치료 프로그램 운영 실적 (단위: 명)

구분	2013년	2014년	2015년	2016년	2017년	2018년
기본과정	4,830	5,411	3,912	4,159	574	648
집중과정	107	81	82	89	101	113
심화과정	–	–	–	–	19	27
합계	4,937	5,492	3,994	4,248	694	788

출처: 한국과학기술한림원(2019).

2017년부터 교정본부 내에 심리치료과가 개설되면서 모든 교정시설에 심리치료과나 심리치료팀이 운영되어 수용된 마약류 사범에 대해 전문적인 재활교육 등 프로그램을 실시하고 있다. 심리치료과는 교정시설 내 마약류 사범의 중독 정도에 따라 치료 대상자를 분류한 후 기본 · 집중 · 심화 과정으로 치료 과정을 구분하여 맞춤형 심리치료 서비스를 제공하고 있으며, 중독 정도가 상대적으로 심한 대상자에게는 제2심리치료센터(군산교도소)에서 심화과정 특성화(치료적 공동체) 프로그램을 실시하고 있다. 향후 마약류 사범 심리치료 프로그램 심화과정 운영 기관을 신설하여 투약사범을 포함하여 제조, 판매 등 모든 마약류 사범을 대상으로 월 1회 단기 교육과정 운영으로 치료적 개입을 확대하려고 하고 있다.

앞으로의 발전 방향은 교정시설 내에서 교육을 통해 회복에 대한 동기화가 이루어진 사람들 중 자발적으로 치료를 원하는 사람들을 대상으로 가치관의 변화와 규범적인 생활양식을 가지도록 24시간 치료하는 치료적 공동체(Therapeutic Community: TC)를 도입하여 운영하는 것이 필요하다.

3. 외국의 치료 재활 실태

현재 전 세계적으로 마약류 등 약물 남용에 대한 형사정책이 처벌(punishment) 위주에서 벗어나 중독자에 대한 처우 내지 치료(treatment)로 이동하는 추세가 뚜렷하다. 미국의 경우, 2018년 전국 약물 사용 및 건강 실태 조사(National Survey on Drug Use and Health, [그림 1-2] 참조)에 따르면 12세 이상 인구 중 약 5천 320만 명(19.4%)이 지난 한 해에 불법적인 약물을 남용한 것으로 나타났다. 특히 대마 합법화가 확산되면서 대마 남용 인구가 4천 350만 명으로 대다수를 차지하였으며, 처방되는 진통제 남용 인구가 990만 명으로 급격히 증가하고 있다. 미국의 2021년 약물 남용 관련 예산은 350억 달러이며, 이 중 치료와 관련된 예산은 46.3%인 165억 달러를 차지하여 2019년에 비해 4.4%가 증가하였다. 마약 관련 예산에는 치료 관련 예산뿐 아니라 예방과 법적 제제, 유입 방지, 국제 공조 등 다양한 예산을 책정하여 마약류에 대한

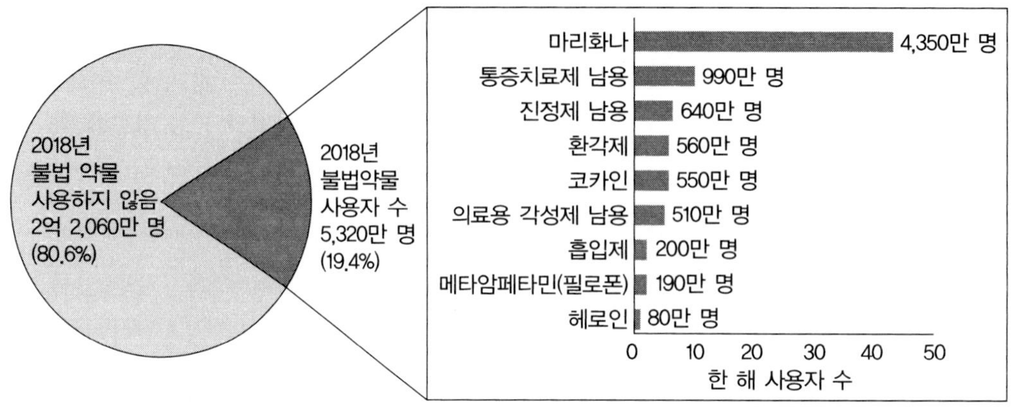

[그림 1-2] 2018년 12세 이상 미국인의 한 해 불법 약물 사용자 수

출처: SAMHSA (2019).

종합적인 대책을 마련하고 있다. 치료와 예방을 통한 수요감축 예산이 2021년에는 전체 예산의 52%로 대폭 증액되어 공급억제 예산 48%보다 많아져, 점차 단속보다 치료에 치중하는 정책을 펼치는 것을 알 수 있다.

유럽에는 헤로인을 비롯한 아편 유사제 남용이 주를 이루고 있고, 중독 치료를 위하여 각 지역마다 약물 중독 진료소를 운영하고 있는데, 이곳에서는 신체적 금단증상을 치료하기 위하여 메타돈이나 부프레노르핀 등의 합성마약을 대체치료제로 투약하고 있다. 또한 마약 투약으로 인해 확산되는 AIDS와 성병 등의 전염병을 줄이기 위해 일회용 주사기의 사용을 권장하며, 이를 위해 주사기 교환소(needle exchange center)를 운영하고 이곳에서 일회용 주사기와 증류수, 일회용 알코올 솜 등을 무료로 나누어 주고 있다. 독일의 본과 호주의 시드니에서는 약물 과다 복용에 따른 사망률을 줄이기 위해 헤로인 중독자들을 대상으로 주사방(injecting room)을 운영하며 무료로 마약을 투약해 주면서 치료를 받도록 유도한다. 또한 스웨덴이나 스위스 일부에서는 대마카페에서 대마에 한해 일회용을 판매하도록 하는 일부 합법화 정책을 취하고 있다. 이는 모두 넘쳐나는 약물 중독에 대처하기 위한 고육지책들이다.

〈표 1-16〉 미국의 약물 남용 관련 예산 (단위: 달러)

	2019년 예산	2020년 예산	2021년 요구액	2020~2021 변화액(%)
치료 (%)	15,439.6 (41.9%)	16,061,3 (45.1%)	16,525.6 (46.3%)	+464.3 (+2.9%)
예방 (%)	2,135.9 (5.8%)	2,111.4 (5.9%)	2,034.8 (5.7%)	−76.6 (−3.6%)
국내 단속 (%)	9,641.4 (26.2%)	9,858.7 (27.7%)	9,945.6 (27.9%)	+86.9 (+0.9%)
유입 억제 (%)	8,308.3 (22.6%)	6,248.3 (17.6%)	5,918.2 (16.6%)	−330.1 (−5.3%)
국제 공조 (%)	1,283.0 (3.5%)	1,321,7 (3.7%)	1,271.6 (3.6%)	−50.1 (−3.8%)
합계	36,808.3	35,601.4	35,695.9	+94.4(+0.3%)
수요 감축	17,575,6 (47.7%)	18,172,7 (51.0%)	18,560.4 (52.0%)	+387.7 (+2.1%)
공급 감소	19,232.7 (52.3%)	17,428.7 (49.0%)	17,135.4 (48%)	−293.3 (−1.7%)

출처: ONDCP(2020)

마약류범죄백서(2018)에 따르면 유엔마약범죄사무소(UNODC)에서 발표한 2017년 조사에서는 전 세계 인구(15세~64세)의 5.5%인 약 2억 7,100만 명이 2016년에 마약류를 투약한 경험이 있는 것으로 추정하였으며, 이는 2008년보다 30%가 증가한 수치다. 2017년에는 전 세계적으로 약 1,130만 명이 주사기를 이용하여 마약류를 투약하였고, 이 중 약 560만 명이 C형 간염, 120만 명이 AIDS를 앓고 있다고 하였다. 2017년 마약류 관련 사망자 수는 약 58만 5천 명으로, 이 중 약 52%가 C형 간염에 의한 사망이며, 약 29%가 아편 유사제와 관련된 사망이라고 하였다. 2018 마약류범죄백서에 의하면, 최근 동남아시아가 국제적인 암페타민 시장으로 빠르게 성장하고 있으며, 2017년의 메스암페타민 압수량은 2007년에 비해 8배 이상 증가한 수치인 82톤에 달한다고 하였다. 또한 합성아편 계열인 신종향정물질(New Psychoactive

Substances: NPS)의 시장이 계속 성장하여 2017년 북미지역에서의 아편 유사제 과다 복용으로 인한 사망자 4만 7천 명 중 대부분이 펜타닐과 같은 합성아편 계열에 의한 것이었으며, 서 · 중앙아프리카에 위치한 국가에서는 합성아편 계열인 트라마돌이 빠르게 확산되고 있다고 하였다. 유럽마약중독감시센터와 유로폴이 공동으로 실시한 조사에 따르면, 2017년 8월까지 5대 주요 다크넷(darknet) 사이트의 게시물 중 60%가 마약 관련 화학물질, 불법의료용 마약에 관련된 것으로 보고하는 등 인터넷을 통한 마약류의 공급이 빠르게 확산되고 있음을 알 수 있다. UNODC에서는 마약치료 등 마약류 남용으로 인한 경제적 비용을 연간 총 2,000억~2,500억 달러로 추산했다.

미국 질병통제센터(CDC)에 따르면, 진통제 과다 복용으로 인한 사망자 수가 1999년 4명에서 상승하여 2008년에는 약 만 4천 명이 사망했고, 같은 기간에 진통제 판매량도 4배로 증가하였다(Korea Real Time, 2011. 11. 2.). 미 백악관의 케를리코우스키(R. G. Kerlikowske) 약물통제정책국 국장은 진통제로 인한 연간 사망자 수가 헤로인 및 코카인으로 인한 사망자 수를 능가하였고, 일부 주에서는 교통사고 사망자 수를 뛰어넘었다고 하였으며, "처방용 약물 남용은 미국에서 가장 빠른 속도로 늘어나는 약물문제"라고 말했다.

처방용 및 불법 약물은 2008년에 3만 4,650명의 사망자를 초래하였으며, 이는 같은 해 자동차 사고로 사망한 3만 9,970명과 비슷한 수치로, 이러한 상황에서 12세 이상 인구 20명 중 한 명에 해당하는 약 1,200만 명의 미국인이 2007년에 진통제를 비의학적으로 사용했다고 CDC는 밝혔다. 2017년에는 약물 과다 복용으로 사망한 수가 7만 2,000명으로 두 배 이상 증가하였는데, 이 중 아편 유사제 과다 복용으로 4만 7,600명이 사망하자 트럼프 대통령은 '공중보건비상사태'를 선포하여 처방되는 마약류의 철저한 관리를 지시하였다.

또한 미국 마약단속국(Drug Enforcement Administration: DEA)에 따르면, 특정 지역에서 두 가지 유형의 처방 진통제 판매 증가는 환자의 고통 완화를 통해 유발된 중독 만연이 우려된다. 2000~2010년 사이에는 '옥시콘틴(OyxContin)' '퍼코세트(Percocet)' '퍼코댄(Percodan)'의 주성분인 옥시코돈(oxycodone)의 유통이 급증하였으며, 일부 지역에서는 16배까지 늘어났다.

DEA 데이터에 따르면, '바이코딘(Vicodin)' '노르코(Norco)' '로탑(Lortab)'의 주성분인 하이드로코돈(hydrocodone)의 매출도 증가했다. 이런 마약성 진통제 사용의 증가는 플로리다, 멕시코, 네바다, 유타 등에서 과용량 사망, 약국 강도 등 많은 문제를 일으켰다. 마약성 진통제 사용의 증가는 부분적으로 미국 노인들의 통증치료와 의사들이 통증치료에 적극 나섰기 때문이다. 약물 매출은 중독 때문에 증가했고, 사용자들은 진통제에 의존하면서 약물 처방을 계속 받기 위해 의사들을 찾아 나서기 시작했다고 지적했다(메디팜스 투데이, 2012. 4. 6.).

다음은 분석에 따른 진통제 사용 증가 이유다(Korea Weekly, 2007. 8. 31.).

- 인구 노령화: 노령 인구가 증가하면서 자연스럽게 진통제 사용량도 늘고 있다. 2000년 기준 65세 이상 인구는 3천 500만 명으로 집계됐고, 미 인구조사국은 2020년까지 65세 이상 인구가 5천 400만 명에 이를 것으로 추정하고 있다.
- 활발해진 제약회사 마케팅: 제약회사들은 자사의 제조약을 선전하거나 유통시키기 위해 1997년에 110억 달러를 사용한 데 비해 2005년에는 거의 300억 달러를 소비했다. 대표적인 제약회사들이 남기는 이윤 폭은『포춘』선정 500대 기업의 이윤 폭에 비해 3~4배가 높았다.
- 진통치료에 대한 관점의 변화: 옛날의 의사들은 환자들에게 진통이 치료 과정에서 겪어야 할 한 부분이라고 주지시켰으나, 이 같은 관념은 1980년대 이후로 점차 변화했다. 현재의 진통 관리는 질병 관리의 중요한 요소 중 하나로 자리 잡고 있다.
- 남용자 증가: 처방 진통제를 접하기 쉬워지면서 남용자 또한 증가하고 있다. 진통제 남용으로 응급실에 실려 온 환자는 1995년 이후 160%가 증가했다.

앞서 언급하였듯이, 현재 전 세계적으로 마약류 등 약물 남용에 대한 형사정책이 처벌 위주에서 벗어나 중독자에 대한 처우 내지 치료로 이동하는 추세가 뚜렷하다. 미국에서 시작된 약물법원(drug court)은 약물 사용 관련 범죄(약물 남용이 원인이 되어 저지른 범죄도 포함)의 피고인을 통상의 형사사법 절차에서 벗어나 교도소 대신에 사회에서 치료하는 이른바 '다이버전(Diversion)'의 형태인데, 약물 의존증에서 회복시키기 위한 치료적인 절차에 회부하여 법원이 치료 경과를 집중적으로 감독(모니터링)하는 프로그램 혹은 이를 행하는 일종의 전문재판부다. 피고인이 재판 절차에서 치료 프로그램의 전 과정을 수료하게 되면 법원이 공소를 기각하는 등의 방식으로 절차를 종결시킨다. 이로써 피고인은 구금 등의 형사처벌을 면하는 결과가 된다. 형벌의 대안으로 법원의 주관하에 치료 프로그램이 통제적으로 실시된다는 점에서 전통적인 형사재판을 변환한 제도로 평가된다. 1989년 여름에 플로리다에서는 마이애미-데이드 카운티 약물법원(Miami-Dade County Drug Court: MDDC)이 설립되었다. 이 제도는 빠르게 전국으로 확산되어 효과와 비용에 관한 조사 연구가 이루어졌다. 이후 1994년「폭력범죄 통제 및 법 집행법(Violent Crime Control and Law Enforcement Act of 1994)」에 의해 연방정부의 정식 승인을 받게 되었다. 연방정부에서는 약물 남용자의 재활을 중시하는 범국가적인 약물 대응 전략을 선언하고 각 주에 약물법원 프로그램을 확충하여 약물 남용자의 재활 서비스에 내실을 기할 수 있도록 재정적인 지원을 하고 있다. 현재 미국에는 50개 주의 3,000여 곳이 넘는 지역사회에 약물법원이 조직되어 있고, 이러한 약물 사범에 특화된 치료 지향적인 재판 방식이 캐나다를 시작으로 호주, 뉴질랜드, 영국 등 세계 각국으로 수출되었다.

미국의 경우에 재소자들 중 치료를 원하는 중독자를 대상으로 치료적 공동체를 이용한 치료시설이 운영되고 있는데, Daytop이나 Peonix House, Key & Crest 등의 전문 치료 기관을 위탁 운영하며, 정기적으로 치료 효과성을 검증하여 높은 치료 효과를 보고하고 있다. 교도소 내 수감자의 85%가 알코올이나 약물 남용의 문제를 가지고 있으므로 이를 치료하여 재발을 예방하는 것이 범죄를 감소시키는 데 중요하다는 것을 알 수 있다.

4. 치료 및 재활의 발전 방향

치료 및 재활의 발전 방향은 크게 두 가지로 정리될 수 있다. 하나는 민간병원에서의 자발적 치료의 활성화이며, 두 번째는 법적 강제치료의 효율적 방안이다.

1) 자발적 치료의 활성화

현재의 여건으로도 법적 구속의 두려움 없이 민간시설에서 약물 남용의 치료재활이 가능한 상태이나 현실적으로는 거의 이루어지지 않고 있다. 치료재활의 활성화를 위해서는 경찰이나 검찰, 법무부가 주관이 되어 적극적인 홍보를 통해 비밀보장하에 법적 제재 없이 치료가 가능하다는 것을 널리 알려야 한다. 확고한 비밀보장만 된다면 많은 사람이 조기에 치료에 입문할 것이며, 그러면 자연스럽게 다양한 치료 기법이 개발되어 활용될 수 있다. 현재의 치료보호 예산은 매우 부족한 실정으로, 향후 치료보호 예산을 적극적으로 늘려야 한다. 치료보호 예산은 치료비 지원뿐만 아니라 치료보호 지정병원에 대한 교육 및 시설 지원 등도 포함되어야 한다. 또한 병원 외에도 재활센터 등의 중간 처우시설을 지정 기관으로 등록하여 지원하는 것도 중요하다.

자발적 치료를 위한 기반 마련을 위해 치료 및 재활 전문가를 교육시키고, 단기치료 프로그램은 물론이고 장기치료 프로그램의 연구가 활성화되어야 하며, 중간 처우시설의 확충은 물론 추적 치료에 대한 표준화가 이루어져야 한다. 이에 대한 재원이나 인적 자원 확보를 위해서는 정부가 나서야 한다. 눈앞의 문제에만 급급하다 보면 장래를 망칠 수 있다. 향후 5년을 내다보는 안목으로 적극적인 투자가 이루어져야 한다. 이를 총괄하기 위해서는 국립약물남용연구소(National Drug Addiction Research Center)의 설립이 시급하다고 볼 수 있다.

2) 법적 강제치료의 활성화

단순 약물 남용자를 범죄자로 만들기보다는 치료 대상으로 인식하는 법적 장치가 필요하다. 현재의 교육이수조건부 기소유예, 치료보호, 치료감호, 수강명령 등의 보완을 통해서도 커다란 효과를 볼 수 있다. 우선, 표준화된 평가 방법을 개발하여야 하며, 주관적인 판단보다는 객관적인 평가를 통해 치료의 가능성이 있는 사람들부터 교육이나 수강명령을 실시하여 치료에 입문하도록 유도하여야 한다. 치료보호의 경우에는 치료의 필요성이나 의지가 확인된 사람들을 대상으로 실시하며, 치료에 비순응적인 사람들은 엄격한 법 적용을 하여 조기에 기소를 재개해야 치료적 효과를 높일 수 있다. 치료감호의 경우에는 검찰에서 정신감정을 통해 치료 가능성이 있다고 판단되면 적극적으로 치료감호를 청구할 필요가 있다. 보호관찰을 효과적으로 운영하기 위해서는 정기적인 약물검사와 외래치료를 명문화할 필요가 있다.

무엇보다 교도소 내에서의 치료가 적극적으로 이루어져야 한다. 교정시설 내에 심리치료팀이 운영되고 교육 프로그램이 확장되고 있으나, 본격적인 치료시설이 없는 실정이다. 따라서 교육을 받은 인원을 대상으로 자원자를 모아 교정시설 내에 치료적 공동체를 기반으로 하는 치료시설을 운영하고, 체계적인 치료 프로그램을 제공하여야 하며, 치료를 잘 받으면 법적인 이득(가석방 등)을 주고, 비순응하는 경우에는 탈락시킴으로써 치료 효과를 더욱 높일 수 있다.

또한 추가적인 법률 제정으로는 검거 초기부터 치료가 필요한 사람을 적절한 시기에 치료에 입문할 수 있도록 약물법원의 설립이 필요하며, 아니면 기존의 법원에 약물법원의 성격을 부여함으로써 초기부터 평가와 감독을 함께 제공하여 다양한 치료적 혜택을 받도록 해야 치료 효과를 높일 수 있다.

무엇보다도 치료와 재활이 약물 남용의 확산을 방지하고 재범률을 낮추는 지름길이라는 것을 정부 관계자들이 알고 정책을 추진해야 한다. 법적인 체제와 치료 체제 간의 활발한 교류를 통해 상호 보완적인 역할이 어느 때보다 시급하다고 할 수 있다.

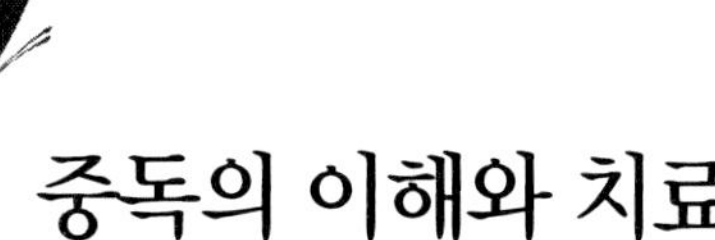

제 2 장

중독의 이해와 치료

1. 약물 중독이란

우리는 많은 약물을 접하며 살고 있다. 약물이란 우리의 신체적 · 정신적 건강이 잘못되었을 때, 이를 바로잡아 건전한 몸과 마음을 유지하기 위하여 사용되는 물질로, 아무리 좋은 약이라도 과하게 복용하면 여러 가지 문제를 야기한다. 약물을 잘못 사용하거나 다른 목적으로 사용하면 오히려 몸과 마음이 상하고 개인적으로 파멸함은 물론, 가정과 사회를 파괴하여 원래의 좋은 목적을 달성하지 못하고 오히려 해치는 결과를 낳는다.

우리는 약물을 과신하는 경향이 있으며, 쉽게 약물을 접한다. 그래서 자신도 모르는 사이에 약물을 남용하고 중독이 되어 가는 것이다. 그러나 약물 오남용이 어떠한 것인지를 모르고 그 피해를 예상하지 못하기 때문에 적절한 치료의 기회를 놓쳐 버려서 점점 더 깊은 의존 상태에 빠지게 되며, 급성 중독 증상으로 사망에 이르기도 한다. 금단증상으로 인해 약물에 더 의존하게 되는 악순환을 되풀이하면서도 이를 알지 못한다. 많은 사람이 자신도 모르게 각종 약물을 남용하거나 약물에 의존하고 있다. 건강상의 문제나 가족의 걱정에도 불구하고 계속해서 술을 마시거나 담배를 피우는 사람들이 얼마나 많은가? 이처럼 대부분의 사람은 자신이 약물을 남용하거나 의존하고 있다고 느끼지 못한다. 우리나라의 경우에 알코올 남용자나 의존자의 수는 무려 400만에서 600만 명으로 성인 인구의 약 40%로 추산된다. 자기 자신은 과연 어디에 속한다고 생각하는가? 술주정을 하거나 숙취 때문에 다음날 고통을 겪고, 직장에 지각을 하고, 가족의 걱정에도 불구하고 술을 마시지는 않는가? 남들이 담배 냄새를 싫어하는데도 불구하고, 금연구역에서 남의 눈치를 봐 가며 담배를 피운 적은 없는가? 법으로 금지되어 있는 약물을 몰래 사용한 적은 없는가? 법망을 피해 몰래 숨어서 하는 이러한 행위는 모두 약물에 의존이 되어 있거나 남용의 상태가 되어 있기에 나타나는 증상이다.

누구도 중독이 되고 싶어서 약물을 남용하지는 않는다. 호기심이나 주변의 유혹 등으로 한두 번 정도야 괜찮겠지 하고 시작을 하는 것이다. 그러나 자신도 모르게 점차 양과 횟수가 많아지며 깊게 빠지고 만다. '바닥을 친다(hitting the bottom)'는 말이 있듯이, 모든 것을 잃고 나서야 비로소 후회하며 치료를 생각하지만 그때는 이미 너무 늦은 다음이다. 마치 암을 초기에 방치하다가 암세포가 온몸으로 전이된 후에서야 치료를 받는 것과 같다. 반대로 생각하면 모든 질병과 마찬가지로 중독이라는 질병 역시 조기에 발견하여 빨리 치료하면 회복이 가능하며, 그러기 위해서 우리는 중독이 어떠한 질병인지를 알아야 한다.

매스컴에서 약물 중독의 문제를 연일 대서특필하지만, 정작 약물 중독이 무엇인지 잘 모르고 있는 것이 현실이다. 약물 남용과 의존, 중독이 어떠한 것인지를 이해하고, 그 피해가 얼마나 심각한지를 알게 된다면 약물 남용과 중독의 위험을 예견하고, 따라서 이를 피할 수 있으며, 이미 남용이 시작이 되었더라도 쉽게 빠져 나올 수 있다.

- 약물 오용(drug misuse)이란, 의도적인 것은 아니지만 적절한 용도로 사용하지 못하고 잘못 사용하여 피해를 보는 것을 의미한다. 예를 들면, 소화 불량을 치료하기 위하여 항생제를 사용하였다가 오히려 증상을 악화시키는 경우다.
- 약물 남용(drug abuse)이란, 의도적으로 약물을 다른 목적을 위해 사용하는 것이다. 원래 약물이란 한 가지 이상의 효과를 가지고 있어서 원래의 치료 목적을 달성하더라도 많은 부작용을 가지고 있다. 원래의 목적이 아니라 이러한 부작용을 경험하기 위하여 일부러 사용하는 경우가 바로 약물 남용이다. 예를 들면, 접착제인

본드나 연료인 부탄가스, 감기약인 러미라(romilar) 등을 원래의 목적이 아니라 일시적으로 기분을 좋게 하기 위하여 사용하는 경우를 말한다. 이런 경우에 약물에 대한 내성이 생겨 점차 약물의 양을 늘려 가고, 나중에는 이를 끊지 못하고 지속적으로 사용하는 의존의 상태에 빠지게 된다.

- 약물 의존(drug dependence)이란, 말 그대로 약물의 노예가 되어 약물이 없이는 지내기가 불편하고 괴로운 상황이 되어 계속 약물을 찾는 상태를 말한다. 의존은 남용에서부터 시작되며, 우리가 일상적으로 말하는 중독이란 보통 의존을 지칭한다.
- 급성 중독(intoxication)이란, 약물이 신체 내에 과도하게 존재하여 여러 가지 부작용을 나타내는 상태로, 가벼운 오심이나 구토, 두통, 복통에서부터 들뜬 기분, 혼동, 착각, 환각 등의 정신병적 증세를 나타내거나 혼수 상태와 사망에까지 이르는 상태를 말한다.

2. 왜 약물을 남용해서는 안 되는가

모든 마약류는 우리의 장기에 작용하여 신체적 부작용을 일으킬 뿐만 아니라 뇌에 도파민을 급작스럽게 높여서 정신병을 유발한다. 자신의 몸과 마음이 약물로 인해 망가져 가는 것은 물론이고 가족에게도 심각한 피해를 끼치며, 직업적 · 경제적인 문제뿐만 아니라 사회 생활도 약물 중심이 되어 건전한 친구들과 멀어지고 오직 약물과 관련된 사람만 만나게 되는 악순환이 지속된다. 자기 자신이나 주변에서 일어나는 문제를 전부 남의 탓으로 돌리기 때문에 점차 주위로부터 멀어지고, 법망을 피해야 하기 때문에 숨어 지내며 남을 의심하게 되고, 매사를 부정적으로 보게 되어 성격마저 충동적이고 편집적으로 변하게 된다.

본드나 부탄가스, 니스 등은 특히 골수와 뇌에 치명적이기 때문에 면역성이 떨어져 세균 감염이 되면 잘 낫지 않고 성장에도 악영향을 끼치며, 성격이 충동적이고 폭력적으로 변하고, 기억력이 감퇴하며, 인지 기능도 저하되어 일찍 치매 증상이 나타나게 된다. 당뇨병과 신장병, 혈관장애와 심장마비를 일으키기도 하는데, 문제는 이러한 부작용이 나중에 서서히 나타나기 때문에 정작 본인은 이를 알지 못한다는 것이다. 추후 이러한 증상이 나타났을 때에는 이미 시기를 놓쳐 되돌릴 수 없는 상황에 처한다.

약물 남용의 사례는 다양하다. 이러한 사례를 통해 그 위험성을 분명하게 알 수 있다.

20세의 한 남성은 부유한 가정 환경에서 자랐으나 호기심에 12세경부터 본드와 부탄가스를 흡입하기 시작하였다. 결국 검거되어 소년원에 두 번씩이나 수감이 되었으나 자신의 문제를 알지 못하고, 오히려 소년원에서 여러 가지 다른 약물에 대한 정보를 얻어 러미라 등의 약물에 의존하게 되었다. 그로 인해 당뇨병이 생겼고, 신장 기능의 약화로 몸이 부었으며, 입이 헐면 잘 낫지 않고, 성격도 변하여 충동적인 사람이 되었다. 몸은 20세이나 정신 연령은 15세 수준도 안 되었으며, 매사에 자신감이 없고 자포자기에 빠져 오직 약물만이 자신을 지탱해 주는 유일한 친구가 되었다. 이후 교도소에 수감이 되어서도 마찬가지여서 출소 후에도 바로 본드를 흡입했다. 치료감호를 선고받아 치료를 받았으나 몸과 마음이 이미 망가져 치료 의욕도 없었다. 온 가족의 노력에도 불구하고 결국에는 자살로 인생을 마감하였다.

최근 들어 마약성 진통제나 프로포폴과 같은 마취제의 남용이 심각한 상태로 접어들었다. 대개 의료인이나 유흥업소 종사자들이 많이 남용하는데, 금단증상이 너무 심하여 커다란 부작용을 낳고 있는 실정이다. 25세의 한 여성은 청소년기에 친구의 권유에 의해 호기심으로 부탄가스를 흡입하게 되었는데, 의존이 되면서 점차 횟수와 양이 많아져 이를 거의 매일 흡입하였다. 그러던 어느 날 부탄가스를 흡입 중 흡연을 했다가 가스통이 폭발하여 전신에 심한 화상을 입게 되었고, 이를 비관하여 가출 후 술집 등을 전전하게 되었다. 괴로움을 잊고 환각을 맛보기 위하여 술집 주인의 권유로 진통제를 맞게 되었는데, 진통제를 안 맞으면 통증이 심해지는 금단증상으로 인하여 거의 매일 누바인을 맞게 되었으며, 이로 인해 빚을 지는 등 악순환이 지속되자 어머니에 의해 강제로 치료를 받기 시작했다.

필로폰의 부작용은 너무나 심각하다. 필로폰에 중독된 이들은 「향정신성의약품관리법」 위반으로 수차례의 수감 생활을 하면서도 이를 끊어 내지 못하고 십수 년간 필로폰에 의존되어 지내 오면서, 신체적으로는 당뇨로 인한 각종 합병증, 간질환으로 인한 복수, 말초혈관질환으로 인해 피부가 썩어 가는 버거씨병을 앓으면서, 정신적으로는 피해망상과 관계망상, 환청 등의 정신병적 증상으로 가족에게 폭력을 휘두르는 등 각종 범죄 행위를 일으키기도 하며, 결국 자식과 부인을 살해하는 등 심각한 상황에 빠지는 경우도 있으며, 신체와 정신이 망가져 거의 폐인이 된 후에야 후회를 하면서 비로소 치료를 시작한 경우도 있다.

30세의 한 남성은 호기심으로 필로폰을 사용하다가 점차 처음에 경험했던 기분을 느끼지 못하게 되자 양이 많아졌으며 횟수도 늘어났다. 그로 인해 성욕도 상실되었고, 오직 호텔방에서 필로폰만 주사하는 생활이 되었다. 치료를 받고 싶었으나 법에 걸릴까 두려워 제대로 치료도 받지 못하였고, 결국 가산을 탕진하자 돈을 구하기 위하여 친했던 친구들에게 사기를 치기에 이르렀다. 이후 치료를 위해 자수하여 「향정신성의약품관리법」 위반과 사기로 치료감호를 받았다. 3년간 피눈물 나는 노력을 하여 퇴원 당시 95% 이상 완치되었다고 자신하였고, "약물 남용을 하는 사람이 있으면 도시락 싸 가지고 다니면서 약물 남용의 위험성을 알리고 적극적으로 말리겠다"는 사명감까지 가지게 되었다. 그러나 그는 퇴원 후 두 달 만에 범죄 조직에 납치를 당하였다. 자수할 당시에 경찰에게 털어놓았던 공급책이 보복을 한 것이였다. 그들은 그를 일주일 동안 감금하고는 대량의 필로폰을 강제로 투여했다. 죽음 직전에서 풀려났으나 이로 인해 온몸이 망가지고, 결국 현재 어디에 있는지조차 알 수 없는 상태다.

한번 마약에 발을 들여놓으면 주변에서 가만히 내버려 두지를 않는다. 아무리 치료를 받고 끊으려고 노력을 하여도 주변의 계속적인 협박과 유혹을 물리치기는 어렵다. 그렇기에 가장 중요한 것은 처음부터 약물에 빠지지 않는 것이라고 할 수 있다.

3. 중독은 어떠한 질병인가

대부분의 사람은 마약류를 잘 조절해서 기분만 좋게 요령껏 사용하면 되지 않을까 하고 생각하며 약물에 중독된다는 것을 이해하지 못한다. 불법이라고 하더라도 좋다고 하니까, 호기심에서 한 번만 하는 마음으로 시작하게 된다. 대부분의 사람은 한두 번에 그치지만 일부는 그 맛을 느끼게 되어 반복하는 양상을 나타낸다. 고기 맛을 아는 사람들이 다시 고기를 찾는 것처럼, 마약류의 맛을 느껴 본 사람들은 그 맛을 잊지 못해 다시 찾게 된다. 한 번의 시작으로 많은 사람이 자신도 모르게 각종 약물을 남용하거나 의존되어 가는 것이다. 해서는 안 된다는 것을 알면서도 계속하게 되는 것이 중독 현상 중 하나인데, 내 의지와는 달리 반복해서 조절이 안 되는 이유는 중독이 정신질환의 일종이기 때문이다.

나는 중독을 일종의 정신적 암이라고 말해 왔다. 종합검진을 받다가 우연히 암세포가 발견되면 아무리 초기라고 하더라도 모두가 치료를 받으려고 노력한다. 방치하면 점차 커져서 손을 쓸 수 없게 된다는 것을 알고 있기 때문이다. 중독이라는 질병도 처음에는 별것 아닌 것처럼 느껴지나 점차 진행될수록 안 하려고 해도 반복하게 되는 특징을 지니고 있다. 중독은 만성질환이자 뇌질환이라는 두 가지 특징을 가진 질병이다. 만성질환은 일반적으로 완치되는 질병이 아니라 계속 관리하는 질병이다. 당뇨와 고혈압이 대표적인 만성질환인데, 이러한 만성질환은 당뇨와 고혈압 때문에 죽는 것이 아니라 합병증으로 사망하게 된다. 그러므로 혈당이나 혈압을 정상치 수준으로 유지할 수 있도록 꾸준히 관리하는 것이 중요하다.

만성질환을 가지고 있는 사람이라도 초기부터 관리를 잘하면 건강하다고 자부하는 사람들보다 더 건강하게 오래 살 수 있다는 말이 있다. 이들은 항상 먹는 것을 신경 쓰고, 규칙적인 생활과 운동을 하며, 정기적으로 병원 진료를 받기 때문에 이 만성질환의 관리뿐만 아니라 다른 질병이 생겨도 조기에 발견하여 빨리 치료하기 때문이다. 중독도 이처럼 조기에 발견하여 재발하지 않도록 꾸준히 관리하는 질병이라고 할 수 있다. 중독은 뇌의 질환으로 뇌에 변화를 초래하여 의지와 상관없이 반복되고 진행된다. 처음에 약물을 남용하면 일시적으로 뇌에 변화가 일어나 다른 기분을 맛보게 되나, 약효가 사라지면 정상으로 돌아온다. 그러나 이것을 반복하게 되면 점차 뇌에 지속적인 변화가 일어나며, 정상으로 돌아오는 시간도 길어지고, 원하지 않은 부작용을 초래하며, 점차 고착화된다. 뇌손상으로 인한 다양한 정신적 · 신체적 후유증이 나타나고 결국은 사망에 이르는 무서운 결과를 초래한다.

중독 치료의 목표는 단약만이 아니라 단약을 통해 남은 인생을 보람되고 행복한 삶으로 만들기 위한 것이다. 그러므로 중독을 치료한다는 것은 결과적으로 의미 있는 삶을 살아간다는 것이다.

4. 중독의 진단 기준

중독을 야기하는 물질에는 약물 이외에도 본드나 부탄가스 같은 물질들도 있어 이들을 포함하기 위하여 물질(substance)이라는 용어로 통일하여 약물 중독보다는 물질 중독이라는 용어를 사용한다. 그래서 진단명도 물질관련장애(substance related disorder)라고 총칭하며, 물질사용장애(substance use disorder)와 물질유발장애(substance induced disorder)로 구분하였다. 물질사용장애는 일반적으로 의존되는 상태를 말하며, 물질을 사용하지 않는 것이 자신을 위해서 더 좋다는 것을 알고 있음에도 불구하고 반복적으로 사용하여 신체-정신-사회적 안녕이 위협을 받는 상태를 말하며, 물질유발장애란 물질을 남용함으로써 유발되는 정신적인 장애로, 특정 물질을 사용 또는 사용하던 물질을 중단함에 따른 약리적 효과와 관계된 것으로서 임상적으로 유의한 정신-행동적 변화가 나타나는 경우를 말한다. 여기에는 급성 중독과 금단(withdrawal), 섬망(delirium), 정신병(psychosis), 기분장애(affective disorder), 불안장애(anxiety disorder), 강박장애(obsessive-compulsive disorder), 수면장애(sleep disorder), 성기능장애(sexual disorder), 신경인지기능장애(neuro-cognitive disorder) 등이 있다.

중독을 야기하는 물질을 알코올(alcohol), 카페인(caffeine), 대마, 환각제(hallucinogens), 흡입제(Inhalants), 아편 유사제, 진정제 · 최면제 · 항불안제(sedative · hypnotics · anxiolytics), 자극제(stimulant), 담배(tobacco), 기타 등 열 가지로 분류하였으며, 이 가운데 카페인은 급성 중독 증상과 금단증상은 있으나 물질사용장애에는 해당하지 않는다.

이전까지는 물질 남용(substance abuse)과 물질 의존(substance dependence)으로 나누어 진단하였으나 2013년에 미국정신의학회(American Psychiatric Association: APA)에서 『정신질환의 진단 및 통계 편람(Diagnostic and Statistical Manual of Mental Disorders: DSM)』을 5판으로 개정하면서 중독을 남용과 의존으로 나누지 않고 정도의 차이를 보이는 스펙트럼을 가진 한 가지 질환인 물질사용장애(Substance Related Disorder)로 통일하였으며, 최근 12개월 동안 다음의 11개 증상 중 2~3개에 해당하면 경도, 4~5개에 해당되면 중등도, 6개 이상에 해당하면 고도로 구분하였다.

- 종종 의도했던 것보다 더 많이 또는 더 장기간 물질을 사용함
- 물질 사용을 중단하거나 조절하려는 지속적인 욕구, 또는 노력해도 실패함
- 물질 구하기, 사용하기, 효과에서 회복하기 위한 활동에 많은 시간을 소비함
- 갈망, 물질을 사용하려는 강한 욕구와 충동을 느낌
- 물질을 거듭 사용한 결과, 직장, 학교, 가정에서 중요한 역할 임무를 완수하지 못함
- 물질의 효과에 의해 지속적이고 반복적인 사회적 대인관계 문제가 일어나거나 악화됨에도 불구하고 물질을 계속 사용함
- 중요한 사회 · 직업 · 여가 활동이 물질 사용 때문에 줄어들거나 중단됨
- 신체적으로 위험한 상황에서도 거듭해서 물질을 사용함
- 물질이 일으키거나 악화시켰을 것 같은 지속적이고 반복적인 신체적 · 정신적 문제가 있음을 알면서도 물질을 계속 사용함
- 내성: 다음 중 하나로 정의됨
  - 중독 혹은 원하는 효과를 얻기 위하여 훨씬 많은 양의 물질이 필요함
  - 같은 양의 물질을 계속 사용하지만 효과가 크게 감소함
- 금단: 다음 중 하나로 정의됨
  - 물질에 특징적인 금단증상이 나타남
  - 금단증상을 줄이거나 피하기 위해 같은(또는 관계 깊은) 물질을 사용

또한 회복의 정도를 '초기 관해'와 '지속적 관해'로 나누었는데, 초기 관해(early

remission)란 3~12개월간 갈망, 물질을 사용하려는 강한 욕구와 충돌을 제외한 어떠한 증상도 없을 때를 말하며, 지속적 관해(sustained remission)란 12개월 이상 갈망, 물질을 사용하려는 강한 욕구와 충돌을 제외한 어떠한 증상도 없을 때를 말한다. 병원에 입원을 하거나 교도소에 수감되는 등 물질에 대한 접근이 제한되는 환경에 살고 있을 때에는 '조절된 환경에 거주'라는 표시를 하도록 하였다.

5. 중독 선별 검사

일반적으로 간단하게 약물 중독을 선별하기 위한 평가 도구들이 있다. 청소년과 성인을 대상으로 활용되는 선별 검사를 소개하면 다음과 같다.

1) 청소년 약물 중독 선별 검사

다음의 설문 내용 중 '예'라는 대답이 1개 이상이면 약물 남용에 해당되고, 3개 이상이면 약물 의존에 해당된다. 3~5개는 경증, 6~8개는 중간 정도, 9개 이상은 심한 정도다. 3개 이상이면 입원치료 및 재활치료가 필요하다.

〈표 2-1〉 청소년 약물 중독 선별 검사

문항	문항 내용	예	아니요
1	약물을 조절해서 사용하려고 하지만 잘 안 된다.		
2	예전보다 약물의 사용량이 많이 늘어났다.		
3	주변에서 약을 끊으라고 하지만, 그 말이 마음에 잘 와닿지 않고 반발심만 생기며, 마음과 머릿속에서도 약 생각이 잘 지워지지 않고 약 생각이 자주 떠오른다.		
4	약물을 하고 싶은 충동이 일어나면 거의 참을 수 없다.		
5	약물을 일단 사용하기 시작하면 계속적으로 하게 된다.		

6	정신적인 고통을 잊기 위해 약물을 사용한다.		
7	최근에 약물 사용 중의 일을 기억하지 못하는 경우가 몇 번 있다.		
8	혼자 약물을 사용하는 것을 좋아한다.		
9	약물 사용 전후에 때로 자살 충동을 느낀다(자살하고 싶은 마음).		
10	약물을 사용하는 내가 불쌍하다는 생각이 자주 든다(자기연민).		
11	약물로 인해 친구가 떨어져 나갔다.		
12	약물로 인해 가정에 문제가 일어나고 있으며, 내가 나가게 되거나(가출) 가족이 나에게 나가라고 한다(위협이나 내쫓김).		

출처: 김경빈(1997).

2) 약물 남용 선별 검사 한국판(Drug Abuse Screening Test-10: DAST-10)

다음의 설문 내용 중 '예'라는 대답은 1점이며, 총합이 0점이면 건강한 수준, 1~2점이면 위험한 수준, 3~5점이면 중간 정도, 6점 이상이면 심각한 수준이다.

〈표 2-2〉 약물 남용 선별 검사 한국판

문항	문항 내용	예	아니요
1	의료상 필요한 경우 이외에 약물을 사용했습니까?		
2	한 번에 두 가지 이상의 약물을 남용합니까?		
3	중단하기를 원할 때 약물 사용을 중단할 수 없습니까?		
4	약물 사용으로 인해 일시적 기억 상실 또는 환각을 경험한 적이 있습니까?		
5	약물 사용에 대하여 나쁘다고 생각하거나 죄책감을 느낍니까?		
6	귀하의 약물 사용에 대해 배우자(또는 부모)가 불평한 적이 있습니까?		
7	약물 사용을 이유로 가족을 소홀히 한 적이 있습니까?		
8	약물을 입수하기 위해 불법적인 활동에 관여한 적이 있습니까?		

9	약물 복용을 중단했을 때 금단증상을 경험한 적이 있습니까?		
10	약물 사용으로 인해 의학적 문제(예를 들어, 기억 상실, 간염, 경련, 출혈)를 겪은 적이 있습니까?		

출처: 김용석(2014).

6. 중독은 어떻게 시작되는가

처음부터 작심하고 중독이 되려고 하는 사람은 한 사람도 없다. 중독이 왜 무섭다고 하는가? 처음에는 여러 이유에 의해 시작하게 되나 자신도 모르게 점차적으로 깊게 빠져들고, 나중에 이 사실을 알게 되었을 때에는 이미 끊기가 매우 어렵기 때문이다. 사람들은 다음과 같은 여러 가지 이유로 약물에 접하게 된다.

1) 좋은 기분을 느끼기 위해

남용되는 대부분의 약물은 즐거운 기분을 강하게 느끼게 한다. 초기에는 행복감(euphoria)이 생기며, 남용하는 약물의 종류에 따라 여러 다른 효과를 나타낸다. 예를 들면, 코카인 같은 각성제는 '고양감'을 느끼며, 자신감이나 힘이 넘치는 느낌, 에너지가 증가하는 느낌이 나타나며, 헤로인 같은 약물은 행복감 후에 이완감과 만족감을 느끼게 된다.

2) 좀 더 나은 기분을 위해

사회적 불안이나 스트레스와 관련된 질환, 우울증 등을 앓고 있는 사람들은 불편한 느낌을 감소시키기 위해 약물을 남용하기 시작한다. 스트레스는 약물을 남용하기 시작하고, 남용을 지속하고, 중독에서 회복된 후에 다시 재발하는 데 중요한 역할을 한다.

3) 더 나은 수행을 위해

운동이나 일을 더 잘해야 한다는 압력이 증가하면 약물을 실험적으로 사용해 보고, 또 약물을 지속적으로 남용하게 된다.

4) 호기심과 다른 사람들이 하기 때문에

특히 청소년들의 경우, 쉽게 동료의 영향을 받기 때문에 더욱 위험하다고 할 수 있는데, 예를 들어 스릴을 즐긴다는 이유로 쉽게 무모한 행동을 한다.

7. 중독의 원인

물질을 처음 접하면서 좋은 느낌을 가지면 반복해서 사용하게 되는데, 여기에는 여러 원인이 있을 수 있다. 강력한 증거는 없으나 알코올 중독처럼 유전성이 알려져 있기도 하며, 충동성이나 욕구 충족의 지연을 못 참는 경향 등이 원인을 수 있다. 가정 환경에서의 모델링과 같은 발달 과정상에서 형성되는 성격 또한 위험 요인이 될 수 있다. 역동심리학적으로는 특정 욕구의 대체물로 약물을 사용하거나 불안에 대한 방어, 구강기의 퇴행, 손상된 자아 기능의 반영 등으로 설명되기도 하며, 환경적 요인도 매우 중요하여 대중매체나 인터넷, 친구 등과 같은 접근성을 유발하는 사회문화적 환경이 잦은 재발의 원인이 되기도 한다.

이러한 요인들에 의해 중독이 시작되지만 반복되는 원인은 뇌의 변화에 기인한다. 그래서 중독을 뇌의 질환이라고 하는 것이다.

8. 물질을 남용하면 왜 기분이 좋아지는가

중독의 가장 중요한 원인으로는 뇌의 변화를 들 수 있다. 우리의 뇌는 약 4조 개의 뇌세포로 이루어져 있다고 한다. 현재까지 뇌세포는 한 번 죽으면 재생이 되지 않는 것으로 알려져 있는데, 사춘기가 지나며 뇌 역시 노화가 일어나 하루에 5~10만 개의 뇌세포가 죽는다고 한다. 뇌도 영역별로 특징적인 기능을 가지고 있으며, 우리의 기분을 좋게 만들어 주는 부위가 있는데, 이곳을 보상회로(reward pathway)라고 한다. 일상생활에서 즐거움이나 기쁨, 보람이나 행복 등을 느껴야 살맛이 나듯이, 살맛나게 만들어 주는 부위가 바로 이 보상회로인 것이다. 보상회로에 도파민(dopamine)이 일시적으로 증가하면 기분이 좋아져 쾌감이나 즐거움, 보람, 행복감 등을 느끼게 된다. 그래서 보상회로를 쾌감중추(pleasure center)라고 부른다.

약물을 남용하면 이 보상회로에 도파민을 급격히 높여 주어 순간적으로 기분을 좋게 만들기 때문에 같은 행동을 반복하는 중독 현상이 일어나게 된다. 그래서 보상회로를 중독중추(addiction center)라고도 한다. 도박이나 게임, 성 중독 같은 행위 중독은 물론이고, 알코올이나 각종 마약류 등 물질 중독은 모두가 보상회로에 도파민을 높여 주는 작용을 하는데, 이 보상회로는 1950년대에 올즈(Olds)와 밀러(Miller)에 의해 발견되었으며 다음의 실험을 통해 그 역할을 알아볼 수 있다.

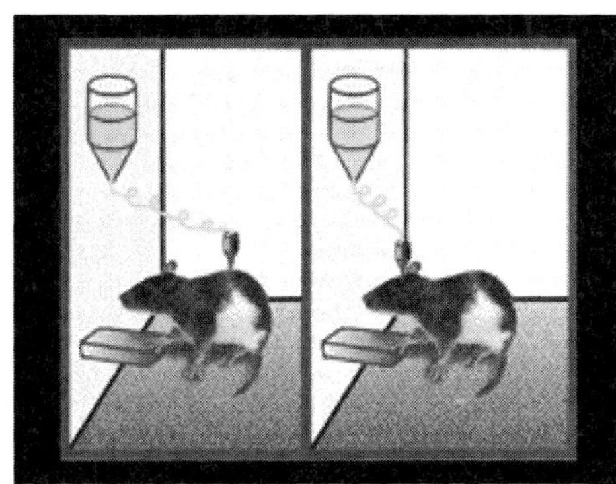

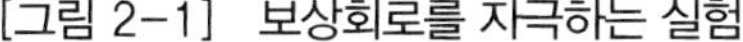

[그림 2-1] 보상회로를 자극하는 실험

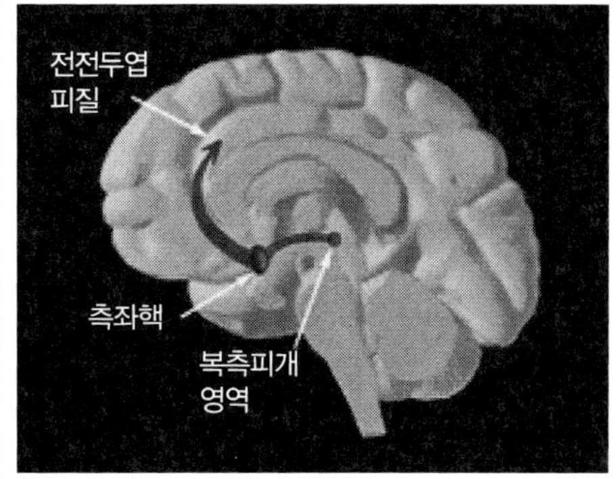

[그림 2-2] 보상회로

출처: http://www.udel.edu/skeen/BB/Hpages/Reward%20Addiction2/reward.html

[그림 2-1]은 쥐를 이용한 실험으로 레버를 누르면 혈관으로 코카인이 투여되는 장치를 사용하였다. 쥐가 우연히 이 레버를 누르면 혈관에 코카인이 투여됨과 동시에 이 물질이 뇌를 포함한 전신으로 퍼져 도파민 수치를 높이고, 이로 인해 기분이 좋아진 쥐는 먹지도 자지도 않으며 죽을 때까지 레버만 누르게 된다. 그러나 이 경우에는 코카인이 혈관으로 투입되기 때문에 뇌 전체로 퍼져 뇌의 어느 부위에서 쾌감을 느끼는지를 알 수 없었다. 그래서 뇌에 직접 꽂아 부위를 측정해 보았는데, 특정 부위에 코카인이 투여되자 쥐는 기분이 좋아져서 레버를 계속 눌렀으나 몇 밀리미터 옆에 꽂았을 때는 레버를 누르지 않았다. 이를 통해 쾌감을 조절하는 중추가 있다는 것을 알게 되었고, 이것을 보상회로라고 한다.

보상회로([그림 2-2] 참조)는 복측피개영역(Ventral Tegmental Area: VTA)에서 측좌핵(Nucleus Accumbens: NA)으로 이어지는 곳으로, 이곳에 도파민이 증가하면 전전두엽피질(prefrontal cortex)에서 쾌감이나 즐거움, 행복함을 느끼게 된다. 그래서 이 곳을 쾌감중추라고 하며, 이러한 작용 때문에 중독이 되어서 중독중추라고도 한다. 인간이 살아가면서 쾌감이나 행복, 보람이나 즐거움을 느끼게 만들어 주고, 일상을 살맛나게 만들어 주는 곳이므로 없어서는 안 되는 매우 중요한 부위라고 할 수 있다. 마약류는 바로 이 보상회로에 도파민을 일시적으로 증가시키는 작용을 하여 순간적으로 기분을 좋게 만든다.

9. 중독으로 파괴되는 뇌의 부위

약물을 처음 사용하는 사람들은 약물 사용을 스스로 잘 조절할 수 있다고 생각하지만 약물은 그들의 생활을 급격하게 파괴시킨다. [그림 2-1]의 실험에서처럼, 약물에 중독된 쥐는 아무것도 안 하고 오로지 레버만 누르다가 죽고 만다. 이것이 바로 중독의 무서움이다. 약물을 지속적으로 남용하면 뇌가 파괴되기 때문에 도파민의 양이 점차 줄어들며, 초기에 느꼈던 즐거운 행동이 덜 즐거워지기 시작하자 이전과 같은 효과를 보기 위해서 점차 약물의 양을 늘리다 나중에는 약물을 해도 기분이 좋아지지 않고 파괴된 도파민으로 인해 일상에서는 즐거움을 느낄 수 없어서 이에서 벗어나고자 더욱 약물을 남용하게 된다.

메스암페타민에 중독되면, 주로 해마(hippocampus)와 변연계(limbic system)가 파괴된다. 해마는 기억을 담당하는 곳으로, 이곳이 파괴되면 기억력에 장애가 생길 수밖에 없다. 더구나 감정(emotion)을 조절하는 기능과 보상회로(reward pathway)가 있는 변연계가 파괴되어 감정 조절이 안 되기 때문에 분노조절장애나 심한 우울증으로 고생을 하며, 예전과 달리 조그만 자극에도 쉽게 흥분하고 공격적으로 변하게 된다. 더 중요한 것은 바로 즐거움을 느끼게 해 주는 보상회로가 파괴되기 때문에 점차 즐거움이나 쾌감, 행복함 등을 제대로 느끼지 못하는 것이다. 역설적인 사실은 순간적으로 기분을 좋게 하려고 마약류를 남용하는 행위가 결과적으로는 평생 자신에게 즐거움을 가져다주는 보상회로를 파괴시킨다는 것이다. 이는 순간적인 즐거움을 맛보기 위해 고리대금을 빌려 쓰다가 가산을 탕진하는 어리석은 행동과 같다.

10. 중독에서 회복하는 것

한번 파괴된 뇌세포는 재생이 되지 않는다. 그러나 살아 있는 뇌세포가 활성화되면 기능은 어느 정도 회복될 수 있다. 고무줄을 잡아당겼다가 놓으면 초기에는 원래대로 돌아오지만 자꾸 반복하면 점점 늘어나다 계속 당기다 보면 결국은 끊어지는 이치와 같다. 이처럼 중독도 초기에는 기능이 회복될 수 있지만 오래되면 회복이 어려울 수 있다.

[그림 2-3]에서 메스암페타민 중독자가 단약을 했을 때 뇌의 도파민 기능이 회복되는 정도를 볼 수 있다. 맨 위는 정상적인 사람의 도파민의 활성도를 나타내며, 가운데는 메스암페타민 중독자가 약을 끊고 한 달 뒤에 찍은 사진으로, 뇌에 도파민이 현저히 저하되어 있음을 볼 수 있다. 가장 아래의 사진은 14개월 동안 단약을 한 후에 찍은 사진으로, 도파민이 어느 정도 회복되어 정상 수준에 다다랐음을 보여 준다. 이와 같이 물질 남용으로 인한 도파민의 파괴가 정상화되기 위해서는 일 년 내지

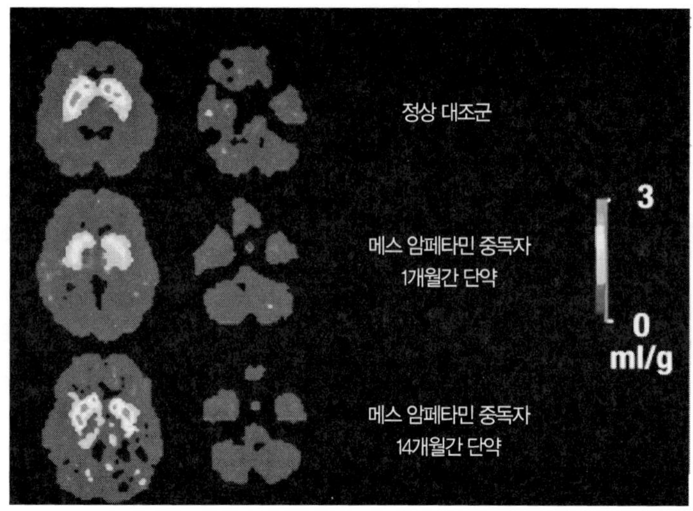

[그림 2-3] 메스암페타민 중독으로부터의 회복

출처: Volkow et al. (2001).

일 년 반 이상의 시간이 필요하다. 한두 달 약을 끊었다고 해서 뇌가 회복되지 않는다. 뇌가 회복되지 않은 상태에서는 도파민의 저하로 인해 일상생활에서 쾌감이나 즐거움, 행복함을 느낄 수 없기 때문에 살맛이 나지 않아 또다시 물질을 찾는 악순환이 반복된다. 따라서 치료는 뇌의 도파민 활성도가 정상화될 때까지 최소한 일 년 이상 지속적으로 이루어져야 한다.

11. 재발의 원인

약물을 사용하겠다는 초기의 결정은 자발적일 수 있다. 그러나 약물 남용이 지속될수록 자기조절 능력이 심하게 손상된다. 약물 중독 환자들의 뇌영상(brain imaging)에 관한 연구를 보면, 약물 남용은 판단력과 의사결정 능력, 학습 능력, 기억력, 행동 조절 능력 등을 관장하는 뇌의 영역에 물리적인 변화를 야기하는데, 과학자들은 이러한 변화가 뇌의 기능을 변화시키고, 중독자들의 강박적이고 파괴적인 행동을 설명한다고 주장한다. 인간은 망각이 있기 때문에 살 수 있다. 쓸모 없는 기억들은 망각하고 필요한 부분만 기억을 하는 것이다. 그러나 충격적인 경험은 장기기억을 담당하는 해마에 저장되어 평생 잊지 못하는데, 예를 들어 세월호가 침몰되었을 때 죽을 뻔했다가 살아난 사람들이나 그 가족은 그때의 기억을 평생 잊지 못하기 때문에 악몽을 꾸거나 배만 봐도 두려움을 느낀다. 이처럼 약물을 경험했던 기억도 충격적이기 때문에 장기기억 속에 저장되어 평생 지속된다.

[그림 2-4]에서 코카인 중독자에게 자연 풍경이 나오는 화면을 보여 줄 때에는 평온한 뇌 상태를 보이지만, 코카인을 하는 장면을 보여 주면 편도체(amygdala)와 전측대상피질(anterior cingulate)에서 빛이 나는 것을 볼 수 있다. 이와 같이 마약과 관련된 사람을 만나거나 관련된 상황을 만나면 평소에 생각나지 않았던 마약에 대한 기억이 되살아나 다시 마약을 사용하고 싶어지는 갈망 상태가 야기된다.

[그림 2-5]는 약물에 대한 기대감으로 인해 약을 투여하기도 전에 이미 뇌 안에서 도파민의 이상 증가가 일어나는 것을 보여 준다. 쥐에게 코카인을 투여하기 전에 코

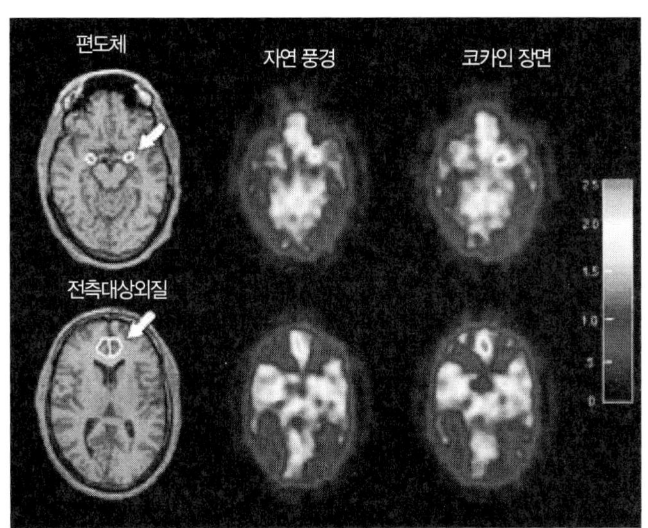

[그림 2-4] 코카인 자극에 의해 활성화되는 변연계

출처: Childress et al. (1999).

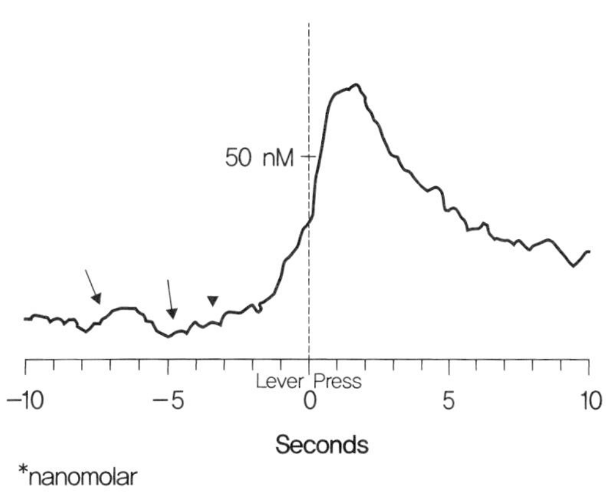

[그림 2-5] 자극에 의한 도파민의 증가

출처: Phillips et al. (2003).

카인이 투여된다는 신호를 보냈을 때 뇌 안의 도파민이 이상 증가하는 것이 나타나는데, 이는 약물과 관련된 상황을 만나 약물에 대한 기억이 되살아나 갈망이 생기고, 그러한 갈망이 도파민의 이상 증가를 야기하여 쉽게 흥분하게 된다는 것을 의미한다.

이처럼 약을 투여하지 않더라도 약에 대한 이야기를 하거나 관련된 사람들을 만남으로써 도파민의 파괴가 지속된다는 것을 알 수 있다. 그러므로 교도소 내에서 약을 하지 않더라도 서로 모여 약물에 대한 이야기를 하거나, 무용담을 나누는 것과 같이 간접적인 약물 경험을 통해 뇌의 파괴가 지속되기 때문에, 약을 하지 않더라도 그런 상황이 지속되면 뇌가 회복되지 않고 출소 후에도 일상생활에 재미를 느끼지 못하여 재발을 일으키는 것이다. 그러므로 중독자들은 이를 항상 경계해야 하며, 약물에 대한 갈망이 일어날 때를 대비한 전략을 가지고 있어야 한다. 약물 중독은 당뇨병이나 고혈압과 같이 평생을 관리해야 되는 질병이다. 한번 중독자는 영원한 중독자라는 말이 있다. 이는 회복이 안 된다는 뜻이 아니라 재발의 위험성을 경고하는 것으로, 꾸준한 관리를 통해 재발없이 건강한 삶을 살기 위한 것으로서 관리를 잘하면 건강하고 보람된 인생을 살 수 있다. 위기를 기회로 만드는 것은 언제나 자신의 몫이다.

12. 남용하는 모든 사람이 중독이 되는가

다른 여러 질환과 마찬가지로 중독의 위험성은 사람마다 다르다. 일반적으로 위험한 요인이 더 많을수록 약물을 남용하고 중독될 가능성이 더 커지며, 반대로 보호 요인이 많을수록 중독으로 발전할 위험성은 줄어든다.

[그림 2-6]은 일상적인 활동이 도파민에 어떠한 영향을 미치는지를 알아보기 위하여 스무 마리의 짧은꼬리원숭이를 대상으로 한 연구다. 먼저 원숭이들에게 한동안 개별적인 생활(individually housed)을 경험하게 한 후에 네 마리씩 집단 생활(group housed)을 하도록 할당했다. 각 집단에서 사회적 계급이 생겼는데, 이들은 공격적 혹은 복종적 행동에 의해 등위를 결정했다. 여기서 두목군(dominant)은 부유한 환경을 즐기지만 부하군(subordinate)은 스트레스가 많으리라는 것을 짐작할 수 있는데, 이

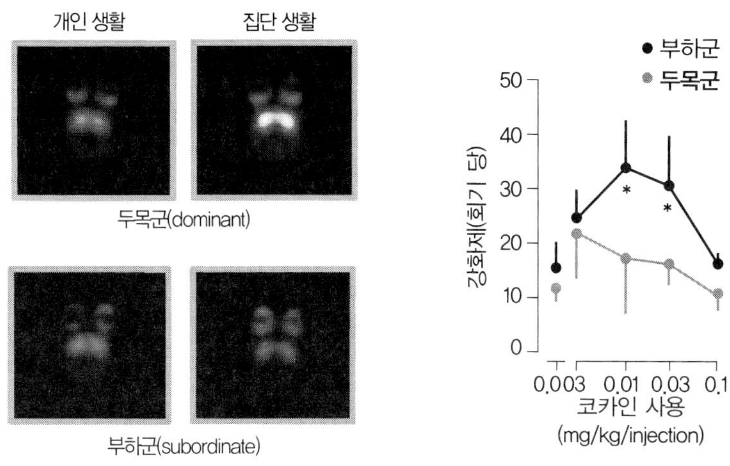

[그림 2-6] 환경 변화에 따른 도파민의 변화

출처: Morgan et al. (2002).

들에게서 양전자방출 단층촬영술(Positron Emission Tomography: PET)로 도파민 D_2 수용체를 측정한 결과 개별적인 생활에서는 서로 큰 차이가 없었지만 집단 생활 3개월 후에 부하군의 도파민 D_2 수용체가 평균 20%가량 증가한 것을 볼 수 있었다. 이들에게 자유롭게 코카인을 섭취할 수 있도록 했을 때, 비록 이를 완전히 피하지는 않았지만 두목군은 부하군에 비해 코카인 사용량이 현저히 적었다. 부하군은 두목군에 의한 스트레스로 도파민이 저하된 상태였기 때문에 코카인을 섭취할 경우에 급격한 도파민의 증가를 초래하여 극심한 쾌감을 느끼게 되어 점차 섭취량을 늘려 나갔으며, 두목군은 평소에도 많은 양의 도파민을 분비하고 있었기 때문에 코카인을 섭취하더라도 쾌감의 정도가 약하므로 섭취량을 점차 줄여 나가는 것을 볼 수 있었다. 이것을 인간에게 대입하면 평소 재정적 · 가정적 · 사회적 · 직업적 스트레스를 많이 받는 사람들이 약물에 중독되기 쉽다고 할 수 있다.

코카인에 매료되는 사람들은 부하군 원숭이들처럼 평상시에 각종 스트레스로 인해 도파민이 저하되어 있는 상태이기 때문에 코카인 사용으로 도파민의 급격한 증가를 초래하여 그만큼의 쾌감을 느끼게 된다. 그래서 위험을 감수하더라도 코카인을 섭취하는 것이다. 반면, 일상생활에서 어느 정도의 만족감을 느끼고 있는 사람들은 두목군 원숭이들과 마찬가지로 도파민이 증가된 상태에 있기 때문에 코카인을 통한 도파민의 증가가 크지 않아 위험을 감수할 만큼의 매력적으로 느껴지지 않는다. 즉, 치료라는 것은 두목군 원숭이들처럼 건강하고 정상적인 일상생활을 통해 뇌의 도파민을 증가시켜 평상시에도 행복이나 만족감을 느낄 수 있도록 함으로써 마약이 필요 없는 상태로 만드는 것이라고 할 수 있다.

13. 약물 중독 치료는 어떻게 하는가

약물 중독은 그 속성상 혼자서는 끊기 매우 어렵다. 주위의 도움이 절실히 필요하며 가족의 협조도 무척 중요하다. 약물 중독은 개인 생활을 마비시킬 뿐만 아니라 가족과 사회의 파멸을 일으키기 때문에 이 세상 어떠한 질병보다도 무서운 질병이라고 할 수 있다. 그러나 많은 사람이 약물의 무서움을 모르고 호기심에서 혹은 단기간의 쾌감을 위해 겁 없이 약물을 남용했다가 그 늪에서 헤어나지 못하고 있다. 또한 대부분의 약물 남용자는 '약물을 조절하여 사용하기 때문에 아무 문제가 없다'고 생각하여 조기에 치료를 받지 못하고 점차 심각한 수준으로 치닫는다. 어떠한 병이든 조기에 치료하면 그만큼 쉽게 치료할 수 있지만, 오래 끌수록 병이 깊어져 치료가 힘들어진다. 약물 남용의 끝은 죽음이다. 자신의 죽음뿐만 아니라 가족의 죽음이며 사회의 죽음이다. 약물 남용을 심각한 질병으로 인식하여 조기에 치료를 받을 필요가 있다.

자신의 치료뿐만 아니라 주변의 약물 남용자들을 적극적으로 치료받게 할 때 자신을 약물 남용으로부터 지킬 수 있다. 우선은 자기가 자신의 치료자가 되고, 나아가 다른 사람을 약물 남용으로부터 예방하고 치료받도록 돕는다면 더 없는 성공이라고 할 수 있다.

이를 위해 무엇보다 중요한 것이 바로 예방이다. 미국에서는 유아원 시절부터 약물 남용에 대한 거절 훈련인 'Say No' 프로그램을 운영하고 있다. 조기 예방을 위해서는 청소년들에 대한 교육과 관심이 우선되어야 한다. 청소년기에는 급속한 신체 변화가 일어나면서 이에 적절히 대응하지 못하여 신체적 열등감이나 죄책감에 빠지기 쉽다. 또한 몸은 성인에 가깝지만 아동기의 잔재가 남아 의존적 욕구가 잔재해 있는 한편, 어른 대접을 받기를 원하는 이중적 욕구가 함께 공존하는 시기로서 성인과의 시각차로 인한 갈등이 많다. 이 시기에는 논리적 사고나 추상적 사고가 가능해져서 자기 나름대로 외부를 보는 관점이 생기지만, 또한 극단에 치우치기 쉽고 행동 특성이 성인에 비해 예측하기 곤란하다. 또한 욕구 좌절에 대한 역치가 낮아 쉽게 행동화하며, 자제력 부족으로 충동적이 되기 쉽고, 자신의 감정을 직접 말로 표현하기보다는 신체적 증상 호소나 비행 등으로 표현하는 경향이 높다. 이 시기의 비행 특성은 군중심리로 인하여 집단화를 이루어 과격한 성인 모방 행위를 하기 쉬우며, 단일문제만이 아니라 대개 복합적인 문제를 연쇄적으로 일으키는 경우가 많다. 건전한 사회적응 능력을 가진 청소년들은 주위의 비행에 대한 유혹을 물리칠 수 있으나 그렇지 못한 청소년들은 쉽게 동화되고 만다. 건전한 사회적응 능력은 어려서부터 형성된 도덕감과 자존심, 자부심, 양심, 수치, 죄책감 등을 통해 얻어진다. 이러한 비행에는 사소한 거짓말부터 무단결석, 가출, 돈 뺏기, 각종 범죄 행위, 약물 남용, 적응장애로 인한 학습 부진, 자살, 각종 정신과적 장애 등 다양한 양상으로 나타나는데, 특히 하나의 문제만을 나타내는 것이 아니라 복합적인 양상을 띠는 것이 보통이다. 그러므로 약물 남용을 단순히 약물의 문제로 치부해서는 안 되며, 청소년 전체의 문제로 파악을 하여야 한다. 특히 약물 남용을 일으킬 위험성이 높은 집단에 대한 주의가 필요한데, 약물 남용의 고위험군은 다음과 같다.

- 부모(특히 아버지)가 매일 술을 마시는 경우
- 결손가정일 경우
- 상가가 밀접해 있는 시장, 공장 지역 등에 거주하는 경우
- 학교생활이 무미건조하거나 재미가 없는 경우
- 학교 성적이 낮다고 느끼는 경우
- 술이나 담배를 사용하는 경우
- 약물 사용에 대하며 허용적인 태도를 보이는 경우

- 가정 내의 분위기가 전반적으로 좋지 않은 경우
- 일상생활에 대한 불만이 많은 경우
- 비행의 정도가 심한 경우
- 정신적 문제가 있는 경우

야단을 치고 벌을 주는 것만이 능사는 아니며, 오히려 반발심을 자극하여 약물에 더 빠져들게 만들 수 있다. 대개의 약물 남용자 가족은 약물 남용이 반복될수록 감시하고 의심하며 잔소리를 많이 하는 특성이 있다. 하나의 병으로 인식하지 못하고, 의지가 약하다거나 나쁜 사람으로 몰아 약물 남용자들을 더욱 궁지에 몰아넣는 것이다. 이러한 무분별한 간섭이 오히려 약물 남용을 심화시키기도 한다. 우선적으로 약물 남용이 심각한 정신적 질병이라는 것을 인정하고 적극적인 치료적 도움을 주는 길이 최선책이다. 약물 남용자들의 생각과 감정, 행동이 바뀌지 않으면 약물을 끊을 수 없다는 것을 이해하고, 이들이 왜 약물을 남용하게 되었으며, 일상생활에서의 문제가 무엇인지를 먼저 파악할 필요가 있다.

필요에 따라 입원치료가 적절한 대책이 될 수 있는데, 현재는 의료보험의 혜택도 받을 수 있고, 병원에서 보고하는 의무도 없어졌기 때문에 안심하고 비밀보장하에 치료를 받을 수 있다. 다음과 같은 경우에는 적극적인 입원치료가 필요하다.

- 가벼운 상담만으로 효과가 없거나 전문 병원의 외래치료만으로 치료가 안 될 때
- 세심한 내과적 · 정신과적 치료가 필요할 때
- 치명적인 금단증상이 있을 때
- 약물을 끊기 위한 환경 개선이 어렵고, 주위에 악화 요인이 있을 때
- 환자가 약물 사용 사실을 계속적으로 부정하거나 중단하려는 동기가 없을 때
- 과거에 외래치료만으로 실패했던 과거력이 있을 때(우선 입원격리 조치를 단행해야 안전하다.)

치료 방법은 상태에 따라 약물 남용에 대한 교육과 개별상담, 집단상담, 정신과적

각종 치료 등 여러 가지가 있을 수 있겠으나, 가장 기본적인 것은 약물 남용자에 대한 이해와 이를 수용할 수 있는 마음가짐에 있다고 할 수 있다. 이해하는 마음으로 열심히 들어 주는 것, 바로 그것이 약물 남용자에게 믿음과 신뢰를 주고 자신의 문제를 상의하고 해결하는 지름길이다.

약물 남용을 예방하고 치료하는 일에 종사하는 사람들은 약물 남용을 이 세상에서 근절시켜야 된다는 사명감을 가져야 한다. 그렇지 않으면 잘못하여 약물 남용을 홍보하는 경우가 될 수도 있기 때문이다.

14. 약물 중독의 치료 단계

마약류 중독의 치료는 4단계로 나눌 수 있다.

첫 번째 단계는 해독(detoxication)치료 단계다. 약물에 취해 있거나 금단증상이 있을 때에는 해독치료를 통해 신체적 및 정신적으로 안정시켜야 한다. 메스암페타민과 같은 각성제인 경우에는 잠을 못 자서 예민해지고, 불안해하며, 의심이 많아지고, 심하면 피해망상이나 관계망상, 환청 등의 증상이 나타나 정신병적 상태를 경험하며, 이로 인해 충동적이고 공격적인 행동이 나타날 수 있다. 헤로인이나 모르핀 같은 마약은 신체적인 금단증상이 심하여 갑자기 끊을 경우 생명이 위태로울 수도 있다. 하품부터 재채기, 불안, 떨림, 설사, 복통, 오한, 심한 통증, 뇌전증 발작까지 다양한 증상이 나타나므로 세심한 주의가 필요하다. 일단 해독이 되면 본격적인 치료를 받을 수 있는 준비가 된 상태다.

두 번째 단계로 해독이 된 후에는 치료에 대한 동기를 만드는 동기강화치료(motivation enhancement treatment) 단계로 들어간다. 대부분의 중독자는 해독만 되면 치료가 다 되었다고 생각해서 더 이상 치료를 받지 않아 잦은 재발로 고생을 한다. 중독 질환의 특징은 부정(denial)과 합리화(rationalization)인데, 자신이 중독되었다는 것을 인정하는 경우는 매우 드물다. 따라서 치료 동기를 강화하기 위하여 그동안의 마약류 남용으로 인해 겪었던 피해를 적극적으로 찾아보아야 한다. 중독자들의 또 다른 특징은 남용으로 인한 긍정적인 효과는 극대화하고 그 피해는 최소화하는 경향이 있다는 것인데, 마약의 좋은 경험은 눈앞에 달고 다니지만 그 피해는 등에 지고 있는 것과 같다. 일부러 뒤를 돌아 그 피해를 찾아보지 않으면 잘 느끼지 못하기 때문에 마약 생각만 하면 눈앞의 좋은 경험만 떠올라 재발하기 쉽다. 그러므로 신체적 피해뿐만 아니라 정신적 피해, 가정적 피해, 직업적 피해, 경제적 피해, 사회적 피해, 영적 피해 등 다양한 방면의 피해를 절실히 인식해야 한다. 피해를 많이 느낄수록 단약하려는 힘은 강해진다.

세 번째 단계는 본격적인 치료(main treatment) 단계로 중독의 원인이 되는 가치관이나 생활 습관을 바로 잡아가기 위한 치료다. 중독자들은 약에 취해 일상생활이 매우 불규칙적인 것이 일반적이다. 이를 법을 잘 준수하고, 질서와 예의를 지키는 규칙적인 생활로 바꾸어야 한다. 즉, 책임감 있고 정직한 생활로 돌아가야 하는 것이다. 생활 습관을 바꾸기 위해서는 우선 가치관을 바꾸어야 한다.

치료는 단약만을 위한 것이 아니라 남은 인생을 보람되게 하기 위한 것이다. 흔히 부모가 자식에게 하는 당부가 있다. “얘야! 너는 울면서 태어났지만 가족은 너무 좋아서 웃었단다. 네가 죽을 때에는 주위 사람들이 안타까워서 울겠지만 너는 웃으면서 죽을 수 있어야 한다.” 이처럼 우리는 웃으면서 죽을 수 있는 인생을 살아야 한다. 욕심 내지 않고 조그만 것에서 행복을 느끼며 가족과 주위 사람을 사랑하고 배려하는 삶을 살아가야 한다. 이와 같이 되려면 많은 시간이 필요하다. 오랫동안 잘못 길들여진 습관을 한 번에 바꿀 수는 없기 때문이다.

네 번째 단계는 재발 예방(relapse prevention) 단계다. 아무리 가치관과 생활 습관을 바꾸더라도 완전할 수는 없다. 중독은 재발이 많은 것이 특징인데, 주변의 유혹이나 우울 불안 같은 감정의 변화, 스트레스 등이 생기면 예전에 약물을 남용했을 때의 경험이 기억나고, 이 때문에 갈망이 생겨 재발이 일어나게 된다. 그러므로 재발의 원인을 알아보고 이에 대한 대처 방법을 연습해야 한다.

재발의 원인은 크게 세 가지로, 부정적인 감정과 대인 간의 갈등, 사회적 압력이 있다. 부정적인 감정은 화가 나고, 우울하고, 심심하고, 외로움을 느끼는 등 인상을 쓰게 만드는 감정으로 대부분 부정적인 사고에서 생겨난다. 그러므로 부정적인 사고를 긍정적인 사고로 바꾸어 가는 것이 필요하다. 긍정적인 사고는 긍정적인 감정을 낳는다. 매사를 긍정적으로 바라보는 연습을 통해 부정적인 감정을 줄이고 긍정적인 감정을 키워 나가며, 설사 부정적인 감정이 생기더라도 이를 긍정적으로 받아들이는 자세가 필요하다. 우울이나 불안 등은 거부할수록 더 크게 돌아온다. 이를 겸허히 받아들이고 수용하며, 그 의미를 찾아보면 마음을 안정시킬 수 있다.

대인 간의 갈등은 상대방을 이해하지 못하기 때문에 생긴다. 상대방을 이해하기 위해서는 상대방의 입장에 서서 생각해 보는 것(역할 전환, role reversal)이 필요한데, 내가 행동하기 전에 먼저 상대방의 입장이 되어 생각해 본다면 오해를 줄이고 갈등도 해결할 수 있다.

사회적 압력은 본인의 의지와 상관없이 주위에서 은연중에 압력을 가하는 것이다. 약물을 남용할 때 관련된 사람들이 연락을 해 오거나 유혹을 하는 환경이 제일 위험하다. 따라서 약물과 관련된 사람들의 연락처를 없애고 만나지도 말아야 한다. 유혹이 올 때는 단호하게 거절해야 하는데, 이는 연습을 통해 가능하다. 미국에서는 어린 시절부터 'Say No!' 프로그램을 시행하여 마약에 대해 당당히 "No!"라고 말하도록 가르쳐 큰 효과를 보았다. 또한, 친구와 적을 잘 구별할 줄 알아야 한다. 회복자나 치료자, 상담가 등 회복을 도와주는 사람들이 친구이며, 유혹하는 사람들은 적이다. 적을 멀리하고 친구를 만나 유혹을 이길 수 있는 힘을 기르는 것이 중요하다.

약물 중독 치료는 또한 입원치료와 외래치료로 나눌 수 있는데, 입원치료는 해독을 하거나 금단증상이 심한 경우에 필요하다. 안정된 환경에서 집중적인 치료를 받을 수 있기 때문이다. 또한 유혹을 이길 힘이 생길 때까지 자신을 보호하기 위하여 입원이 필요한 경우도 있다. 그러나 입원치료는 어디까지나 외래치료를 위한 준비단계라고 할 수 있다. 연구 결과, 얼마나 오랫동안 치료를 받느냐가 회복에 가장 효과적인 인자였다. 사회생활을 하면서도 정기적으로 치료를 받아 재발을 예방하는 것이 중요하다. 그러기 위해서 단약자조집단(Narcotics Anonymous: NA)에 참여하는 것도 좋은 방법이다.

마약중독재활상담이란?

마약중독재활상담이란 중독문제를 해결하는 동시에 대상자의 전반적인 삶의 영역의 회복을 목표로 하며, 마약 중독을 재발이 자주 일어나는 만성질환이라고 간주하여 다른 만성질환과 마찬가지로 지속적으로 점검하며 관리하는 것을 말한다. 다방면에서의 회복을 말하는 것이기에, 여기에는 마약 중독을 모니터링하고, 재발방지 상담을 하는 것뿐만 아니라, 전반적인 정신건강 서비스, 의료 서비스, 직업재활, 가족상담 등이 포함된다.

미국 국립약물남용연구소(National Institute on Drug Abuse, 2012)에서 제시한 마약중독재활상담의 포괄적 범위는 다음과 같다. 직접적으로 다루어야 하는 요인에는 기초면담, 평가, 치료 계획, 약물치료, 마약 사용 모니터링, 자조집단, 행동치료 및 상담, 사례관리 등으로 다양하고, 심리적 · 생활적 재기를 위해 제공해야 하는 서비스의 종류로는 직접재활, 교육, 법적 서비스, 재원관리, 가족관련 서비스, 거주 및 교통 서비스 등 삶의 전반적인 부분을 포괄한다. 이는 마약중독재활상담이 중독문제를 단순히 한 번의 상담 및 치료로 해결되는 단발성 장애로 보지 않고 삶의 전반적인 영역을 지속적으로 관리해야 하는 만성질환으로 간주하기 때문이다.

실제로 마약 중독의 재발률은 다른 만성질환의 재발률만큼 높은데, 예를 들어 만성질환으로 알려져 있는 당뇨병의 재발률이 30~50%, 고혈압의 재발률은 50~70%, 천식의 재발률은 50~70%인 것과 비교해서 마약 중독의 재발률은 40~60%로 비등한 수준을 보이고 있다. 이는 마약 중독 재발이 일어날 가능성이 높고, 이를 예측하여 재발 이후 단약에 대한 지속적인 결심과 실행을 격려해야 하며, '재발을 잘 관리'하면서 살아야 하는 장애로 본다는 것이다. 이것이 바로 재활상담의 정의와 맞닿아 있는데, 이는 마약 중독으로 인한 사회적 · 직업적 · 대인관계적 기능의 약화를 지속적으로 모니터링하고 '재활'하는 것을 도와서 가능한 한 정상에 가까운 또는 다른 사람의 도움을 받지 않는 생활을 할 수 있도록 지속적으로 돕는 것을 의미한다.

미국 국립약물남용연구소에서 배포한 효과적인 마약중독재활상담의 열세 가지 원칙은 다음과 같다.

① 하나의 치료 형태가 모든 사람에게 도움이 되는 것은 아니다

내담자의 필요에 맞춘 다양한 치료 형태가 필요하다. 내담자의 고유의 문제와 필요에 맞춘 치료 환경, 개입 방법, 서비스 전달을 고민해야 한다. 치료자의 궁극적인 목표는 내담자가 가족, 일터, 사회에 재기할 수 있도록 최선의 방법을 찾는 것이다.

② 치료가 즉시 제공될수록 효과적이다

많은 내담자가 치료를 받는 데 양가감정을 가지고 있으므로, 내담자가 준비가 되었을 때 기다리는 기간 없이 혹은 최소한의 대기 시간을 가지고 바로 치료에 들어갈 수 있는 것이 바람직하다.

③ 효과적인 치료는 개인의 다양한 욕구에 대한 해결책을 담고 있어야 한다

마약 사용 문제를 다룰 뿐만 아니라, 의학적 · 심리적 · 사회적 · 직접적 · 법적 문제에 대한 해결책을 다룰 수 있어야 한다.

④ 개인의 치료 및 서비스 계획은 내담자의 욕구 변화를 측정하여 정기적으로 수정되어야 한다

치료 개입 방법은 내담자의 상태에 따라 유동적으로 바뀔 수 있어야 하며, 내담자의 나이, 성별, 인종, 문화에 따라 수정되어야 한다.

⑤ 치료에 끝까지 참여하도록 하는 것이 중요하다

치료 기간은 내담자의 문제, 필요, 자원에 따라 달라질 수 있겠으나 대부분 중요한 변화를 일으키기 위해서는 적어도 3개월 정도의 시간이 필요하다. 내담자로 하여금 치료의 남은 시간 동안 지속적으로 참여하도록 동기부여를 할 수 있는 전략

이 필요하다.

⑥ 개인 또는 집단 상담과 함께 행동치료가 병행되어야 한다

행동치료를 통하여 내담자의 변화에 대한 동기를 저해하는 문제를 다루고, 마약 사용을 거부하는 기술을 배우고, 마약을 사용하는 활동 이외의 다른 활동을 개발하는 것이 중요하다. 또한 집단상담이나 다른 동료 지원 프로그램에 참여하는 것은 장기간 단약을 유지하는 데 도움이 된다.

⑦ 상담 및 행동치료와 병행하는 약물치료는 많은 내담자에게 필요한 요인이다

메타돈과 부프레노르핀은 헤로인 및 다른 아편 유사제 계열에 중독된 내담자 치료에 효과적이다. 날트렉손은 아편계 약물의 기분 상승 효과를 억제하는 데 효과적이다.

⑧ 마약 중독뿐만 아니라 다른 정신질환을 가진 내담자들은 각 장애를 다룰 수 있는 통합적 치료를 받아야 한다

하나의 장애만을 다루는 것은 내담자의 회복에 제한적인 효과만을 보일 수 있다. 공존장애를 고려한 적절하고 민감한 평가와 치료 전략이 필요하다.

⑨ 의학적인 해독 과정은 치료의 첫 번째 단계일 뿐, 그 과정만으로는 장기적인 치료 효과를 기대할 수 없다

해독 과정은 금단으로 인한 급성적인 신체 증상을 다루는 데 좋은 방법이지만, 장기적인 단약을 달성하는 데에는 역부족이다. 동기증진치료 및 행동치료 등이 치료에 대한 참여를 증진시키고 회복을 유지하는 데 효과적이다.

⑩ 효과적인 치료를 위해 반드시 자발적인 치료에서 시작될 필요는 없다

치료 과정을 촉진시키는 데 강한 동기가 필요한 것은 사실이나 가족의 권유, 직장이나 법적인 의무 때문에 치료에 참여하기 시작하는 것도 치료에 접근하는 장벽

을 낮추고, 치료에 대한 유지율을 증진시키며, 치료 성공 확률을 높인다.

⑪ 단약 기간 중 마약을 다시 사용하게 되는 실수(lapse)가 일어날 수 있다

치료 기간 중 소변검사 등을 통해 내담자가 치료 중에 마약을 사용하는지 모니터링하면 내담자가 마약 사용에 대한 갈망을 억제하는 데 도움이 된다. 소변검사를 통해 마약 사용이 검출된 경우에 이에 대해 피드백을 주는 것은 중요한 치료 과정 중 하나다.

⑫ 치료 프로그램 중에 마약 사용과 가장 흔히 발생하는 B형 간염, C형 간염, AIDS, 결핵 및 다른 전염성 질병에 대한 측정을 제공해야 한다

측정 및 상담을 제공하는 것은 행동을 수정하여 위험한 행동을 피하도록 도울 수 있고, 감염된 사람에게는 질병을 관리하기 위한 도움을 줄 수 있다.

⑬ 중독 재활 과정은 장기전이므로 여러 번의 치료 과정이 필요한 경우가 빈번하다

다른 만성질환과 유사하게 재발은 치료 과정 중이나 치료가 끝난 후에도 일어날 수 있다. 개인의 기능이 완전히 회복되기 위해서는 장기적으로 여러 번 치료를 받아야 할 필요가 있으며, 자조적으로 상호적인 지지 프로그램에 참여하는 것이 단약을 유지하는 데 도움이 된다.

이러한 열세 가지 마약중독재활상담의 원칙을 기억하면서 동기강화상담, 치료공동체, 자조집단, 회복 유지, 마약류 치료에 대한 최신 지견, 사례관리, 중독과 가족, 윤리적 고려 등 마약중독재활상담에서 필요한 중요한 요인을 한 장씩 다루도록 하겠다.

제 3 장

동기강화상담 및 치료적 개입

1. 동기강화상담

1) 동기강화상담이란

동기강화상담(Motivational Interviewing: MI)은 내담자의 양가감정을 탐색하여 해결해 줌으로써 그 사람의 내면에 갖고 있는 변화 동기의 강화를 목적으로 하는 내담자 중심적이면서 내담자 지향적인 상담이다(Miller & Rollnick, 2002). 양가감정이란 상호 모순되는 감정이 공존하는 상태로, 예를 들어 마약을 끊고 싶은 마음과 마약을 하고 싶은 갈망이 동시에 존재하는 상태를 말한다. 이러한 동기강화상담은 내담자가 본인의 양가감정을 파악하고 변화대화를 통해 스스로 변화하도록 돕는 초이론적 접근으로서 알코올, 인터넷, 니코틴, 도박 등 다양한 중독 분야에서 효과적인 것으로 밝혀졌다(신성만, 권정옥, 2008; 신성만 외, 2015; 하지연, 신성만, 2016; Graeber et al., 2000; Hodgins & Diskin, 2008).

(1) 동기강화상담의 정신

동기강화상담의 정신은 협동정신, 수용, 유발성, 연민의 네 가지 요인으로 이루어져 있다. 협동정신은 내담자의 열망을 잘 관찰하여 그 열망에 상담가 자신의 열망을 조화시키는 것을 의미한다. 이는 연회장에서 왈츠를 추는 것과 같이 상대방을 능숙하게 안내하는 동기강화상담의 예술적인 측면이다. 다시 말해, 동기강화상담은 내담자'에게(to)' 행하는 것이 아닌 내담자를 '위하여(for)', 그리고 내담자와 '함께(with)' 하는 것이다. 수용은 내담자가 근본적으로 가치 있는 존재이며, 변화를 위한 조건들이 내담자 내면에 잠재되어 있다고 존중해 주는 것을 의미한다. 이는 상담가가 정확하게 공감하려고 노력하고, 개인의 강점과 노력을 인정하며, 내담자 스스로 선택할 수 있는 자율성을 인정하고 지지해 주는 태도를 보이는 것이다. 연민은 내담자의 안녕과 복지를 위해 적극적으로 노력하고, 상담가 자신이 아닌 내담자의 필요와 유익에 우선적으로 관심을 가지는 것을 의미하며, 유발성은 내담자가 이미 가지고 있는 변화 동기를 유발하고 강화시키는 데 전문가의 노력이 집중되어야 하는 것을 의미한다. 이러한 정신은 인간 중심 접근의 오랜 전통에 기반하며, 서비스 중심에 내담자의 관점을 놓는다.

동기강화상담의 제2판(Miller & Rollnick, 2006)에서는 동기강화상담의 정신으로 협동정신과 유발성, 자율성을 제시하였으나, 제3판(Miller & Rollnick, 2015)으로 개정되는 과정에서 수용과 연민을 새로운 정신으로 포함하였으며, 자율성이 수용의 하위요인에 속하게 되었다. 이러한 변화의 배경을 추측하자면, 개인주의적인 서구 문화의 특성상 개인의 자율성 확보는 용이하며, 자율성 자체보다는 자율성을 수용하고자 하는 정신이 동기강화상담의 정신과 맞는다고 보았기 때문이라고 여겨진다. 하지만 우리나라는 관계 중심적 또는 집단주의 문화의 영향으로 서구 문화보다 자신의 감정을 타인 중심적으로 조절하여 상황에 맞게 가변할 수 있는 능력을 중시하며 발달해 왔기 때문에 제2판의 정신인 자율성을 좀 더 고려할 필요가 있다. 나아가 상담 장면에서도 내담자가 속한 문화적 특성과 차이를 반영하여 동기강화상담의 정신을 반영하고, 이에 따른 동기강화적 과정을 제공해야 할 필요가 있다.

(2) 동기강화상담의 원리

동기강화상담의 정신을 가지고 원리를 구현해 나가는 것은 동기강화상담의 진행 전반에 걸쳐 핵심이 되는 요인이다. 동기강화상담의 원리를 살펴보는 것은 나무에

다가가기 전에 먼저 숲을 볼 수 있도록 돕는 것과 같다. 이는 자연적인 변화의 방향으로 걸음을 옮기는 과정으로 동기강화상담의 정신과 철학이 깃들어 있어 다음의 네 가지 원리가 구체적인 상담 방법의 토대가 된다.

첫 번째 원리는 공감 표현하기다. 이는 상대방의 입장이 되어 그것을 표현하는 것으로, 긍정적인 공감은 내담자의 '행동 변화'를 촉진하며, 동기강화상담을 성공적으로 이끄는 핵심 요인이 된다.

두 번째 원리는 불일치감 증가시키기다. 이는 상담가가 내담자의 핵심 가치를 탐색한 후, 현재 내담자가 하는 행동과 내담자가 가지고 있는 핵심 가치 사이의 불일치감을 드러내어 증폭시키는 것이다. 상담가는 내담자가 가치 있게 생각하는 것에 집중하면서 여러 상황에 이를 맞추어 본다. 예를 들어, 술을 끊기 위해 상담을 받는 내담자에게서 '화목한 가정'이라는 핵심 가치를 발견했다면, 상담가는 술을 계속 섭취하여 가정에 불화를 일으키는 내담자의 행동과 핵심 가치 사이의 불일치를 짚어 주고 스스로 생각해 보도록 도울 수 있다. 상담가가 내담자를 비난하면 저항이 생기지만, 불일치감을 증가시키면 본인의 내면으로 관점을 돌릴 수 있다.

세 번째 원리는 저항과 함께 구르기다. 저항이란 개인이 똑같은 상태로 유지되기를 바라는 태도로, 심리적 · 신체적 · 사회적 저항으로 표현된다. 저항이 생기는 이유로는 중독 상황에 대한 무지, 자율감의 확보, 현상 유지의 이익이 변화에 대한 이익보다 큰 경우 등을 들 수 있다. 저항은 논쟁이나 상담가에 대한 방해, 끊임없이 주제를 바꾸는 태도 등으로 드러나는데, 상담가가 이를 이기거나 없애려고 하지 않고 항상 일어날 수 있는 것으로 보아 같이 흘러가고자 하는 것이 핵심이다.

네 번째 원리는 자기효능감 지지하기다. 자기효능감이란 '어떤 특정한 과제'를 이루고 성공할 수 있다는 자기 능력에 대한 신념이다. 이는 자존감이나 자신감과는 구별되는 개념으로, 중독자들은 중독 행동을 여러 번 끊으려고 했으나 실패한 경험이 많아 자기효능감이 떨어져 있는 경우가 많다.

(3) 동기강화상담의 과정

동기강화상담의 과정은 관계 형성하기, 초점 맞추기, 유발하기, 계획하기로 이루어져 있는데, 서로 영향을 미치며, 때로는 중첩되어 나타나기도 한다. 관계 형성하기의 과정 없이는 상담이 더 이상 진행될 수 없으며, 관계 형성하기의 과정이 적절히 잘 이루어진 후에 상담가는 자연스럽게 초점 맞추기 과정으로 진행하여 상담 방향을 제시하고, 목표로 나아간다. 유발하기는 변화 목표가 명확해졌을 때에만 가능하며, 계획하기는 협력적이고 유발적인 대화 속에서 달성된다. 각 과정에 대한 내용은 다음과 같다.

① 관계 형성하기

관계 형성하기(engaging)는 상담가와 내담자가 서로에게 도움이 되는 협력적 관계로 연결되는 과정이다. 이러한 치료적 관계를 형성하는 일은 다른 모든 것보다 우선적으로 이루어져야 한다. 이때, 상담가는 관계 형성을 어렵게 하는 초기 함정들에 주의하면서 경청과 반영을 기초로 동기강화상담의 초기 상담 기술인 OARS(Open questions, Affirming, Reflecting, Summarizing)를 전 과정에 걸쳐 사용한다.

먼저, 열린 질문하기(Open questions)는 닫힌 질문과 반대되는 것으로, 내담자가 대답하기 전에 조금 더 생각하게 하고, 반응하는 방식에 많은 자유를 제공하여 방향을 제한하지 않는 방법이다. 이는 내담자가 '예/아니요'로 대답할 수 있는 질문을 하는 것이 아니라 "그런 상황에서 어떤 생각이 드셨어요?"와 같이 내담자가 자신만의 답변을 할 수 있도록 더 생각하게 만드는 질문이다. 인정하기(Affirming)는 개인의 내재된 가치를 포함하는 좋은 면들을 알아보고 인정해 주는 것으로, 의도와 행동과 같은 구체적인 것에 대해 언급해 주는 방식으로 사용한다. 예를 들면, "이전에도 술을 끊기 위해 친구의 연락을 받지 않고, 술집보다는 카페를 가는 등 개인적으로 많은 노력을 하셨네요."와 같이 내담자가 한 행동에 대한 인정이 중요하다. 반영하기(Reflecting)는 내담자의 말 속에 담긴 의미를 추측하여 점검해 보는 방법으로, 좋은 반영적 진술은 질문을 하는 것보다 자기탐색을 높일 수 있다. 반영의 종류는 다음과 같다.

• 단순반영: 내담자가 말한 내용을 약간 바꾸어 말하거나 반복하는 것

[예시] 내담자: "아내는 제 식습관을 두고 자꾸 잔소리를 해요. 저를 여기까지 오도

록 만들었다니 믿을 수가 없네요."

상담가: "당신이 여기에 있다는 사실을 믿을 수 없다는 말씀이시군요."

- 복합반영: 내담자가 한 말에 의미를 추론하거나 인지적으로 재구성하는 것

[예시] 내담자: "내가 이 상담실에 왜 와야 하는지 도대체 모르겠어요."

상담가: "다른 사람이 마음대로 당신에 대한 결정을 내려서 많이 실망하셨군요."

- 양면반영: 내담자의 양가감정의 양면을 모두 반영하되, 저항에 대한 반영 뒤에 변화에 대한 반영을 덧붙이는 것

[예시] 내담자: "제가 아무 생각 없이 계속 인터넷만 하는 게 아닙니다. 공부를 해야 된다는 걸 알긴 하지만 뜻대로 잘 안 되는 거죠."

상담가: "한편으로는 인터넷을 하고 싶은 마음도 있고, 또 동시에 반대편에는 공부를 해야 한다는 생각을 하고 계시네요."

- 확대반영: 내담자가 한 말을 부드러우면서도 진정성을 가진 태도로 과장하여 강조하는 것으로, 내담자가 어떤 입장에서 뒤로 물러나도록 함

[예시] 내담자: "아빠는 나를 신경 쓰지 않는 것 같은데, 잔소리는 심하죠."

상담가: "아빠는 전혀 도움이 안 되는군요."

내담자: "그 정도는 아니에요. 다만 가끔씩 짜증이 날 뿐이죠."

- 축소반영: 내담자가 표현하는 진술의 강도보다 낮은 강도로 진술을 강조하는 것

[예시] 내담자: "핸드폰 하는 것에 대해서 엄마가 그런 식으로 왈가왈부하지 않았으면 좋겠어요."

상담가: "핸드폰 사용에 대해 이견이 있으시군요."

내담자: "이견 정도가 아니라니까요! 엄마가 항상 나를 지적하고 비난하는 것 때문에 정말로 화가 나요."

- 은유: 보다 복잡한 반영 형태로, 새로운 자료를 통합시키는 데 필요한 조직화 도식을 제공함으로써 내담자가 자신의 상황을 새로운 방식으로 이해하도록 도움

[예시] 상담가: "궁지에 몰린 쥐 같다는 느낌이 드시겠네요."

"늘 외나무다리를 건너듯 아슬아슬한 기분이시겠네요."

마지막으로 요약하기(Summarizing)는 기본적인 반영하기로서 내담자가 상담가에게 말했던 것 중 몇몇을 모아 반영해 주는 것으로, 내담자가 준 정보를 모아 내담자에게 다시 되돌려 주는 수집요약, 이전 회기와 현재 회기에서 연관되어 나타나는 내담자의 말을 연결해 주는 연결요약, 대화의 흐름을 전환시키기 위해 내담자의 말을 정리하고 다른 주제로 넘어가는 전환요약이 포함된다. 내담자의 이야기를 꽃으로 비유하자면, 요약하기 기법은 상담가가 꽃을 모아 만든 꽃다발을 내담자에게 전달하는 것과 같다.

② 초점 맞추기

초점 맞추기(focusing)는 내담자와 함께 목표와 방향을 분명하게 만들어 가는 과정으로, 내담자가 달성 가능한 구체적인 목표를 발견하는 것을 목적으로 한다. 상담가는 내담자가 변화를 위한 초점을 어느 정도 탐색했는지를 고려하여 내담자 스스로 변화의 목표를 발견하고, 변화하고자 하는 동기를 강화하도록 돕는 역할을 한다. 이때, 상담가의 대화 스타일은 지시하기, 따라가기, 안내하기의 세 가지로 나뉠 수 있는데, 동기강화상담에서는 상담가가 내담자와 협력하여 방향을 찾아보도록 촉진하고, 함께 치료 초점을 협상하는 안내하기 방식을 사용한다. 상담을 하면서 분명한 초점을 찾고자 할 때 정보 교환은 대단히 중요한데, 정보를 제공하는 기술은 내담자가 변화 계획을 세우도록 돕는 데 있어 연료와 같은 역할을 한다. 그러나 조언이 아닌 변화를 육성하기 위한 정보 교환이 되어야 하며, 간단한 전략으로 '이끌어 내기-제공하기-이끌어 내기(Elicit-Provide-Elicit: EPE)' 전략을 사용한다. 정보를 제공하기 전후에 사용하는 이끌어 내기는 상담가가 내담자에게 정보를 제공하기 전에 허락을 구하고, 이미 알고 있는 지식이 무엇인지 탐색하며, 내담자의 관심을 물어 내담자가 알고 싶어 하는 정보를 알려 주는 것이다. 정보를 제공할 때에는 우선순위를 정하여 내담자가 알고 있는 것 사이의 틈을 채우고, 적당한 양의 정보를 이해할 수 있는 언어로 명료하게 제시한다. 이때 "당신에게는 이 조언이 맞지 않을 수도 있어요."와 같이 자율성을 지지하는 언어를 함께 사용하는 것이 좋다.

③ 유발하기

유발하기(evolving)는 변화에 대한 내담자 자신의 동기를 이끌어 내는 것으로, 동기강화상담 과정의 핵심이다. 내담자는 특정 변화에 대해 초점이 맞추어지면 변화의 이유와 방법에 대해 생각하고 느끼게 되는데, 상담가는 이러한 내담자의 생각과 감정을 적절히 발전시켜 가도록 돕는다. 이처럼 동기강화상담은 내담자가 변화 쪽의 입장을 이야기하도록 촉진시키는 과정이라는 점에서 전문가의 교육적 접근이나 직면적 방법과는 반대된다.

변화대화는 변화준비언어와 변화실행언어로 나뉘는데, 내담자가 변화준비언어를 사용하면 상담가는 "그렇다면 이제 앞으로 어떻게 하실 계획이신가요?"와 같은 열린 질문을 던져서 변화실행언어를 유발할 필요가 있다. 변화준비언어는 'DARN'으로 요약할 수 있는데, 원한다는 표현의 열망(Desire, 예: "술을 덜 마시고 싶어요."), 변화가 가능할 것 같다고 지각하는 능력(Ability, 예: "술을 마시지 않고도 잘 수 있을 것 같아요."), 변화에 대한 구체적인 이유(Reason, 예: "술을 줄이면 몸이 더 건강해질 거예요."), 변화의 중요성을 표현하는 필요(Need, 예: "계속해서 술을 마시다가는 회사에서 쫓겨날 것 같아요.")로 세분화할 수 있다. 변화준비언어가 양가감정의 변화, 즉 찬성 측면을 반영한다면 변화실행언어는 변화에 호의적이고 양가감정의 해결 방향으로 마음이 움직인다는 신호다. 이는 'CAT'로 요약할 수 있는데, 행동이 일어날 것이라는 신호인 결심공약(Commitment, 예: "술을 그만 마실 거예요."), 결심공약에 이르기 전에 행위를 할 방향으로 기울어지고 있다는 신호인 실행활성화언어(Activation, 예: "술을 줄여야 할 것 같기는 해요."), 내담자가 이미 변화하고자 하는 방향으로 어떤 행동을 실천하고 있다는 신호인 실천하기(Takig Step, 예: "우리 집 냉장고에 있는 술부터 버려야겠어요.")로 세분화된다. 변화대화와 개념적으로 반대되는 유지대화는 현상을 유지하려는 대화로, 상담가는 유지대화에 비해 변화대화의 빈도가 높아지도록 촉진한다.

④ 계획하기

계획하기(planning)는 내담자가 자신이 실행할 변화 계획을 세우는 과정에 참여하는 것으로, 변화에 대한 결심공약을 발전시키고 구체적인 행동 계획의 마련을 포함하는 과정이다. 상담가와 내담자의 협력관계를 바탕으로 내담자의 생각을 이끌어 내는 방식으로 진행하되, 변화를 결정하고 실행하는 것은 반드시 내담자이어야 한다. 계획하기는 변화대화라는 엔진을 가동하는 클러치와 같으며, 상담가는 계획하기에 적절한 시점인지를 알아차리기 위해 내담자의 준비 신호에 민감해질 필요가 있다. 계획하기를 포함한 모든 과정은 변화가 진행되는 과정에서 재검토되고, 수정해 가고, 계속 진행 중에 있어야 한다. 상담가는 OARS를 통해 내담자의 힘든 변화 과정을 지지하고 격려하며, 동기강화상담을 하나의 임상 도구로 사용함으로써 변화로 나아가도록 돕는다.

2) 동기강화상담의 효과성

(1) Project MATCH

중독 분야에서 동기강화상담의 효과성은 대규모 연구였던 Project MATCH를 통해 잘 나타난다. Project MATCH는 다양한 현장에서의 연구를 통해 알코올 치료에 유용한 연구 자료와 매뉴얼을 공급하려는 목적으로 진행되었으며, 10년 동안 총 8권의 매뉴얼이 발행되었다. Project MATCH를 통해 발행된 8권의 문헌은 오늘날 알코올 중독 치료에 기여하고 있으며, 여러 연구를 통해 그 효과성이 입증되었다. 특히 제2권 『동기강화치료 매뉴얼(Motivational Enhancement Therapy Manual: A Clinical Research Guide for Therapists Treating Individuals With Alcohol Abuse and Dependence)』에서는 동기강화치료를 주로 다루고 있는데, 이는 음주량이 많은 사람부터 적은 사람, 다른 물질 중독자, 청소년을 포함한 모든 연령대에 활용될 뿐 아니라 임신과 같은 건강 상태에서의 개입을 포함한 다른 여러 분야에까지 넓게 활용되고 있다.

동기강화상담은 간접적인 접근으로 내담자로 하여금 그들의 음주 행동을 변화시키도록, 변화 계획을 스스로 세울 수 있도록 동기를 부여하는 방법을 찾는데, 이를 통해 직접적인 설득과 직면이 물질 중독에 대한 가장 효과적인 개입 방안이라는 기존의 인식이 틀렸다는 것을 증명하고 있다.

(2) 국외 연구 동향

한편, 물질 중독에서 동기강화상담(MI)의 효과성은 Project MATCH 연구 이후에도 지속적으로 보고되고 있다. MI 집단 및 프로그램과 관련하여 2017년부터 현재까지 진행된 해외 연구를 살펴보면 다음과 같다. MI 집단은 노숙 청소년들의 알코올 및 다른 약물 사용 조절과 관련하여 자신감을 증진시켰고, 3개월 뒤에는 문제성 음주로 빠질 가능성이 집단에 참여하지 않은 이들보다 낮았다(D'Amico, Houck, Tucker, Ewing, & Pedersen, 2017). 보호진료소에 있는 위기 청소년들을 대상으로 한 연구에서는 통상적인 치료를 받은 청소년에 비해 3개월과 6개월 뒤 알코올과 마리화나 사용 수준이 줄어들었다고 보고하였고, 6개월 뒤 알코올 사용으로 인한 부정적인 결과도 적었다(D'Amico et al., 2018). 또한 청소년을 대상으로 한 연구에서는 MI 개입이 남자 청소년들의 음주 수준을 낮추고, 여자 청소년들의 음주로 인한 우울증을 낮추는 효과가 있었다(Gilder et al., 2017). 최근에는 기존의 MI 접근 방식을 변용한 여러 접근도 나오고 있는데, 집중적 동기강화상담(Intensive Motivational Interviewing: IMI)은 알코올 문제가 있는 여성의 음주 일수, 알코올 중독 심각도 지수를 낮추는 것으로 나타났다(Polcin et al., 2019). 약물 사용과 그로 인한 성적 위험 행동을 줄이기 위해 기획된 집단 동기강화상담의 경우, 상담에 참여한 집단은 대조군에 비해 지난 3개월간 알코올 사용, 약물 사용 변화 동기, 자기효능감에서 긍정적인 변화를 보였다(Tucker, D'Amico, Ewing, Miles, & Pedersen, 2017).

최근 동기강화상담은 대면 상담뿐 아니라 전화, 인터넷, SMS 등 다양한 매체를 통해서도 제공되고 있다(Jiang, Wu, & Gao, 2017). 이러한 매체들을 활용한 동기강화상담 접근의 효과성을 살펴본 연구들은 다음과 같다. 재향 군인을 대상으로 한 연구에서 MI-CBT를 결합한 6단계 치료와 12주간 진행되는 MI-CBT 전화 기반 지속치료에 참여한 집단은 기존의 물질 남용 및 폭력 예방 프로그램에 참여한 통제집단보다 물질사용이 현저히 감소하는 것으로 나타났다(Chermack et al., 2019). 주거시설로 이주한 노숙자 중 고위험 알코올 및 기타 약물 사용을 줄이기 위한 SNS 기반 동기강화상담의 효과성에 대한 예비연구에서는 동기강화상담 참여 집단이 일반적인 프로그램에 참여한 집단보다 약물 사용, 약물 금욕에 대한 자기효능감, 알코올 사용 변화

준비도에 유의한 중재효과를 나타냈고, 참여자들은 이러한 기법에 만족스러웠다고 평가했다(Kennedy et al., 2018). 마지막으로, 청소년을 대상으로 한 최근 연구에서는 전화 기반 동기강화상담 개입이 이들의 음주 일수와 알코올 소비 및 관련 문제행동의 감소를 이끌어 낸다는 결과를 보였다(Hides et al., 2019).

〈표 3-1〉 MI의 효과성에 관한 국외 연구

연구	대상자	물질	효과성
D'Amico, Houck, Tucker, Ewing, & Pedersen (2017)	노숙 청소년	알코올, 마리화나	• 약물 사용 조절과 관련하여 자신감 증진 • 3개월 뒤 문제성 음주로 빠질 가능성 감소
D'Amico et al. (2018)	보호진료소 위기 청소년	알코올, 마리화나	• 물질 사용이 줄어듦 • 6개월 뒤 알코올 사용으로 인한 부정적인 결과도 줄어듦
Gilder et al. (2017)	청소년	알코올	• 남자 청소년의 음주량 감소 • 여자 청소년의 우울증이 적게 보고됨
Polcin et al. (2019)	여성	알코올	• 음주 일수, 하루 동안 알코올 사용량, 중독의 심각도 지수, 알코올 심각도 감소
Tucker, D'Amico, Ewing, Miles, & Pedersen (2017)	노숙 청소년	알코올 및 기타 약물	• 알코올 사용량, 약물 사용 변화 동기, 콘돔 사용 자기효능감(condom use self-efficacy)에 긍정적 변화
Jiang, Wu, & Gao (2017)		물질 남용	• 전화 기반 MI의 효과성 입증 • 다른 형태의 MI(SMS, 인터넷, 집단)는 연구 수 부족
Chermack et al. (2019)	재향 군인	알코올, 마리화나, 코카인, 기타 불법 약물	• 물질 사용의 현저한 감소
Kennedy et al. (2018)	주거 프로그램 참여자	알코올 및 기타 약물	• 약물 사용, 금욕 자기효능감, 알코올 사용 변화 준비도 중재
Hides et al. (2019)	청소년	알코올	• 알코올 소비 감소 • 음주 일수 감소 • 알코올 관련 문제행동 감소

(3) 국내 연구 동향

물질 중독에서 동기강화상담의 국내의 효과성 연구는 마약 사용률이 높은 국외보다 그 수가 적지만, 국내에서도 동기강화상담은 약물 중독과 알코올 · 담배 · 음식 중독에 개입하는 데 활용되고 있다. 과체중 여대생들을 대상으로 10회기 동안의 동기강화 프로그램을 진행한 결과, 실시하기 전보다 기본심리욕구, 자아존중감, 우울, 자기통제, 음식 중독 수준이 나아졌다(안경란, 2020). 이상규(2019)는 동기강화상담을 환자에게서 흔히 나타나는 치료에 대한 저항감을 줄이고 작업에 참여하도록 돕는 유연한 기법이라고 소개하였으며, 알코올사용장애에 대한 근거 기반 치료로 인지행동치료와 함께 동기강화상담을 소개하였다. 남자 중학생들을 대상으로 한 금연 동기강화상담 프로그램에서는 실시 이후에 참여자들의 흡연 지식과 자기효능감 향상, 일일 흡연량이 감소하는 유의한 효과를 보였다(장경오, 강정화, 2018). 정신질환자들을 대상으로 진행한 동기강화상담 프로그램은 약물 복용을 지속하려는 약물 복용 자기효능감을 향상시켰다(이다운, 김성재, 2017). 또한 동기강화상담은 심리적인 문제나 중독 분야뿐만 아니라 신체적인 질병에 대한 거부감, 두려움과 관련해서 활용되기도 하는데, 이현진, 조정화, 송영신(2018)에 따르면 동기강화상담에 참여한 제2형 당뇨병 환자들은 인슐린 치료에 대한 부정적 정서가 낮아졌고, 인슐린 치료의 필요성을 인식하는 데 도움을 주었다고 보고했다.

〈표 3-2〉 MI의 효과성에 대한 국내 연구

연구	대상	물질	효과
안경란(2020)	과체중 여대생	음식	• 기본심리욕구, 자아존중감, 우울, 자기통제에서 긍정적인 효과
장경오, 강정화(2018)	흡연을 하는 남자 중학생	니코틴	• 흡연 지식과 자기효능감 향상, 일일 흡연량 감소
이다운, 김성재(2017)	정신질환자	약물	• 약물 복용 자기효능감 향상
이현진, 조정화, 송영신(2018)	제2형 당뇨병 환자	인슐린	• 인슐린 사용에 대한 부정적 정서 감소 • 인슐린의 필요성 인식 • 긍정적인 내적 동기 유발

2. 중독 패러다임 변화와 동기강화상담

1) 동기균형적 관점에서의 중독 행동

중독에 대한 기존의 관점은 만성적이고 완치가 되지 않는 질병으로 간주하는 질병모델적 관점이었다(White, 1998). 그러나 질병모델에는 많은 한계가 존재한다. 질병모델은 중독자 내면에 취약성 및 결함이 있어 질병에 걸린 것으로 가정하고, 질병이 완전히 치유되지 못할 것이라는 시선을 가지고 있다(Fisher & Harrison, 2005). 이러한 시선은 중독자에게 행동에 대한 책임 및 선택을 무력화시켜서 절망감을 느끼게 할 뿐 아니라 낙인감을 부과하여 치료 회피를 유발하기도 한다(김재영, 신성만, 2018). 이러한 한계를 극복하기 위해 많은 연구가 진행되었는데, 그중 많은 관심을 받은 것은 하이만(Heyman, 2010)의 선택이론이다. 중독자들은 적절한 선택과 반응을 할 수 있는 능력의 감소에도 불구하고 여전히 자신의 중독 행동에 대한 선택과 의사결정을 하고 있다는 것이 밝혀졌고(Baumeister & Vonasch, 2015; Heymann & Brownsberger, 2001), 이러한 맥락에서 하이만(Heyman, 2010)은 중독 행동을 개인의 선택의 문제로 설명하는 선택이론을 제안했다. 선택이론에 따르면, 인간의 모든 행동은 내재적 동기를 바탕으로 선택된 것이므로 모든 책임은 개인에게 있으며, 그렇기 때문에 상황을 변화시키거나 벗어날 수 있는 능력 또한 개인 자신에게 있다는 것이다. 이처럼 중독 행동을 개인의 선택의 문제로 바라보는 관점은 더 이상 인간을 중독행동에 수동적인 존재가 아닌 능동적인 존재로 바라보게 한다. 이는 또한 중독 행동에서 벗어날 수 있는 개인의 역량에 초점을 두는 관점이기도 하다.

최근 중독 현상을 개인의 선택과 동기의 불균형으로 이해하려는 관점이 신성만(2017)의 동기균형이론인데, 이는 라이언과 데시(Ryan & Deci, 2000)가 주관적 안녕감에 중요한 요인이라고 주장한 기본심리욕구의 세 가지 동기인 자율감, 소속감, 유능감에 목표감을 추가하여 이를 기본 동기로 명명하고, 기본 동기 간의 균형과 역동에 관해 설명한 이론이다. 자율감(autonomy)은 자신의 행동에 대한 자기조절을 경험하려는 욕구이고, 소속감(belonging)은 내가 아닌 타인과 친밀한 정서적인 애착 및 결속을 형성하고자 하는 욕구이며, 유능감(competence)은 효율적이고 성공하고자 하는 욕구다. 이 중 자율감과 소속감은 최초의 심리욕구다. 기본심리욕구인 자율감, 소속감, 유능감이 충족되었을 때 긍정적인 목표(positive goal)를 달성하고 부정적인 목표(negative goal)는 피하는 쪽으로 동기가 활성되는데(Ryan & Deci, 2008), 이를 목표감이라고 한다. 목표감(Sense of goal)은 목표에 대한 느낌이다. 자율감과 소속감이 최초의 심리욕구라면, 유능감과 목표감은 기능적 측면의 심리욕구로 볼 수 있다. 즉, 자율감, 소속감, 유능감, 목표감은 인간의 초기 발달단계에서부터 시작되어 한평생 지속되는 심리욕구이자 내재적 핵심 동기다.

자율감과 소속감은 하나의 축으로서 서로 긴장관계에 놓여 있다. 유기체는 자유롭고자 하는 욕구를 바탕으로 자율감을 확장시키려고 하는 동시에 타인과 관계되고 싶어 하는 욕구를 바탕으로 소속감을 확장시키려고 한다. 한쪽이 확장되어 자율감과 소속감의 균형이 깨지면 유기체는 불균형을 경험하고, 양자 간의 균형이 이루어질 때 유기체는 유능감을 경험한다. 소속감이 전혀 느껴지지 않는 자율감은 없다. 자율감이 있어야 소속감을 느끼고, 소속감이 있어야 자율감도 느낄 수 있다. 예를 들어, 자율감을 느끼려고 집을 나간 청소년들은 그들끼리 모여서 소속감을 느낀다. 이처럼 자율감과 소속감이 균형을 이룰 때 유기체는 유능감을 경험하게 된다.

유능감과 목표감 역시 서로 긴장관계에 놓여 있다. 유능하다는 느낌은 필연적으로 '무엇에' 유능하다는 느낌을 의미한다. 여기서 '무엇에'에 해당하는 것이 바로 목표감이다. 자율감과 소속감의 안정적인 균형에서 유능감이 비롯되고, 유능감은 목표감의 존재를 필요로 한다. 초기에는 자율감, 소속감, 유능감의 기본적인 동기가 내재적 동기로 움직이는데, 성장해 가면서 목표감이 확장되기 시작한다. 과도한 목표 추구는 스스로를 부족하다고 느끼게 하여 유능감을 상실할 수도 있고, 목표감의 확장으로 인해 자율성이 보장되어 자율감의 확장으로 이어지기도 한다. 이와 같이 동기 간의 확장 및 균형 과정이 지속될 때, 유기체는 마치 헬리콥터의 프로펠러와 같이 균형 있게 기능하고 성장할 수 있으며, 그 결과 안녕감과 행복을 경험하게 된다. 반면에 동기 간의 균형이 무너지면 항상성으로 인해 무너진 동기를 되찾으려고 한다.

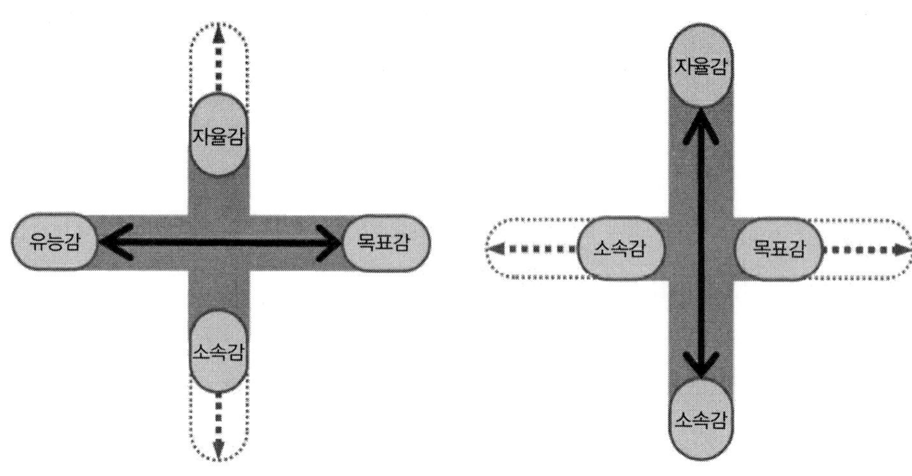

[그림 3-1] 동기의 축

출처: 신성만(2017).

동기 간의 균형을 유지하는 방법으로는 여러 가지가 있는데, 자율감과 유능감은 취미 활동을 통해 채울 수 있고, 자율감과 목표감은 여행을 통해 충족할 수 있으며, 소속감과 목표감은 봉사 활동이나 종교 활동을 통해 충족할 수 있고, 소속감과 유능감은 생산적인 직업 활동을 통해 만족이 가능하다.

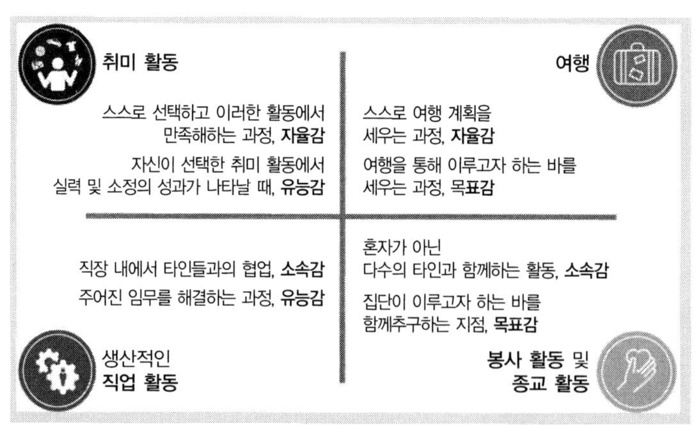

[그림 3-2] 건강한 동기 간의 균형을 유지하는 방법

출처: 신성만(2017).

그러나 동기 간의 균형을 비효율적이거나 부적절한 방법으로 추구하면 악순환적인 동기 충족의 습관화가 형성될 수 있는데, 그 대표적인 예가 바로 중독이다. 자율감과 목표감을 역기능적으로 추구하게 되면 '충동'의 증세를, 자율감과 유능감을 역기능적으로 추구하면 '강박'의 증세를 경험하고, 소속감과 목표감을 역기능적으로 추구하면 '불안'의 증세를, 소속감과 유능감을 역기능적으로 추구하면 '우울'의 증세를 경험한다. 자율감과 목표감이 부족하면 충동적으로 여행을 가는 경우가 있고, 자율감과 유능감이 부족하면 취미 활동을 강박적으로 하는 경우가 있다. 중독자들은 충동과 강박이 만나는 지점에 쉽게 존재하는데 이들은 동기의 균형을 맞추기 위해 중독 행동을 하며, 그것이 습관화되면 동기 간의 균형을 맞추는 다른 행동들을 잊어버리고 중독 행동을 반복하게 된다. 이처럼 동기 간의 균형이 무너질 때 역기능적인 방법으로 균형을 잡으려는 시도는 악순환을 낳을 뿐이다.

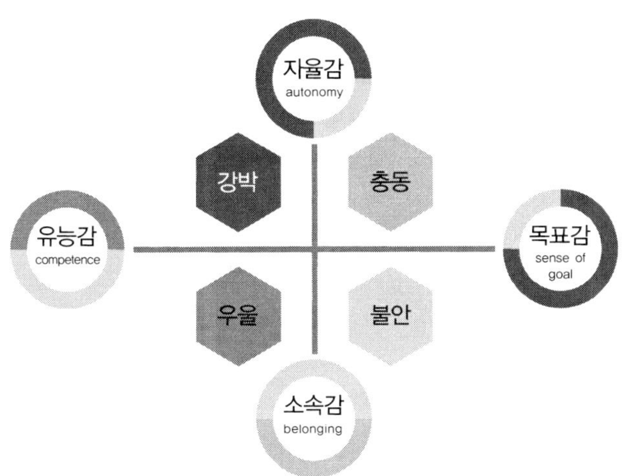

[그림 3-3] 동기 간의 불균형

출처: 신성만(2017).

동기균형이론은 네 가지 동기인 자율감, 소속감, 유능감, 목표감의 균형을 이루는 것의 중요성을 강조하고, 이러한 균형을 건강한 방법으로 유지하는 것이 필요함을 주장한다. 이 이론은 기본심리욕구이론을 바탕으로 하였기 때문에 다양한 현상에 적용해 볼 수 있고, 강박, 충동, 우울, 불안, 중독 등의 문제를 발달상의 문제로 규정하는 것이 아니라 동기 간의 균형을 맞춰 가려는 자연스런 과정으로 바라보는 관점을 제시하였으며, 문제적 상황에 따라 부족한 동기에 대해 다양한 방법으로 개입할 수 있는 근거를 제공하였다는 점에서 의의가 있다.

또한 동기균형이론은 중독의 원인에 대한 새로운 관점뿐 아니라 중독자를 재활시키는 과정에서 부족한 동기가 무엇인지에 따른 다양한 접근 및 치료의 근거를 제공한다는 점에서 의의가 있다. 이전까지 중독자의 획기적인 변화(quantum change)를 설명하기에는 역부족이었으나 동기균형이론의 관점에서 보면 중독자의 만성적인 동기 불균형 상태가 갑작스런 계기로 균형을 이루게 되고 동시에 이것을 유지해 가는 역량을 획득했을 때, '획기적인 변화'가 일어났다고 설명할 수 있다. 그리고 부족한 동기에 따라 적절한 상담 전략을 세워 개입할 수 있다. 즉, 중독 현상이라는 부정적인 결과를 초래한 악순환적인 습관 상태인 불균형적인 동기를 건강한 방법으로 다시 구축하려는 선순환적인 재활 상태로 변화시킬 수 있다. 또한 중독이라는 동기 불균형의 상태 자체를 문제라고 보기보다는, 동기 불균형의 상태를 건강하지 못한 방법으로 균형 잡으려고 하는 습관을 문제로 보기 때문에 중독자 중심의 상담 및 재활 접근이 가능하다.

2) 다미주이론 관점에서의 중독 행동

중독 행동을 설명하는 또 다른 이론으로 신경생리학자인 스티븐 포지스(Stephen W. Porges)에 의해 제안된 다미주이론이 있다. 다미주이론에서는 개인의 중독 행동을 스트레스에 반응하려는 시도로 설명한다. 또한 다미주이론은 몸의 변화가 단순히 신경생물학적 관점에서만 이해되지 않고, 대인관계와 사회적 맥락에서 함께 고려해야 한다는 것을 반영한다. 미주신경(vagus nerve)은 숨뇌(연수)에서 나와 여러 개의 가지로 나뉘어 안면근육, 심장, 인두(pharynx, 구강과 식도 사이의 소화기관), 성대, 내장기관 등에 분포하여 부교감신경의 영향을 전달한다. 기존에는 원시적인 미주신경 하나로 이루어진 것으로 이해했으나 최신의 미주신경이 발견되면서 다중을 뜻하는 poly를 써서 다미주(polyvagal)라고 부르게 되었다. 원시적인 미주신경은 배측미주신경 복합체(dorsal vagal complex)를 말하며, '자율신경 미주신경(vegetative vagus)'이라고도 불린다. 파충류 등에서도 발견되며, 위협을 받았을 때 얼어붙음(shutdown)과 같은 부동화(immobilization) 행동을 유발시키는 데 관여한다. 가장 최신의 미주신경은 복측미주신경 복합체(ventral vagal complex)를 말하며, '현명한 미주신경(smart vagus)'이라고도 불린다. 포유류와 인간에게서 발견되며, 위협을 받았을 때 투쟁-도피(flight-or-fight) 반응이나 타인과의 교감 및 교류 등의 사회적 의사소통 행동을 유발시키는 데 관여한다. 다미주이론에서는 교감신경과 배측 및 복측 미주신경으로 구성된 세 가지 자율신경 회로가 개인이 다양한 환경에 적응할 수 있도록 자동적으로 작동한다고 주장한다. 또한 자율신경 회로의 세 가지 하위체계는 3단계로 구분되는 위계적 기능을 가지며, 각 단계마다 다른 반응을 한다.

- 부동화: 배측미주신경 복합체가 관여한다. 개인이 환경으로부터 생명의 위협을 느끼게 되면 대사를 줄이고 부동화 반응과 같이 움직임을 멈추는 방식으로 반응한다.
- 운동화: 교감신경계 반응(sympathetic nervous system)으로 개인이 위험을 감지할 때 심박 수의 증가와 대사 활동의 증진을 통해 투쟁-도피 반응 같은 운동화 반응을 유발한다.
- 사회적 의사소통 또는 사회적 참여: 복측미주신경 복합체가 관여하며, 개인이 환경으로부터 안전하다고 느끼게 되면 가장 최신의 복측미주신경이 활성화되고 교감신경계가 억제되어 신체적으로 편안한 상태가 되면서 자발적으로 사회적 의사소통 행동(편안한 얼굴 표정, 눈맞춤, 귀기울임, 운율 있는 목소리 등)이 촉진된다.

다미주이론에서는 이와 같은 시스템이 위계적으로 기능한다고 보는데, 대부분의 스트레스 반응 및 환경의 도전에 맞닥뜨렸을 때 처음에는 가장 최신의 미주신경 회로를 작동하며, 이는 더 오래된 미주신경 회로의 기능을 억제한다고 본다. 즉, 개인은 스트레스나 외부 환경의 위협으로부터 효율적으로 반응하기 위해 최신의 미주신경 회로를 작동시키고 오래된 미주신경 회로의 작동을 억제한다. 미주신경은 스트레스와 개인의 적응 사이에서 중요한 역할을 한다. 강한 스트레스 상황 시 신체 내부에서는 미주신경의 긴장도를 낮추어 심박수의 증가 등 생리적 긴장 상태가 유발된다. 즉, 신체는 위협적 상황에 대처하기 위해 신진대사량을 감소시키고 경계 상태에 돌입하게 되는데, 물질에 중독된 사람들은 이러한 생리적 긴장 상태를 해소하기 위해 물질을 반복하여 사용한다. 선행연구에 따르면, 알코올, 코카인, 담배 등의 물질에 중독된 개인의 신체는 교감신경계를 활성화시켜서 심박수를 증가시킴으로써 미주신경의 긴장을 해소시킨다(Ashare et al., 2012; Ingjaldsson et al., 2003; Newlin, 1995; Reed et al., 1999). 이를 종합해 보면, 다미주이론의 관점은 개인의 중독 행동을 질병으로 바라보기보다는 스트레스 상황에서 부적절하게 반응하는 것으로 본다. 실제로 인터넷 게임 중독 집단과 온라인 도박 게이머들에게 미주신경의 철회가 강하게 나타났다는 연구 결과가 이를 입증한다(Lee et al., 2018; Murch et al., 2017).

3) 중독 행동과 동기강화상담

동기균형이론 및 다미주이론과 같은 관점은 중독 행동을 만성적으로 치료되지 않는 질병모델이 아닌 동기의 불균형과 스트레스에 부적절한 반응으로 바라보게 한다(신성만, 2017; 신성만, 박명준, 2018). 다시 말해, 중독 행동은 생리심리적 불균형을 균형화하려는 시도로 볼 수 있는데, 중독 치료에 있어서 이러한 패러다임의 변화는 개인의 균형에 더욱 관심을 가져야 할 필요성을 부각한다. 그리고 동기강화상담은 이것을 도울 수 있는 가장 효과적인 상담이론이라고 결론지을 수 있다. 내담자의 불균형적인 동기를 균형적으로 조절하고자 할 때 네 가지의 기본 동기는 동기강화상담이 추구하는 정신 개념과 연계성이 높고(소속감-관계 형성하기, 자율감-유발하기, 목표감-계획하기, 유능감-초점 맞추기), OARS와 같은 동기강화상담의 특정 기법은 기본 심리욕구를 조절하고 균형을 이루는 데 효과적으로 사용될 수 있다.

마지막으로, 다미주이론에서 살펴봤던 것처럼 사회적 의사소통 및 미주신경의 안정화를 위해서는 동기강화상담의 관계 형성하기 단계가 중요하며, 내담자의 변화대화를 OARS 기법으로 강화해 줌으로써 스트레스 상황에서 부동화 반응이나 운동화 반응이 일어날 때 이것을 줄이기 위한 시도로 중독 행동에 빠지지 않게 한다. 따라서 중독 행동을 설명하는 동기균형이론과 다미주이론 관점에서 종합해 봤을 때, 동기강화상담은 향후에도 중독상담에 있어서 필요하고 유용한 접근이라고 할 수 있다.

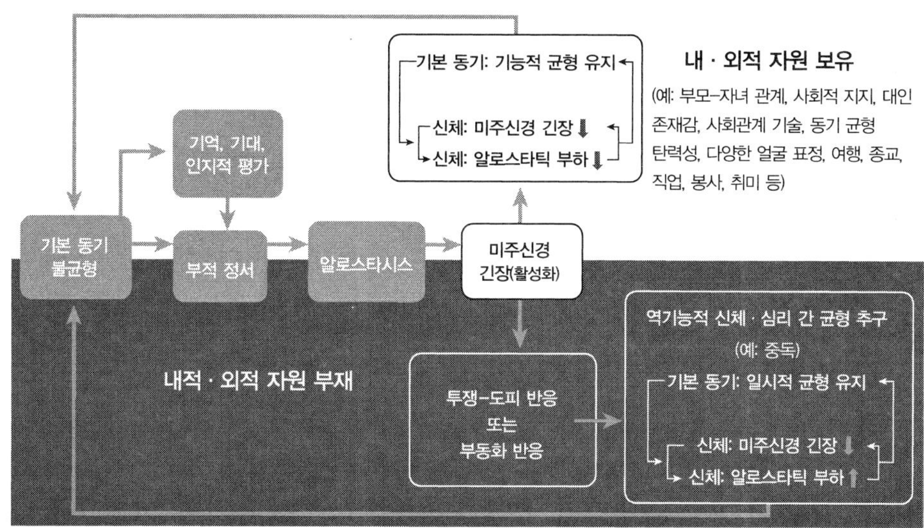

[그림 3-4] 동기 형성의 매커니즘

출처: 신성만, 박명준(2018).

3. 동기강화상담 실습 및 활동지

이제 약물 중독 개입 현장에서 동기강화상담의 정신과 기술을 이해하고 실습할 수 있는 활동을 몇 가지 소개하고자 한다(Rosengren, 2020에서 재인용).

1) 동기강화상담 연습

(1) 동기강화상담 정신 확인하기

내담자와 상담가의 대화 가운데 동기강화상담 정신이 나타나는지를 관찰해 보는 것은 많은 도움이 된다. 연습문제에서 내담자의 말과 상담가의 반응에 대한 대화를 읽고, 상담가의 반응이 동기강화상담 관점에서 적절한 반응인지, 그렇지 않은지를 동그라미(◯)로 표시하고 이유를 설명해 보자.

연습문제 1

지은: 한번은 제 생일날이었는데, 친구들과 밤새도록 놀다가 귀가한 적이 있었어요. 다음날 가족과 식사를 하는데 갑자기 아빠가 저한테 술을 너무 많이 마시는 것 같다고 핀잔을 주더라고요. 가족은 제가 알코올 중독이라고 생각해요. 술을 많이 마시기는 하지만 절대 중독자는 아니라고요!

상담가: 가족이 그렇게 이야기하는 것에는 다 이유가 있는 거예요. 지은 씨는 알코올 중독이 아니라고 생각하겠지만 그 말이 맞을 수도 있어요.

적절한 반응_______ 부적절한 반응_______

이유: ____

연습문제 2

성현: 제가 불법 약물에 손대기 시작했던 것은 고등학교 2학년 때부터였어요. 그때부터 약이 아니면 살 수 없을 정도로 제 삶이 피폐해지고 망가진 것 같아요. 작년부터 약을 끊으려고 노력했지만 매번 실패했어요. 그런데 저는 더 이상 이렇게 살고 싶지 않거든요. 저는 이제 어떻게 하면 좋을까요?

상담가: 그럼 저희 기관에서 주말 동안 진행하는 약물 관련 세미나에 참여해 보시는 것은 어떨까요? 참가비가 조금 비싸기는 하지만 성현 씨에게는 정말 좋은 기회가 될 것 같아요. 처음 약물을 끊고자 했던 이유에 대해 살펴보는 데 도움이 될 수 있을 거예요.

적절한 반응_______ 부적절한 반응_______

이유: ____

연습문제 3

혜린: 부정적인 생각을 기록해 보라고요? 쓰면 기분이 더 나빠질 것 같아서 하기 싫어요. 저는 기분이 더 나아지기 위해서 상담을 받으러 온 것인데, 이런 활동이 도움이 될지 모르겠네요.

상담가: 그래요. 그럴 수 있겠네요. 그 방법이 많은 사람한테 도움이 됐지만 모두에게 도움이 될 수는 없겠지요. 그렇다면 다른 방법을 찾아보는 것이 좋을 것 같은데, 이 문제를 다룰 수 있는 방법에 대해서 전에 의논했잖아요. 그중에 어떤 방법이 도움이 될 것 같은가요?

적절한 반응______ 부적절한 반응______

이유: ____

연습문제에 대한 예시 답안

- 연습문제 1: 부적절한 반응. 대부분의 경우에 직면은 저항을 증가시킨다. 상담가는 내담자의 행동에 대한 결론을 내담자가 내릴 수 있도록 해야 한다는 동기강화상담의 중요한 개념을 무시하였다. 이러한 접근 방법은 내담자의 자율성과 협동정신의 원칙을 거스르는 행동이다.
- 연습문제 2: 부적절한 반응. 이 결정이 어려운 것은 세미나가 도움이 될지 알 수 없기 때문이다. 그리고 상담가가 재정적 이득을 얻게 되는 것도 분명하다. 이 경우에 상담가는 유발성, 수용(자율성)의 원리, 그리고 가장 중요한 것은 연민을 손상시키는 접근 방법을 주장하고 있다. 상담가가 내담자나 상담가의 이익을 위해 일하고 있는지는 명확하지 않다.
- 연습문제 3: 적절한 반응. 아무리 좋은 치료 방법이라도 내담자가 실천하지 않으면 소용이 없기 마련이다. 상담가는 내담자와 힘겨루기를 하기보다는 협동하는 방법을 찾으려고 하고 있다.

(2) 관계 형성하기

동기강화상담의 네 가지 과정(관계 형성하기, 초점 맞추기, 유발하기, 계획하기)을 인식하고 좋은 질문을 만드는 연습을 하는 것도 중요하다. 내담자의 진술을 읽은 다음 관계 형성하기를 촉진할 수 있는 열린 질문들을 만들어 보자.

연습문제

- 연습문제 1. "담배가 나쁜 걸 알면서도 계속 피게 되는 것이 제일 큰 문제인 것 같아요."
- 연습문제 2. "지긋지긋해요. 매일 반복되는 일들이……."
- 연습문제 3. "저는 우리가 여기서 뭘 해야 할지 모르겠어요."

연습문제에 대한 예시 답안

- 연습문제 1의 예시 답안: 담배를 끊으려면 어떤 일이 일어나야 할까요? / 담배가 나쁘다는 것을 언제부터 알게 되었나요?
- 연습문제 2의 예시 답안: 이 반복적인 패턴이 어떻게 느껴지나요? / 당신 삶에서 좋아하지 않는 부분인가 봐요. 이번에는 삶에서 좋아하는 부분에 대해서 말씀해 주세요.
- 연습문제 3의 예시 답안: 여기에 계신 이유에 대해 이해한 바가 있다면 말해 주세요. / 어떤 정보가 유용할까요?

(3) 인정하기

다음의 내담자에 대한 자료를 읽고, 그 상황을 검토하여 관찰한 내담자의 강점을 기록한 후 이러한 강점에 근거하여 인정하기 진술을 만들어 보자.

연습문제 1

유학생인 준형은 한국에서 대마를 소지한 죄로 체포되어 법정에 섰다. 그가 체포된 배경은 길거리에서 고등학생 무리가 가출한 중학생 한 명을 폭행하는 현장을 목격한 이후였다. 준형이 고등학생 무리를 말리다가 말다툼과 가벼운 몸싸움이 일어났고, 경찰이 도착해서 싸움을 종결시켰을 때 준형의 주머니 속에서 대마 씨앗이 든 봉지가 떨어졌다. 준형은 떳떳한 표정으로 법정에서 재판을 기다리고 있다.

강점: ______________________________

인정하기: ____________________________

연습문제 2

올해 50대 중반인 주현 씨는 골초다. 그녀는 흡연이 자신의 건강을 나쁘게 한다는 사실을 알고 있지만, 자신이 흡연하는 것에 대해 잔소리하는 사람들에게 넌더리가 나 있다. 그녀는 시간이 지나면서 점점 담배 중독에 빠지고 있다는 사실을 알게 되었고, 언젠가는 금연할 것이지만 아직은 아니라고 한다. 그녀의 인생에 많은 일이 있었지만, 흡연하는 시간만큼은 포기하고 싶지 않다. 그녀는 흡연에 대해 죄책감을 느끼면서 다른 사람에게 이를 숨기려고 한다.

강점: ______________________________

인정하기: ____________________________

연습문제에 대한 예시 답안

• 연습문제 1.

강점: 약자를 보호해 준다. 손해가 있음에도 불구하고 변호사를 쓰지 않고 스스로 변호하려고 한다.

인정하기: 당신은 의리 있는 사람이며, 손해가 있음에도 불구하고 다른 친구를 기꺼이 지켜주었네요.

• 연습문제 2.

강점: 독립적으로 생각한다. 행동의 변화를 자각하고, 신경 쓰고 있다. 더욱 건강해지고 싶어 한다.

인정하기: 당신은 스스로 결심하는 사람이네요. 당신은 다른 사람들의 욕구에 단순히 굴복하지 않고 일단 결정하면 매우 단호하네요.

(4) 변화대화

변화대화에서 기술 개발은 상담가의 반응을 형성하는 데 도움이 되는 내담자의 반응이 필요하기 때문에 더욱 어렵다. 이런 기술을 업무뿐만 아니라 업무와 관련 없는 경우에도 활용할 수 있다.

이 활동에서는 내담자의 진술을 읽고 변화대화가 있는지 파악해 보는 것으로 시작한다. 변화대화의 종류(열망, 능력, 이유, 필요성, 결심공약, 실행하기) 중 해당하는 것을 동그라미(◯)로 표시하고, 만약 변화대화가 있다면 그것을 강화시킬 반영적 반응을 적고, 없다면 변화대화를 이끌어 낼 만한 유발 질문을 작성해 보자.

연습문제 1

내담자: 중학교 때 본드를 심하게 흡입해서 응급실에 실려간 적이 있어요. 이렇게 살아 있는 것 자체가 행운인 거죠. 본드를 끊고 마약에 손댄 것은 대학교 때부터였는데, 중학교 때처럼 의식을 잃을 정도까지 마약을 복용하지 않아요.

변화대화가 있습니까?

있다면 어떤 종류입니까?

열망 ____ 능력 ____ 이유 ____ 필요성 ____ 결심공약 ____ 실행하기 ____

있다면 변화대화를 강화시킬 반영적 반응을 만들어 보세요.

____

없다면 변화대화를 이끌어 낼 만한 유발 질문을 적어 보세요.

____

연습문제 2

내담자: 코카인을 사용하고 나면 끊임없이 불안해져요. 불안이 멈췄으면 좋겠고, 제 인생을 다시 찾고 싶어요.

변화대화가 있습니까?

있다면 어떤 종류입니까?

열망 ____ 능력 ____ 이유 ____ 필요성 ____ 결심공약 ____ 실행하기 ____

있다면 변화대화를 강화시킬 반영적 반응을 만들어 보세요.

____

없다면 변화대화를 이끌어 낼 만한 유발 질문을 적어 보세요.

____

연습문제 3

내담자: 아르바이트를 하지 않으면 저는 집세 낼 돈도 없어요. 마약을 사느라 저축한 돈도 다 써 버려서 꼭 일을 해야 해요. 그게 제가 여기에 온 이유예요. 좀 더 여유롭게 살고 싶어요.

변화대화가 있습니까?

있다면 어떤 종류입니까?

열망 ____ 능력 ____ 이유 ____ 필요성 ____ 결심공약 ____ 실행하기 ____

있다면 변화대화를 강화시킬 반영적 반응을 만들어 보세요.

____

없다면 변화대화를 이끌어 낼 만한 유발 질문을 적어 보세요.

____

연습문제에 대한 예시 답안

• 연습문제 1.

이것은 변화대화가 전혀 없는 사실에 입각한 다시 말하기라고 볼 수 있다. 따라서 다음과 같이 반영을 한 후에 유발 질문을 할 수 있다. "그때의 경험 이후로 약물을 과하게 복용하지는 않는다는 말씀이군요. 그렇게 약물을 사용했을 때, 이전과 다른 어떤 기분이 드나요?"

• 연습문제 2.

이 진술에는 변화 열망이 있지만 아직 결심공약 언어는 나타나지 않았다. 다음과 같은 반영이 이 변화대화를 강화시키고, 뭔가 할 수 있도록 다짐하는 데 도움이 될 것이다. "당신은 상황이 이렇게 진행되어서는 안 된다는 것을 분명하게 알고 있네요. 이제 뭔가 해야 할 때입니다."

• 연습문제 3.

마지막 진술에서 필요성과 열망의 언어가 드러난다. 상담하기 위해 온 것도 실행하기라고 간주될 수 있겠지만, 이 시점에는 내담자가 어떤 대처 기술을 원하고, 그 기술을 찾기 위해 도움을 요청하는 영역에 있다는 것이 가장 정확해 보인다. 따라서 다음과 같은 반영을 할 수 있다. "당신은 도움을 얻기 위해 여기에 왔어요. 왜냐하면 당신은 현재와 같은 상황에서는 뭔가 다른 시도를 해야 한다는 것을 알고 있기 때문이죠."

2) 동기강화상담 활동지

(1) 미세 기술 활동지

다음은 당신이 평소에 얼마나 동기강화적 대화를 하는지 확인해 볼 수 있는 활동지다. 다음의 활동지를 토대로 당신의 상담 축어록을 분석해도 좋고, 다른 사람들과 지난주에 있었던 일들을 나누어 보면서 당신의 대화 방식을 살펴볼 수 있다. 하단의 총점이 높을수록 동기강화적 대화가 원활하게 이루어진 것으로 볼 수 있다. 참고로 반영하기와 열린 질문의 비율은 2:1로 하는 것이 내담자의 변화대화의 가능성을 증가시킨다.

<table>
<tr><th colspan="2">기술</th><th>빈도</th><th>비고</th></tr>
<tr><td colspan="2">열린 질문하기(Open questions)</td><td></td><td></td></tr>
<tr><td colspan="2">인정하기(Affirming)</td><td></td><td></td></tr>
<tr><td rowspan="5">반영하기
(Reflecting)</td><td>단순반영</td><td></td><td></td></tr>
<tr><td>복합반영</td><td></td><td></td></tr>
<tr><td>양면반영</td><td></td><td></td></tr>
<tr><td>확대 · 축소 반영</td><td></td><td></td></tr>
<tr><td>은유 사용하기</td><td></td><td></td></tr>
<tr><td rowspan="3">요약하기
(Summarizing)</td><td>수집요약</td><td rowspan="3"></td><td rowspan="3"></td></tr>
<tr><td>연결요약</td></tr>
<tr><td>전환요약</td></tr>
<tr><td colspan="2">비언어적 반응(Non-verbal)</td><td></td><td></td></tr>
<tr><td colspan="2">반동기강화적 반응(Non-MI)</td><td></td><td></td></tr>
<tr><td colspan="2">총점(O+A+R+S+N-Non)</td><td colspan="2"></td></tr>
</table>

(2) 양가감정 확인하기-결정 저울표

사람들이 변해야겠다고 생각하는 데에는 양가감정 사이를 오가다 한순간에 한쪽으로 기울 수 있는데, 이것은 매우 주관적인 과정이기 때문에 내담자에게 강요될 수 없다. 내담자는 다음의 결정 저울표를 작성하면서 약물 사용에 대한 인식을 객관화시킬 수 있고, 이를 통해 합리적인 의사결정을 돕는다.

약물 사용을 계속했을 때		약물 사용을 중단했을 때	
장점	단점	장점	단점

(3) 양가감정 해결하기 – 카드를 통한 가치 탐색

약물은 내담자에게 즉각적인 만족을 가져다주기 때문에 내담자는 '앞으로 어떻게 살 것인가'에 대한 질문을 생각하기 어렵다. 그래서 약물을 사용하는 내담자들은 약물에 대한 양가감정을 가지고 있는 것이다. 가치분류카드 활동은 이러한 양가감정을 해결하고 내담자들에게 인생에서 가치적인 질문을 생각해 볼 수 있도록 돕는다. 가치분류카드는 각 카드마다 하나의 가치가 프린트되어 있으며, 여러 범주로 분류되어 있다. 수용, 정확성, 성취, 모험, 권위, 매력, 아름다움, 도전, 안정, 기회와 같은 83가지의 가치카드가 있으며, 카드에 포함되어 있지 않은 가치는 내담자 스스로 작성해서 하나의 가치로 포함시킬 수 있다.

이 활동은 내담자가 카드를 '중요하지 않은' 범주와 '중요한 범주'로 분류하는 작업으로 시작한다. 그런 다음 중요한 카드를 중요한 군과 가장 중요한 군으로 세분화하여 분류한 후 다음과 같은 질문을 하고 공감적으로 경청한다.

- "이 가치는 나에게 어떤 의미가 있는가?"
- "이 가치가 나에게 중요한 이유는 무엇인가?"
- "이 가치는 내 인생에서 어떻게 표현되고 있는가?"

경청한 내용을 다음과 같이 표로 정리한 뒤 내담자에게 보여 주고 질문해 볼 수 있다.

이 가치는 나에게 어떤 의미가 있는가?	이 가치가 나에게 중요한 이유는 무엇인가?	이 가치는 내 인생에서 어떻게 표현되고 있는가?

• "당신의 답변을 보고 놀랐거나 호기심을 자극하는 것이 있다면 무엇인가? 당신이 이러한 가치를 인정 받거나 지지 받는다는 것을 어디서 느꼈는가?"
• "이러한 가치들이 다음해에도 당신의 삶에 가득하다면 어떻겠는가?"

(4) 변화 계획 활동지

마지막으로 내담자 스스로 변화를 계획하도록 돕는 계획 양식을 소개한다. 이 양식은 각 내담자의 상황에 맞게 작성할 수 있다. 이 서문은 상담가와 내담자의 변화를 구조화시키는 데 도움을 준다.

계획 양식을 작성하기 전에 다음과 같은 질문이나 서문으로 시작해도 좋다.

> "우리는 당신이 무엇을 할 수 있는지에 대해 이야기해 왔어요. 제가 만났던 일부 내담자는 시도해 볼 수 있는 선택사항을 적어 보는 것이 매우 도움이 된다는 것을 알아냈는데, 그것을 바탕으로 상담할 때 명확한 기준을 세울 수 있었어요. 나중에 그것을 다른 사람 앞에서 이야기하는 시간을 가진다면 스스로 결심공약을 했던 것을 유지하는 데 도움이 될 수 있을 거예요. 또 스스로 계획한 것을 글로 적어 두면 자신의 결정을 상기시키는 기능도 하고요. 이 활동을 하는 것은 전적으로 당신이 결정할 일이고, 어떤 사람은 안 한다고 이야기하기도 했어요. 당신은 어떤가요?"

변화 계획 활동지

내가 이러한 변화를 시도하는 이유는:

____

____

변화를 시도하는 데 있어서 나의 목표는:

____

____

다음은 내가 어떻게 할 것인가에 대한 내용이다.

구체적인 활동은 언제? 어떻게?

____

다른 사람이 나의 변화를 도울 수 있는 몇 가지 방법은:

나의 변화를 지지해 줄 수 있는 3인이 지지를 활용할 수 있는 방법

1. ______________________________________
2. ______________________________________
3. ______________________________________

비슷한 변화를 경험했던 2인의 지지를 활용할 수 있는 방법

1. ______________________________________
2. ______________________________________

즉각적인 도움을 구할 수 있는 1인의 지지를 활용할 수 있는 방법

1. ______________________________________

나에게 찾아올 몇몇 어려움이 무엇이고, 나는 그것을 어떻게 해결할 것인가?

만약 나에게…… 어려움이…… 그렇다면 나는 ……할 것이다.

____

나는 이러한 결과물을 보면서 나의 계획이 진행되고 있다는 것을 알 수 있다.

제 4 장

치료적 공동체

치료적 공동체(Therapeutic Community: TC)는 물질 남용 환자들의 장기 거주치료에 이용되어 왔다. 전통적인 내과적 · 정신과적 접근에 대한 변형으로 시작된 치료적 공동체는 화학물질과 관련이 있는 수많은 환자에게 있어 주된 정신사회적 치료 방법으로 확립되어 왔다.

1. 치료적 공동체의 역사

물질사용장애 환자들을 위한 거주치료는 1950년대 말에 익명의 알코올 중독자들(Alcoholics Anonumous: AA)과 같은 자조회복운동(self-help recovery movement)에서 시작되었다. 자조적이며 민주적으로 운영되는 거주 프로그램으로는 Community Lodge, Oxford houses와 치료적 공동체를 들 수 있다. 첫 번째 치료적 공동체는 1958년에 캘리포니아에서 시작된 시나논 거주 재활 공동체(Synanon residential rehabilitation community)다. 물질사용장애 환자들을 위한 거주 프로그램은 영국에서 1953년에 맥스웰 존스(Maxwell Jones)와 그 외의 사람들에 의해 개발되었는데, 정신과 병원에서의 치료적 공동체에 비해 약 10년 정도 늦게 시작되었다. 비록 이 두 가지 모델이 서로 독립적으로 발달되었지만 치료적 공동체라는 이름은 이와 같은 병원 환경에서 고안되었다.

물질 남용에 대한 치료적 공동체는 기존의 전통적인 치료에 대한 자조집단의 변형으로, 회복 중인 알코올과 약물 중독 환자들이 최초로 참여하여 발달시켰다. 초기의 치료적 공동체는 모든 약물 요법을 배제하였으나, 중독에 대한 과학적 발전과 더불어 중독을 의학적 질병으로 인식하면서 중독과 이차적 정신질환의 치료를 위해 약물 요법을 포함한 포괄적인 의학적 치료 형태로 발전하였다.

현재의 치료적 공동체는 그 기원 이후로 많은 발전이 이루어져 다양한 인류 봉사 기구로 확대되어 왔으며, 현재 전 세계 65개국 이상에서 적용하고 있다. 오늘날 치료적 공동체라는 용어는 일반적인 용어로 자리 잡았고, 광범위한 약물과 알코올 남용 환자에게 제공되는 여러 가지 장단기간의 거주 프로그램뿐 아니라 낮 병원 치료 프로그램과 외래 프로그램에 사용되고 있다. 비록 치료적 공동체 모델이 다양하게 변화되어 왔지만 물질 남용 환자의 재활에서 유효성이 입증된 것은 전통적인 장기간 주거 형태의 원형뿐이다.

2. 전통적인 치료적 공동체

전통적인 치료적 공동체들은 비록 규모(30~600개의 침대)와 환자의 인구통계학이 서로 다르지만, 예정된 거주 기간(15~24개월), 구조, 치료진의 구성 방향, 시각 그리고 재활적인 조직 등에서 비슷하다. 일차적인 임상 치료진은 대개 치료적 공동체 프로그램에서 재활에 성공한 회복된 물질 남용 환자들(ex-abusers)이다. 다른 치료진은 의학 · 정신건강 · 직업 · 교육 · 가족상담 · 재정 · 행정 · 법적인 서비스의 전문가로 구성된다.

치료적 공동체는 약물 남용을 인격 발달의 장애나 사회적 · 교육적 · 경제적 기술의 만성적인 결함을 반영하는 이탈된 행동(deviant behavior)으로 본다. 그 배경에는 사회경제적 불이익, 불량한 가정 환경, 심리적인 요인이 있다. 따라서 치료적 공동체의 주된 목적은 생활 방식의 전반적인 변화다. 불법 물질의 중단, 반사회적인 행동의 제거, 취업 능력의 발달, 전(前)사회적 태도와 가치관이 그것이다. 재활적 접근에는 다차원적인 영향력과 훈련이 필요한데, 그러한 것들은 대부분 24시간 동안의 거주 환경 안에서만 이루어질 수 있다.

전통적인 치료적 공동체는 다른 주요 약물에 대한 치료 방법과는 크게 세 가지 요소로 구분한다.

첫째, 치료적 공동체는 단일 치료 환경 내에서 전반적인 치료와 서비스를 조화시킨다. 직업상담, 작업치료, 오락, 집단치료와 개인치료, 교육적 · 의학적 · 가족적 · 법적 · 사회적 서비스 등이 모두 치료적 공동체 내에서 이루어진다.

둘째, 치료적 공동체의 일차적인 치료자와 교사는 공동체 그 자체이고, 성공적인 인격의 변화에 대한 역할모델(role model)은 동료와 치료진이다. 치료진은 모두 합리적인 권위상(rational authority)이 되고 회복 과정의 안내자가 된다. 따라서 공동체는 전체적으로 매일매일 개인의 품행, 태도, 정서의 변화를 감시 및 감독하고, 상호 간에 재강화되어 지속적으로 학습을 하게 하는 엄격한 환경을 제공한다.

셋째, 재활을 향한 치료적 공동체적 접근은 물질남용장애, 환자, 회복 과정, 그리고 건강한 삶에 대한 뚜렷한 관점에 근거를 둔다.

3. 치료적 공동체의 관점

1) 장애의 관점

약물 남용을 기능의 일부 혹은 전 부분에 영향을 미치는 한 사람(whole person)에서의 장애(disorder)로 보는 관점이다. 기분의 장애가 나타나듯이, 인지와 행동의 장애도 나타난다. 사고는 비현실적이거나 와해될 수 있다. 가치관이 혼란되고, 존재하지 않거나 혹은 반사회적일 수 있다. 도덕적 혹은 영혼의 문제까지도 명백할 수 있다.

어떠한 물질의 남용이라도 중첩 결정된(overdetermined) 행동으로 본다. 생리적 의존은 개인의 약물 사용 행동의 조절에 따른 다양한 영향에 의해 발생한다. 따라서 문제는 약물이 아닌 사람이다. 치료적 공동체에서 화학적 해독은 치료의 목적이 아니라 치료 참여를 위한 조건이다. 재활은 약물이 없는 생활(drug-free life style)에 초점을 맞춘다.

2) 개인의 관점

치료적 공동체는 개인(person)을 약물 사용의 양상에 따라 구분하지 않고 심리학적인 기능장애나 사회적 결함에 따라 구분한다. 대부분의 환자는 한 번도 전통적인 생활 방식을 습득했던 적이 없다. 따라서 직업적 · 교육적 문제가 현저하다. 중산층의 일반적인 가치관은 무시되거나 추구되지 않는다. 대개 이러한 환자들은 사회적으로 소외된 계층에서 나타나는데, 여기서 약물 남용은 심리학적인 장애보다 좀 더 사회적인 반응이다. 치료적 공동체에서의 그들의 경험은 '적응(habilitation)'이라는 용어로 더 잘 설명되는데, 자신의 삶에서 처음부터 사회적으로 생산적이고 통상적인 생활 방식(life-style)을 발달시키는 것이다.

좀 더 유리한 배경을 가지고 있는 환자들에게 약물 남용은 심리학적인 장애나 현실적인 권태의 더 직접적인 표현이다. 이들에게는 이전에 살았고, 알고 있으며, 아마도 거부되었던 생활 방식으로 되돌아오는 것을 강조하는 '재활(rehabilitation)'이라는 용어가 좀 더 적절하다.

이와 같은 사회적인 차이에도 불구하고 치료적 공동체 내의 물질 남용 환자들은 상당한 공통점이 있다. 물질 남용이 원인이든 결과든 모두 인격의 결함이나 장애적인 사회적 기능이 드러난다는 것이다. 따라서 치료적 공동체의 모든 환자는 같은 범위의 치료를 받는다.

3) 회복의 관점

회복(recovery)에 대한 치료적 공동체의 관점에서 재활의 목적은 총체적인 것이고, 생활 방식과 개인의 정체성(personal identity)의 변화 모두가 관계된다. 일차적인 심리학적 목표는 약물 사용의 소인이 되는 부정적인 행동, 사고, 감정의 양상을 변화시키는 것이다. 주된 사회적 목표는 책임감 있는 약물이 없는 생활 방식(responsible drug free life-style)의 기술, 태도 그리고 가치관을 발달시키는 것이다. 안정된 회복은 이러한 심리학적 · 사회적 목표를 성공적으로 통합하는 것에 달려 있다. 예를 들어, 약물 사용에 대한 건강한 행동상의 변화는 단약의 가치 획득에 의해 재강화된다. 습득된 직업적 · 교육적 기술과 사회적 생산성은 성취의 가치와 자신감에 의해 동기화된다. 따라서 품행, 정서, 기술, 태도 그리고 가치관은 지속되는 변화에서 통합되어야만 한다.

(1) 동기

회복은 변화에 대한 양성적 · 음성적 압력에 의해 결정된다. 일부 환자는 고통스러운 외적인 압력에 의해 도움을 찾게 되고, 다른 환자들은 좀 더 내적인 요인에 의해 움직인다. 치료를 받고 있는 모든 사람에게는 변화에 대한 지속적인 동기(motivation)가 필요하다. 따라서 재활 접근의 요인들은 동기를 지속시키거나 혹은 조기 탈락의 초기 징후를 발견할 수 있도록 고안되어 왔다. 치료에 대한 영향은 개인의 동기와 준비성에 따라 결정된다. 재활은 환자와 치료 환경 간의 상호작용을 촉진한다.

(2) 자조와 상호 자조

엄격히 말해서 치료는 제공되는 것이 아니고, 치료적 공동체 환경, 치료진과 동료, 매일의 치료작업, 회의, 집단, 세미나, 오락 등을 통해서 개인이 이용할 수 있는 것이다. 그러나 이러한 요인들의 효율성은 개인에 따라 다른데, 그들은 모든 치료 방법에 지속적이고 전적으로 참여하여야만 한다. 자조(self-help) 회복은 개인이 변화의 과정에 대한 주된 참여인자가 되는 것을 의미한다. 상호 자조(mutual self-help)는 회복과 개인적인 성장 그리고 '올바른 삶'에서의 주된 메시지가 집단 내에서 직면과 공유를 통해 동료들에 의해서 매개되는 요인을 강조하는 것이다. 예를 들어, 역할모델과 같이 일상적인 상호작용에서 지지하고 격려하는 친구와 같은 것이다.

(3) 사회적 학습(social learning)

생활 방식의 변화는 사회적 측면에서 이루어진다. 부정적인 양상, 태도, 역할은 고립되어서는 획득할 수 없고, 고립된 상태에서는 그들을 변화시킬 수도 없다. 따라서 회복은 무엇이 학습되는가뿐만 아니라 어떻게, 어디에서 학습되는가에 달려 있다. 이러한 전제는 공동체 자체가 교사로서의 역할을 한다는 근거다. 학습은 실천과 참여에 의해 이루어지는 적극적인 것이다. 책임감 있는 사회적 역할은 그 역할을 수행함으로써 얻을 수 있다. 학습된 것은 지지하는 동료와 신뢰성 있는 역할모델을 제공하는 치료진에 의해 학습 과정에 있는 사람들에게 동일시된다.

치료적 공동체에서 학습된 삶에 대한 새로운 대처 방법은 고립에 의해 위협받을 수 있으며, 그것이 치료적 공동체 밖에서의 재발 가능성이다. 따라서 회복을 유지하는 데에는 치료적 공동체 안밖의 긍정적인 사회적 연계 체계에 의해 지속적으로 자아, 사회 그리고 인생의 시각을 확인해야 한다.

(4) 삽화로서의 치료(treatment as an episode)

개인의 인생에서 치료적 공동체내에서의 거주는 상대적으로 짧은 기간인 반면, 공동체를 통해 얻은 영향은 치료 전후의 장기간에 걸쳐 위협을 받는다. 이러한 이유에서 건강하지 못한 '외부적'인 영향은 그것이 개인의 내부에서 더 잘 준비가 될 때까지 최소화되어야 한다. 따라서 치료 방법은 파급 효과가 크게 고안되어야 한다. 치료적 공동체에서의 생활은 강렬하고, 매일의 치료작업에서 요구되어야 하며, 치료적 직면은 어설프지 않아야 한다.

4) 올바른 삶(right living)의 관점

치료적 공동체는 건강하고(healthy), 개인적이고(personal), 사회적인(social) 삶의 관점을 구성하는 특정한 교훈(precept)을 신봉한다. 비록 그 초점이 어느 정도 철학적이기는 하지만 이러한 교훈들은 도덕적인 행동, 가치관, 치료적 공동체에 대한 개인과 회복과 밀접한 사회적 측면이 관련된다. 예를 들어, 치료적 공동체는 사회적 ·

성적 행동에 대해 분명한(unambiguous) '도덕적' 입장을 취한다. 옳고 그른 행동은 적절한 보상과 제재(sanction)를 가함으로써 구분된다. 이러한 것들에는 반사회적인 행동과 태도, 길거리나 교도소, 혹은 좋지 않은 또래들에 의한 부정적인 가치, 무책임하고 착취적인 성적 행동 등이 포함된다.

자신, 중요한 타인 그리고 치료적 공동체 밖의 거대한 사회에 대한 책임은 회복 과정에 있어 핵심적인 주제다. 비록 그것들이 도덕적인 문제로 다루어지지만, 변화를 위해서는 개인이 거부하고 있는 것들을 수용하는 책임감의 경험이 중요하다.

가치관은 사회적 학습과 개인적인 성장에 필수적인 것으로 강조된다. 여기에는 진실과 정직(말과 행동), 도덕적 활동, 자기신뢰, 노력의 보상과 성취, 개인적인 책임, 책임감 있는 관심(형제를 돌보는 것), 사회적 예의 그리고 사회적 책무 등이 포함된다.

좀 더 폭넓은 철학적 견지에서, 치료는 개인의 현재(here and now) 대 과거력(then and when)에 초점을 맞춘다. 과거의 행동과 상황은 현재의 역기능적인 행동, 부정적인 태도, 그리고 전망을 조명하기 위해서만 탐색된다.

(1) 입원 면담

완전한 입원평가는 치료적 공동체 내에서 외래치료를 택할 것인지, 거주치료를 택할 것인지 혹은 치료적 공동체 이외의 치료(정신과 치료, 입원치료, 개인상담)를 의뢰할 것인지 등, 의뢰된 환자의 위치를 결정한다. 입원 과정은 훈련된 준전문가(paraprofessionals)들에 의한 구조화된 면담이다. 첫 면담은 60분 정도 지속되고, 경우에 따라 중요한 보호자를 포함한 두 번째 면담이 이루어질 수도 있다. 더불어 이전의 법적인 기록, 내과적 · 정신과적 약물치료의 병력이 평가된다.

(2) 해독

일부 예외를 제외하고 거주치료에의 입원은 내과적으로 이루어지는 해독의 과정이 필요하지 않다. 따라서 고전적인 치료적 공동체는 대개 이러한 서비스의 제공을 약속하지 않는다. 마약류, 코카인, 알코올 그리고 암페타민에 관한 대부분의 일차적인 남용자는 치료적 공동체에 입원하려고 하기 전에 스스로 혹은 내과적으로 해독의 과정을 거친다. 일부만이 입원평가 동안에 해독의 과정을 필요로 하는데, 그들은 가까운 병원에 의뢰되어 해독의 과정을 선택한다. 그중에 문제가 있어 보이는 환자들은 정신과적 치료를 받도록 의뢰되어야 하고, 그 후에 거주치료에 복귀할 수 있다.

(3) 거주치료의 기준

전통적인 치료적 공동체에서는 거주치료에의 입원이라는 면에서 개방적인 정책을 유지한다. 광범위한 치료 후보자들이 모두 동일한 동기가 있거나, 준비가 되어 있거나, 준비가 되어 있지 않을 수도 있다는 것을 인정한다. 치료적 공동체 정책은 그들의 선택에 영향을 미친 이유와 관계없이 거주치료를 선택하는 사람들을 수용하는 것이기 때문에 상대적으로 소수만이 배제된다.

다만, 환자를 제외시키는 데에는 두 가지 주된 지침이 있다. 적합성과 공동체적 위험성이다. 적합성(suitability)은 환자가 치료적 공동체의 치료 방법에서 필요로 하는 것에 부합하고 타인과 융합할 수 있는 정도를 말하는 것이다. 여기에는 집단에의 참여, 과제 부여에 대한 성취, 대개 공동침실과 같은 조건을 가진 개방적인 집단에서 최소한의 사생활을 보장받으며 생활하는 것 등이 포함된다. 공동체적 위험성(risk)은 환자가 치료진에게 운영상의 부담이 되거나, 공동체 내의 다른 사람들의 건강이나 안전을 위협하는 태도의 정도를 말한다.

특정한 배제 기준으로 가장 흔한 것에는 방화, 자살, 심한 정신과적 장애 등이 포함된다. 정신과적으로 배제되는 경우에는 정신과적 입원의 병력이 있거나 면담에서 정신병적 증상이 뚜렷하다는 인상(명백한 망상, 사고장애, 환각, 지남력의 혼란, 심한 정서장애의 징후)이 있는 경우다. 이때 중요한 감별 진단의 기준은 약물과 관련된 기분이나 정신 상태가 된다. 예를 들어, 지남력장애, 불쾌감장애 그리고 사고나 감각의 장애가 분명하게 환각제, 펜시클리딘, 때때로 코카인과 관련되어 나타나는 경우에는 다른 면에서 적절하다면 치료적 공동체에서 제외되지 않는다. 진단이 불확실한 경우에는 대부분 입원한 후에 정신과적 자문을 구한다. 적절한 의뢰는 환자의 진단명 한 가지보다는 환자의 적합성이나 공동체적 위험성에 기초를 둔다.

일반적으로 규칙적으로 향정신성약물(psychotropic drugs)을 투여받는 사람은 이것의 사용이 대개 만성적인 혹은 심각한 정신과적 장애에 의한 것이기 때문에 제외된다. 특히 규모가 큰 치료적 공동체에서 약물의 규칙적인 투여는 상대적으로 소수인 의료인의 운영과 감시에 부담을 줄 수 있다.

장애가 있는 환자나 보조기를 사용해야 하는 환자에게서 그것이 프로그램이 요구하는 여건을 충족시킬 수 있다면 의학적 상태에 대한 약물치료는 치료적 공동체에서 허용된다. 입원평가 동안에 완전한 내과적 병력이 수집되어야 하는데, 거기에는 최근의 투약 종류(천식, 당뇨, 고혈압)와 보조기의 필요성 등이 포함된다. 신체검사와 임상병리 검사(혈액 및 소변검사)는 입원 후에 이루어져야 한다. 비록 검사 결과에 따라 종종 환자를 주거 환경에서 제외시켜야 하는 경우도 있지만, 그러한 경우는 상대적으로 드물다. 주거 환경에서의 전염성 질환에 대한 염려 때문에 일부 치료적 공동체에서는 입원 전이나 적어도 입원 일주일 이내에 간염 등과 같은 질환에 대한 검사를 요구한다.

정책적으로나 실제적으로 AIDS나 이에 관련된 질환의 검사나 관리가 최근 대부분의 치료적 공동체에서 이루어지고 있다. 여기에는 자발적인 검사와 상담, 건강 관리나 성적 행동에 대한 특별 교육 세미나, 인간면역결핍바이러스(HIV) 양성 반응자나 AIDS, 또는 그와 관련된 질환의 임상적 진단을 받은 거주자에 대한 특별한 지지집단 등이 강조된다. 약제내성 결핵 환자의 최근 입원사항에 대해서도 분명히 해 둘 필요가 있다.

5) 거주 환자

거주 환자(residential patient)에 대한 전형적인 척도는 없지만 치료적 공동체에서 장기치료의 필요성은 여러 가지 적응증에 근거를 둔다. 이것은 다섯 가지의 주요 분야로 간단하게 요약될 수 있다.

(1) 건강과 사회적 위험 상태

건강과 사회적 위험 상태(health and social risk status)는 약물 사용과 관련된 신체적 · 심리적 · 사회적 문제에 대한 만성-급성 스트레스의 정도를 말한다. 일부 지표에는 약물 사용, 형사범죄, 성적 행동과 관련된 통제할 수 없는 행동, 과다 용량에 의한 자살 가능성, 다른 약물과 관련된 손상이나 죽음의 위협, 폭력, 수감, 질병이나 사망에 대한 불안이나 공포의 정도, 개인적 상실(즉, 재정, 대인관계, 직업) 등이 포함된다.

치료적 공동체에서 치료를 원하는 환자는 대부분 급성 스트레스를 경험한다. 그들이 거주치료를 필요로 하는 기간 동안에 가정적이나 법적으로 위기를 맞을 수도 있고, 자신이나 타인을 해칠 위험에 처할 수도 있다. 장기간의 치료에 적합한 환자들은 치료를 찾게 만드는 좀 더 만성적인 스트레스가 있고, 그것이 해결될 경우에 대개 조기에 탈락하는 경우가 많다. 그들에게는 좀 더 장기간의 거주치료가 필요한데, 왜냐하면 그들은 지속적인 위험에 노출되어 있고 그들이 원하는 진정한 회복단계가 시작된 이후에도 계속 치료를 받아야 하기 때문이다.

(2) 단약의 가능성

단약의 가능성(abstinence potential)은 위험성의 특별한 구성요소이고, 비거주치료 환경(nonresidential treatment setting)에서도 단약을 유지할 수 있는 개인의 능력을 말한다. 일부 지표에는 이전의 치료 경험(횟수, 형태, 결과), 이전의 자발적인 단약의 시도(빈도, 가장 길었던 기간), 그리고 최근의 적극적인 약물 사용 대비 최근의 단약 등이 포함된다.

물질 남용을 장애(disorder)라고 보는 치료적 공동체의 관점에서 약물 중단(abstinence)은 회복을 위한 전제조건이다. 만성적인 약물 사용자 중에는 반복적인 재발의 위험성으로 인해 치료 방법과 무관하게 치료적 노력이 파괴될 수 있다. 따라서 주거적인 치료적 공동체에서는 통제할 수 없는 약물 사용을 중단시키고, 회복 과정을 촉진시키기 위해 단약을 장기간 동안 안정적으로 유지시킬 필요가 있다.

(3) 사회적 기능과 대인관계적 기능

사회적 · 대인관계적 기능은 책임 있는 방식으로 기능할 수 있는 현재의 능력을 말한다. 그에 대한 일부 지표에는 약물에 의한 생활 방식의 관련 정도(친구, 장소, 행동)

와 직장이나 학교 생활을 유지하거나 사회적 관계와 책임감을 유지할 수 있는 능력의 장애(부모, 배우자, 자손, 친구들) 등도 포함된다.

부적절한 사회적 · 대인관계적 기능은 약물 사용의 결과일 뿐 아니라 종종 미성숙성이나 장애가 된 발달력의 일반적인 특징으로 나타난다. 따라서 치료적 공동체와 같은 환경에서는 개인의 광범위한 사회화 또는 재활(habilitation)이 필요하다.

(4) 반사회성

반사회성(antisocial involvement)은 개인의 약물 사용이 반사회적 생활 방식에 포함되는 정도를 말한다. 일부 지표에는 불법 행동의 형태와 빈도의 측면에서 과거의 범죄력이나 구속의 빈도 및 기간, 치료에 대한 법적 압력의 존재, 청소년기의 사법 당국과의 접촉이나 조기의 학교문제를 포함하는 반사회적 행동의 장기적인 경향에 대한 평가 등이 포함된다.

치료적 공동체의 관점에서 반사회적이라는 용어는 또한 약물 사용과 상호 연관성이 매우 높은 인격임을 암시한다. 여기에는 착취, 학대와 폭력 등의 행동, 이탈된 태도, 사회적 가치의 거부나 부재 등이 포함된다. 이러한 성격의 변화에는 치료적 공동체 환경 내에서의 집중적인 재사회화적 접근이 필요하다.

(5) 치료적 공동체에 대한 적합성

치료적 공동체에 입원하기를 원하는 사람 중 다수가 일반적인 치료에 대한 준비가 되어 있지 않거나 장기간의 거주치료에서 요구하는 것에 적합하지 않을 수 있다. 입원 시 이러한 요인에 대한 평가는 치료적 공동체에서의 치료 계획이나 때로는 적절한 의뢰의 근거를 제공한다. 치료적 공동체 치료에 대한 동기, 준비 정도(readiness), 적합성 등과 같은 일부 지표는 약물문제의 심각성에 대한 수용을 의미한다. 치료의 필요성에 대한 수용('혼자서는 할 수 없다'), 치료 기간 동안에 가족, 친구, 최근의 생활 방식과의 단절에 대한 의지, 개인적인 생활을 포기하고 구조화된 공동체의 기대를 수용하겠다는 의지, 동기, 준비 정도 그리고 적합성과 같은 요인이 치료적 공동체 입원을 위한 필수 조건은 아니지만, 이러한 요인들의 중요성은 치료에 참여한 이후에 밝혀지고, 그것이 확인되고 강조되지 않으면 조기에 탈락하기 쉽다.

4. 치료적 공동체의 실제

치료적 공동체는 재활적인 변화(rehabilitative change)를 촉진시키기 위한 다양한 구성요소와 사회적 활동을 이용한다. 이러한 것들은 치료적 공동체의 구조나 사회적 구성(social organization)이라는 용어로 표현될 수 있고, 그 과정은 공동체적 생활 내에서 개인이 변화의 각 단계를 통과하는 것이다.

1) 치료적 공동체의 구조

치료적 공동체의 구조(structure)는 상대적으로 소수의 치료진과 주거 환경 내에서 공동체 혹은 가족을 이루는 거주 동료들과 계층화된 1단계, 2단계, 3단계로 이루어진다. 이러한 동료-공동체의 구조는 안정되고 체계화된 조직 내의 타인에 대한 동일시를 강화한다. 좀 더 중요한 것은 이러한 구조가 프로그램 내의 여러 단계에서 타인에 대한 책임감 있는 상호관계를 만들어 준다는 것이다.

공동체에서 매일의 활동은 거주자의 과제이고, 치료진의 지도하에 공동으로 수행된다. 주거 환경 내의 업무 분담의 폭넓은 범위는 자조 과정의 정도를 보여 준다. 이러한 것에는 모든 시설 내에서의 봉사(house service, 즉 요리, 청소, 부엌 관리, 사소한 수리) 수행, 전 부서에서의 활동, 병실 가족 모임(house meeting)의 수행, 특정한 세미나 혹은 동료 간의 소집단 모임 등이 포함된다.

치료적 공동체는 환자의 상태를 감시하고 평가하며, 주거 내 집단을 지도하고, 주거 내의 업무 기능을 배정 및 지도하며, 주거의 활동을 감시하는 치료진에 의해 운영된다. 임상적으로 치료진은 치료적 집단(동료 간의 소집단이 아닌)의 활동을 운영하고, 개인상담을 제공하고, 사회적 계획과 레크리에이션의 계획을 구성하고, 중요한 타인과 의논을 한다. 그들은 주거 상태, 규칙, 이동, 퇴원, 휴가 그리고 치료 계획 등의 내용을 결정한다.

새로운 환자는 상향식 이동의 환경으로 들어온다. 주거 내 업무 기능은 상하관계에서 선임순위, 임상적 진행, 생산성에 따라 배정된다. 업무 분담은 가장 궂은 일(예를 들면, 바닥을 닦는 일)부터 시작하고 협조와 운영의 수준에 따라 위로 올라간다. 사실상 환자는 환자로서 들어와서 치료자가 되어 나갈 수 있다. 치료적 공동체의 이러한 사회적 구조는 재활 과정의 기본적인 측면을 반영한다. 곧 작업은 교육과 치료이자 상호 자조이며, 동료는 역할모델, 치료진은 합리적인 권위상인 것이다.

(1) 교육과 치료로서의 작업

치료적 공동체에서의 작업은 필수적인 교육적 · 치료적 효과를 매개한다. 작업과 업무의 변화는 치료적 공동체에서 물질 남용 환자에 대한 임상적 연관성을 가지는데, 그들 대부분은 외부의 사회적 · 직업적 영역에서 성공적으로 협상하지 못했던 사람들이다. 수직적 업무 이동(vertical job movement)은 상태와 권익체계(privilege)의 분명한 보상을 수여하는 것이다. 그러나 수평적 업무 변화(lateral job change)는 좀 더 자주 이루어지므로 공동체의 모든 측면을 경험하게 된다. 전형적으로 거주자들은 새로운 기술을 습득하고 조직과의 교섭을 할 수 있게 해 주는 여러 차례의 수평적 업무 변화를 경험하게 된다. 이와 같은 참여 기회의 증가는 또한 그들의 소속감을 높이고 공동체의 참여를 강화시킨다.

치료적 공동체에서의 업무 변화는 행동과 태도의 변화에 대한 방법과 자극을 제공하는 매우 효과적인 치료 도구다. 치료적 공동체의 수직관계 구조(vertical structure)에서의 승진(ascendancy)은 공동체가 가르치고 기대하는 것에 환자가 얼마나 잘 적응해 가는지를 말해 준다. 따라서 업무를 향상시키는 것은 거주자의 발전과 성장에 확실한 방법이다.

반대로 수평적 혹은 하향적 업무 이동은 개인적 성장을 보여 주도록 요구하는 상황을 만들어 준다. 거주자는 임상적인 이유로 한 가지 업무에서 제외되어 다른 분야로 수평적으로 이동되거나 또는 더 낮은 위치로 떨어질 수 있다. 이러한 이동은 공정하지 못하거나 인위적인 것으로 보일 수 있는 반전과 변화에 대해 대응하는 새로운 방법을 가르치도록 고안되었다.

(2) 상호 자조

치료적 공동체의 핵심적 역동은 상호 자조다. 치료적 공동체에서의 매일매일의 활동은 거주자 자신에 의해 수행된다. 거주자들은 그들의 업무, 집단, 회의, 오락 그리고 개인적 · 사회적 시간에서 서로 지속적으로 공동체의 주된 메시지와 기대를 주고받는다.

(3) 역할모델로서의 동료

역할모델로서의 동료와 합리적인 권위상으로서의 치료진은 회복 과정의 일차적인 매개자다. 사실상 사회적 학습의 측면에서 공동체의 강도(strength)는 역할모델의 양과 질에 달려 있다. 공동체의 모든 구성원, 즉 룸메이트, 연장자와 연소자, 하급자, 상급자, 그리고 지도하는 치료진은 역할모델이 될 것이 요구된다. 치료적 공동체는 공동체의 견고함을 유지하고 사회적 학습 효과의 파급을 보장하기 위해 다양한 역할모델을 요구한다. 이때 기대되는 행동과 공동체의 가치관 및 교훈을 보여 주는 구성원을 바람직한 역할모델로 본다. 이것은 두 가지의 주된 양상으로 나타난다.

- **'~인 것처럼 행동하는' 역할모델**(role model 'act as if'): 그들은 자신이 지금까지 되어왔던 사람으로서가 아니고 그들이 되어야 할 사람처럼 행동한다. 저항, 인식, 혹은 반대되는 느낌에도 불구하고 그들은 기대되는 행동을 취하고 공동체의 태도와 가치관을 일관되게 유지한다. 여기에는 자기동기화(self-motivation), 일과 노력의 경주, 권위상으로서의 치료진에 대한 긍정적인 존경, 그리고 미래에 대한 낙관적인 시각이 포함되는데, 치료적 공동체의 관점에서 '~인 것처럼 행동하는' 것은 단순히 편안함 속에서의 훈련이 아니고 완전한 심리적 변화에 대한 필수적인 기전이다. 느낌(feeling), 통찰(insight) 그리고 변화된 자기인식은 대개 행동의 변화에 선행하지 않고 행동의 변화로 이어진다.
- **책임 있는 관심을 보여 주는 역할모델**(role models display responsible concern): 이러

한 개념은 '나는 나의 형제/자매의 보호자다.'라는 생각과 매우 유사하다. 책임 있는 관심을 보여 주는 것은 어떤 사람의 행동이 치료적 공동체의 규칙, 공동체의 정신, 성장과 재활에 부합되는 지식에 따르지 못하는 타인을 직면시키려는 의지와 관계된다. 역할모델은 동료의 외모, 태도, 기분 그리고 성취에 대한 인식이 절대적이어야 하고, 이러한 것들에서의 부정적인 징후를 직면해야 한다. 특히 역할모델은 공동체 전체에서 그들 자신의 행동에 대한 인식이고, 그 과정은 개인적 성장을 요구한다.

(4) 합리적인 권위상으로서의 치료진

치료진은 앞서 기술된 운영상의 역할과 임상적 기능, 환자들과의 관계에서 역할모델, 부모의 대리인, 합리적인 권위상으로서 심리학적 관계를 통해 스스로의 학습 과정을 촉진시킨다. 치료적 공동체의 환자들은 대개 권위상에 대하여 신뢰할 만한 사람 혹은 안내자나 교육자로 인식하지 못하는 문제를 가지고 있어 왔던 사람들이다. 따라서 그들은 자신(개인적인 자율성)에 대한 권위를 가지기 위해 신뢰할 수 있고(회복된), 지지적이며, 자신을 지도해 주고, 보호해 주는 사람으로 보이는 권위상과의 성공적인 경험을 가질 필요가 있다. 합리적인 권위상으로서의 역할을 수행할 때 치료진은 자신의 결정에 대한 합리성(reasons)과 그 결과에 관해서 의미(meaning)를 설명하여야 한다. 그들은 자신의 권한으로 벌하고(punish), 조종하며(control), 이용하기(exploit)보다는 교육과 지도, 격려와 교정에 힘써야 한다.

2) 치료적 공동체의 과정: 기본적인 프로그램의 구성요소

회복 과정은 치료적 중재와 환자의 변화 사이의 상호작용(interaction)으로 정의된다. 그러나 다른 치료적 접근과는 달리 치료적 공동체의 치료적 중재는 공동체 환경(community milieu)인데, 그것은 매일매일의 구조적 · 비구조적 치료 활동과 공식적 · 비공식적 사회에서 발생하는 사회적 관계로 구성된다.

치료적 공동체의 전형적인 일과는 오전 7시에 시작되어 오후 11시에 끝난다. 여기에는 여러 가지 회의, 업무 기능(작업치료), 상호 지지집단과 기타 치료집단, 개별상담, 그리고 오락 등이 포함된다. 이러한 활동들의 상호작용은 환자의 변화에 기여하고, 다음의 주요 구성요소로 구분된다.

(1) 치료적-교육적 요소(therapeutic-educative element)

치료적-교육적 활동은 여러 가지 집단 과정과 개별상담으로 이루어진다. 치료진은 감정 표현에 대한 환경, 부정적인 행동화(negative acting-out)에 대한 관심의 전환, 감정(feeling)의 환기(ventilation)의 허용, 그리고 개인적 · 사회적 문제의 해결 등을 제공한다. 치료진은 의사소통과 대인관계 기술, 행동과 태도에 대한 검증과 직면을 증가시키고, 행동 양상의 변화에 대한 교훈을 제공한다.

치료적 공동체에서의 집단 활동에는 네 가지의 주된 형태가 있다. 참만남, 탐색, 마라톤, 개별 지도가 그것이다. 이러한 것들은 형태, 목적, 방법에서 약간씩의 차이는 있지만 모두 치료적 변화를 촉진하기 위한 신뢰, 개인적 노출, 친밀감 그리고 동료 간의 결속을 강화한다. 참만남(encounter)의 초점은 행동적이다. 이것은 직면(confrontation)에 접근하고, 이것의 목적은 부정적인 행동과 태도를 직접적으로 변화시키는 것이다. 탐색(probes)과 마라톤은 의미 있는 정서적 변화와 심리적 통찰을 일차적인 목적으로 한다. 개별 지도(tutorial)는 개념적 학습과 세부적 기술(skill)을 강조한다.

- 참만남은 치료적 공동체 집단 과정의 핵심이다. 참만남이라는 용어는 일반적인 것이고, 주된 접근으로 직면적인 과정(confrontational procedure)을 이용하는 다양한 형태를 기술한다. 기본적인 참만남 집단은 12~20명의 거주자로 구성되는 동료 주도의 집단이다. 이 모임은 최소 주 3회는 만나고, 대개 저녁에 2시간 정도 진행되며, 30분 정도의 다과와 사회화(socialization)가 이어진다. 비록 때때로 강렬하고 치료에 집중되기도 하지만, 상호 지지의 기본적인 목적은 온건하고(modest) 제한적인 것으로, 변화되어야 하는 특정한 태도나 행동 양상에 대한 개인적인 인식에 기반한다.

• 탐색은 10~15명의 거주자로 구성되며 치료진이 주도하는 모임이고, 주거 초기(2~6개월)의 환자에게 깊이 있는 임상적 정보의 제공을 수행한다. 필요시 일정을 정하며, 대개 4~8시간까지 지속된다. 주된 목적은 치료 계획의 목적에 따르는 개인적인 배경에 대해서 치료진의 이해를 높이고, 개방성, 신뢰 그리고 상호 간의 동일시를 증가시키는 것이다. 직면을 강조하는 참만남과는 달리 탐색에서는 다른 집단 구성원에 대한 지지(support), 이해, 공감(empathy)을 강조한다. 탐색은 참만남의 주제인 지금-여기(here-and-now)에서의 행동적인 사건보다 훨씬 먼 과거의 사건이나 경험까지 다루어진다.

• 마라톤은 확대된 집단 모임으로, 목적은 개인의 발달상의 문제가 포함되어 있는 인생 경험에 대한 분석의 시작이다. 18개월의 주거 기간 동안에 모든 환자는 여러 차례의 마라톤에 참여한다. 이 집단은 모든 치료진에 의해 수행되고, 마라톤의 경험이 있는 상급 환자보조수(shephard)가 보조한다. 마라톤은 대개 대규모의 선택된 환자로 구성되고, 참여자들은 18~36시간 동안 서로 만나게 된다. 안전하고 효과적인 마라톤을 위해서는 개인적이거나 전문적인 면에서 상당한 경험이 요구된다.

마라톤의 일반적인 접근은 고통스럽지만 의미 있는 경험에 대한 방어와 저항을 없애는 것이다. 환경 내에서의 친밀감, 안전성, 유대관계가 의미 있는 인생사에 대한 감정적인 조율(훈습)을 촉진하고, 개인에게 있어 과거에 자신의 인생을 변화시킨 특정한 문제의 중요성에 대해 계속해서 강조하도록 격려한다. 이러한 문제들은 상담(counseling)집단, 탐색(probes)집단, 또는 다른 집단에서 동일시되며, 폭력, 성적 학대, 유기(abandonment), 질병, 중요한 사람의 사망 등과 같은 혼란스러운 사건이 포함된다. 효과를 나타내기 위해서 심리극, 원시치료, 순수 연극 등의 요인을 포함하는 여러 가지 기법이 이용된다.

• 개별 지도는 행동의 교정이나 정서적인 정화(catharsis), 심리적 통찰을 촉진하는 것과는 달리 훈련이나 교육적인 방향으로 이루어진다. 10~20명의 환자로 구성되며, 대개 치료진이 주도하는 개별 지도 집단은 필요에 따라 이루어지고, 교육의 목적에 따라 특정한 주제를 강조하는데 다음과 같은 것이 포함된다. 개인적 성장, 회복, 올바른 삶의 개념(예를 들어, 자신감, 성숙성, 대인관계), 업무 기술 훈련(예를 들

어, 부서나 회식의 운영), 임상 기술 훈련(예를 들어, 상호 격려 기법의 사용) 등이다.

- 특별집단(ad hoc group)은 네 가지 주요 집단에 대한 보조적인 집단으로, 필요한 경우에 소집된다. 이것은 초점이나 형식, 구성이 다양하다. 예를 들어, 성별, 인종별 혹은 특정 연령 집단은 참만남 혹은 개별 지도의 형식을 취할 수 있다. 숙소별, 방별, 혹은 부서별 집단은 일상적인 공동체 생활의 문제를 강조할 수 있다. 더불어 감수성 훈련, 심리극 그리고 전통적인 게슈탈트 집단이나 정서 집단이 다양한 정도로 이용된다.
- 일대일 상담(one-to-one counseling)은 공동체의 요구와 개인의 요구 사이를 조정(balance)한다. 동료 교체(peer exchange)는 지속되는데, 그것은 치료적 공동체에서 가장 일관된 형태의 비공식적인 상담이다. 치료진 상담은 공식적 혹은 비공식적으로 대개 필요한 경우에 이루어진다. 치료적 공동체에서 치료진 상담 방법은 전통적인 것이 아니고, 다음과 같은 주된 특징이 그것을 말해 준다. 인간 간 공유(transpersonal sharing), 직접적인 지지, 최소한의 해석, 교훈적인 지시(didactic instruction), 관심 있는 직면(concerned confrontation)이 그것이다.

(2) 공동체 강화 요소(community enhancement element)

공동체에 대한 융화(assimilation)를 촉진하는 공동체 강화 활동에는 공동체 내의 네 가지 주요 모임이 포함되는데, 이는 아침 모임, 세미나, 병실 가족 모임(house meeting), 마무리 모임이며, 필요한 경우에는 전체 모임이 소집된다.

아침 모임은 긍정적인 태도, 동기 고취, 결속 강화를 위해 30분 정도의 약속으로 대개 아침 식사 후에 이루어지며, 공동체 내의 모든 환자와 치료진이 참여한다. 각 거주자 팀은 아침 모임을 교훈 낭독, 노래, 독서, 촌극 등과 같은 예정된 프로그램으로 수행한다. 대부분의 거주자는 일상의 기본적인 생활에 적응되어 있지 않기 때문에 아침 모임은 특별히 유용하다.

세미나는 매일 오후에 대개 한 시간 정도 진행된다. 세미나에는 평일에는 적어도 하루에 한 번은 모든 거주자가 참여한다. 오후의 세미나는 아침 모임과 마무리 모임을 보완하기 때문에 전체 공동체에 대한 치료진의 관찰이 규칙적이 된다. 세미나의 임상적인 목적은 개인의 정서적 경험과 인지적 경험의 균형을 유지하는 것이다. 때로 치료진이나 외부 강사에 의해 진행될 수도 있지만 대부분의 세미나는 환자에 의해 주도된다. 듣기, 말하기, 개념화된 행동에 대한 강조의 측면에서 치료적 공동체에서의 여러 가지 모임이나 집단 과정 중의 세미나는 독특하다.

병실 가족 모임은 대개 저녁 식사 후에 한 시간 정도 상급자 거주자에 의해 주최된다. 임상적인 목적이 있다고 할지라도 이 모임의 주요 목적은 공동체의 임무를 교류하는 것이다. 이 모임에서는 특정 개인이나 소집단의 부정적이거나 긍정적인 행동에 대해 알게 됨으로써 개인적인 변화를 촉진하는 사회적 압력을 현명하게 이용한다.

전체 모임은 필요한 경우에만 소집되고, 대개 시설 내에서의 부정적인 행동, 태도, 사건을 강조한다. 모든 환자와 치료진(비번 근무자 포함)이 언제든지 그리고 제한 시간을 정하지 않고 만난다. 여러 치료진에 의해 이루어지는 전체 모임은 개인의 문제나 상태를 확인하고, 동기를 재확인하며, 공동체 내에서의 긍정적인 행동이나 태도를 재강화하기 위해 고안되었다. 전체 모임에서는 여러 가지 기법(죄책감을 줄이기 위한 특별한 만남, 치료진의 강연이나 증언, 개인이나 집단에 대한 제재의 면제)이 사용될 수 있다.

3) 공동체적 요소와 임상적 운영의 요소

공동체적 활동과 임상적 운영 활동은 환경의 신체적 · 심리적 안전성을 유지하고, 환자의 평범하고 생산적인 생활을 보장한다. 그것은 전체적으로 공동체를 보호하고, 사회적 학습의 측면에서 공동체를 강화한다. 주된 활동으로는 권익체계, 규칙과 규제, 감독, 소변검사 등이 있다.

치료적 공동체에서 권익체계는 성취의 가치를 재강화시키는 뚜렷한 보상이다. 권익체계는 프로그램에서 전체적인 임상적 경과와 일치한다. 부적절한 행동이나 태도는 권익체계에서의 상실을 초래하고, 분명한 호전에 의해 다시 획득된다.

권익체계의 형태는 치료의 각 단계에서 성취된 개인적인 자율성의 정도와 관계가 있다. 이것은 치료 초기의 편지나 전화에서부터 치료 후기의 하룻밤의 휴가까지 포함된다. 각 단계에서의 성공적인 상승은 더 넓은 개인적인 위상과 높아진 책임감을 부여하는 권익체계를 획득하게 한다.

권익체계 획득은 많은 시간, 에너지, 자기변화, 실패의 위험 그리고 실망을 통해서 이루어지기 때문에 중요하다. 따라서 획득 과정은 권익체계의 가치를 확립하고, 권익체계에 사회적 재강화의 잠재력을 부여한다. 치료적 공동체에서의 권익체계는 아주 통상적인 것이지만 환자의 중요성을 높이는 데 있어 사회적 · 심리학적으로 적절하다.

권익체계는 치료적 공동체의 수직적 사회체계 상태에 해당되는 것이기 때문에 낮은 자존심을 높이기 위해 애쓰는 개인에게는 특히 고통스러운 퇴보 상태다. 더군다나 물질 남용 환자는 종종 권익체계와 자격(entitlement)을 구분하지 못하기 때문에, 치료적 공동체에서의 권익체계가 가족이나 공동체에서 생산적인 참여나 소속감 획득 과정의 기본임을 교육해야 한다.

마지막으로 권익체계는 획득 과정에서 분명한 피드백을 제공한다. 그것은 개인적인 변화에 상응하는 분명한 보상이다. 권익체계의 이러한 확고한 특징으로 수행 실패나 중도 탈락의 병력이 있는 환자에게 특히 적합하다.

(1) 규칙과 제재

치료적 공동체에는 환자의 행동과 치료 기구(facility)의 운영의 지침이 되는 고유의 규칙(discipline)과 제재(sanctions)가 있다. 이러한 것들의 외적인 목적은 공동체의 안전과 건강을 보장하는 것이다. 그러나 이면의 목적은 그러한 규칙의 사용으로 환자들을 훈련시키고 교육하는 것이다.

치료적 공동체에서 사회적 · 신체적 안전성은 심리적인 신뢰의 전제조건이다. 따라서 제재는 치료 환경의 안전을 위협하는 모든 행동으로부터 보호하기 위한 것이다. 예를 들어, 치료적 공동체의 핵심적인 규칙(폭력이나 그러한 위협을 금지하는 것과 같은)을 파괴하는 것은 즉시 축출(expulsion)되어야 한다. 허가되지 않은 책을 빌리는 것과 같은 사소한 위반도 강조되어야 할 위협이다.

특정한 제재 행동이나 '계약'의 선택은 위반 행동의 심각도, 프로그램의 시기, 그리고 위반 행동의 전과에 따라 결정된다. 예를 들어, 구두 경고(verbal reprimand), 권익체계상의 권리 상실, 함구령(speaking ban) 등은 덜 심각한 위반에 선택될 수 있다. 축출은 제멋대로 행동하거나 타인에 대한 위험한 행동을 하는 경우에 적절하다.

종종 처벌적인 것으로 받아들일 수 있지만 그러한 약속의 근본적인 목적은 환자들이 자신들의 품행에 주의하고, 치료에 대한 동기를 드러내며, 자신의 행동에 대한 어떤 결과를 느끼고, 같은 상황하에서 행동 이외의 다른 방법을 고려하도록 함으로써 학습적인 경험을 제공하는 것이다.

규칙에는 또한 중요한 공동체의 기능이 있는데, 모든 치료시설이 규제 행동을 인식하게 하는 것이다. 따라서 규칙은 위반을 포기하게 만든다. 그것은 다른 사람에게도 대리 학습 경험을 제공한다. 또한, 안전성과 확고함의 상징으로 규칙은 공동체의 결속(cohesiveness)을 강화한다.

(2) 감독(surveillance): 병실 점검

치료적 공동체에서 주거 생활 공동체의 전반적인 물리적 · 심리적 상태를 평가하는 가장 합리적인 방법은 병실 점검(house run)이다. 치료진과 상급 환자는 하루에 수 차례씩 전체 시설을 순회하면서 처음부터 끝까지(from top to bottom) 전반적인 상태를 검사한다. 이러한 단일 과정은 운영상의 목표일 뿐만 아니라 임상적인 관계가 있다. 병실 점검은 치료시설에 대한 '대략적인' 인상을 제공한다. 청결성, 일상생활 계획, 안전을 위한 장치, 기강(morale), 심리적 상태(psychological tone)가 그것이다. 또한 이는 개별 환자와 동료 집단의 심리적 · 사회적 기능을 조명한다. 병실 점검은 자기관리 기술, 자신과 프로그램에 대한 태도, 기분과 정서 상태, 환자(와 치료진) 자신과 물리적 · 사회적 환경에 대한 일반적인 인식의 수준 등에 대하여 관찰할 수 있는 물리적인 척도를 제공한다.

병실 통제나 기대로부터의 이탈 행동은 위반에 따라 다양할 수 있지만 치료적 공동체의 운영상의 목표와 임상적인 목표에 부합된다. 예를 들어, 문제를 차후의 상호지지집단이나 병실 가족 모임으로 연기할 수도 있고, 즉시 지시하고 경고할 수도 있으며, 룸메이트나 층별 인원(floor mates), 혹은 개별 환자에게 금지령을 내릴 수도 있다. 다만, 축출은 안전성, 건강, 핵심적인 규칙을 심각하게 위반한 경우에만 적용할 수 있다.

(3) 소변검사

대부분의 치료적 공동체에서는 예고 없이 무작위로 소변검사를 하거나, 사건에 따라 소변검사 과정을 시행한다. 약물 사용을 부정하거나 소변검사를 거부하는 것은 바람직하지 못한 행동을 개방하는 것과 비슷할 만큼 치료진이나 동료를 믿어야 하는 치료적 공동체의 기본적 기대를 수용하지 못하는 것을 의미한다. 자의 입원(voluntary admission)은 학습 경험의 시작인데, 여기에는 위반을 야기하는 상태에 대한 탐색(exploration)이 포함된다. 소변검사를 시행하기 전이든 시행한 후든 실질적인 약물 사용을 부정하는 것은 학습 과정을 차단할 수 있고, 이는 치료의 종결이나 탈락을 야기한다.

치료적 공동체에서의 무작위 소변검사 과정은 대개 예고 없이 주 단위로 시행되는데, 기본적으로 시행하거나 또는 대상자가 의심스러울 경우에 시행한다. 좀 더 일반적인 방법은 어떤 사건이 있는 경우나 관찰에 의해 실시하는 것이다. 따라서 치료시설에서 약물 사용에 대한 치료진의 의심이나 또는 더 많은 경우에는 환자가 휴가에서 돌아온 경우에 소변검사를 할 수 있다.

소변검사 결과가 양성일 경우에 취하는 행동은 사용된 약물, 프로그램의 시기와 상태, 약물이나 다른 위반에 대한 이전의 경력, 약물 사용 장소나 상황 등에 따른다. 취할 수 있는 행동으로는 축출, 시간 박탈, 전격적인 업무 박탈, 일정 기간 동안 권익체계의 상실 등이 있다. 약물사용의 '유발인자'나 이유에 대한 고찰 역시 필수적이다.

(4) 변화의 과정

치료적 공동체에서의 재활과 회복은 사회적인 학습 환경에서 일어나는 발달 과정(developmental process)이다. 가치관, 품행, 정서 그리고 인지적 이해(insight)가 새로운 삶의 방식에 대한 목표와 긍정적인 개인적-사회적 정체성 내로 통합되어야 한다. 변화 과정의 목표에 대한 성취는 공동체에 대한 개인의 관계와 공동체의 교육에 대한 수용을 반영한다. 이러한 관계는 적합도, 수행도, 순응도 등으로 특징지을 수 있다.

- 적합도(conformity): 일차적으로 공동체와의 유대(affiliation), 대인관계 또는 단순히 동료나 치료진에 대한 수용 등을 유지하기 위해서 기대나 규범에 따르는 것을 말한다.
- 수행도(commitment): 치료적 공동체에서의 치료적 · 교육적 가르침에 대한 내재화(internalization)를 반영하는 변화의 과정을 유지하기 위해서 개인적 결심에 따르는 것을 말한다.
- 순응도(compliance): 규칙에 따른 제재나, 거리로 축출되거나, 교도소나 가정으로 돌아가는 것과 같은 프로그램에서의 부정적인 결과를 피하기 위해 공동체의 규범이나 기대에 따르는 것을 말한다.

개인의 행동 양상이 적합도, 수행도, 순응도와 같은 것으로 보일 수 있지만, 그러한 양상에 영향을 미치는 요인은 상당히 다르다. 만일 수행도나 내재화가 획득되지 않는다면 회복은 불완전하고, 조기 탈락, 재발 혹은 재범의 가능성이 높아진다.

4) 프로그램의 단계

발달의 과정 자체는 점진적인 학습 과정을 통과하는 것으로 이해될 수 있다. 각 단계에서 이루어지는 학습은 다음 단계의 변화를 촉진시키고, 각각의 변화는 회복 목표를 향한 이동을 반영한다. 추가적인 전 단계(substage) 혹은 시기(phase)가 포함되지만 장기간의 치료적 공동체에서의 변화를 특징짓는 세 개의 주요 프로그램 단계가 있다. 오리엔테이션 단계, 일차적 치료 단계 그리고 재참여 단계다. 다음에는 각 단계의 전형적인 척도를 간단하게 요약하였다.

(1) 1단계: 오리엔테이션 단계(0~60일)

첫 단계의 주된 목적은 추가적인 평가와 치료적 공동체에 대한 오리엔테이션이다. 입원평가에서 언제나 환자의 특징을 얻을 수 있는 것은 아닌데, 초기 탈락률이 높다는 것이 그 증거다. 따라서 환자에 대한 임상적인 평가는 특정 치료에 필요하기 때문에, 그리고 장기간의 치료적 공동체 거주치료에 대한 적합성을 명확히 하기 위해서 처음 2개월 이상 지속되어야 한다.

오리엔테이션 단계의 목적은 환자를 치료적 공동체의 모든 활동에 완전히 참가(participation) 및 참여(involvement)시켜서 개인을 공동체 내로 융화(assimilate)시키는 것이다. 환자가 주거 환경 내에 장기간 머무는 것에 대해 가장 양가적일 동안에 빠르게 융화시키는 것이 절대적으로 중요하다. 따라서 새로운 환자는 공동체 내의 일상적인 프로그램에 즉시 참여되어야 하는데, 거기서는 공동체 내에서의 역할에 대한 유발을 강조한다.

공식적인 세미나와 비공식적인 동료 소개는 불안과 불확실성을 감소시키는 데 초점을 맞추며, 그것은 다음을 통해 이루어진다. 핵심적인 규칙(약물 사용의 금지, 폭력이나 물리적 폭력의 위협 금지)에 대한 정보 제공과 소개, 주거의 규칙(태만, 절도, 차용이나 대출의 금지, 예의를 지키는 것)이나 기대되는 품행(언어나 의복, 시간 엄수, 출석 등), 프로그램의 핵심 사항(구조의 형태, 업무 기능, 권익체계, 각 단계의 과정, 철학과 관점), 치료적 공동체의 기구(지지집단이나 다른 집단들)가 그것이다. 프로그램에서 요구하는 것이나 직면의 관점에서 개인적인 두려움이 높아지는 것을 피하기 위하여 이 단계에서 치료의 전체적인 강도는 중간 정도다. 집단 과정은 치료 방법에 참여시키고, 수용을 촉진시키고, 집단 자체를 이용하는 데 있어 환자를 훈련시키기 위해 고안되었다.

첫 단계의 성공적인 통과는 주로 참여지속성(retention)에서 나타난다. 환자가 30~60일 동안 남아 있었다는 사실은 오리엔테이션 단계의 목적에 부합하는 프로그램의 규칙을 충분히 신뢰하고, 조기 탈락의 취약성이 가장 높은 기간을 통과했다는 것을 말한다. 이 기간의 말기에는 환자가 치료적 공동체의 구조를 알고 순응도를 유지하는 역할을 수행하리라고 예상한다.

(2) 2단계: 일차적 치료(2~12개월)

일차적 치료는 프로그램에서의 시간과 대략 일치하는 3단계로 구성된다(2~4개월, 5~8개월, 9~12개월). 이들 단계는 더 높은 단계로의 변화에 대한 욕구의 신호가 되는 안정된 행동의 유지(plateaus of stable behavior)로 구분된다. 회의, 집단, 업무상 기능, 동료와 치료진의 상담이라는 매일의 치료적-교육적 방법은 일차적 치료 기간 동안에 동일하게 유지된다. 그러나 발전은 각 단계의 끝에서 상호 관련된 변화의 세 가지 측면에서 나타난다. 공동체 구성원으로서의 발전(community member development), 성숙성(maturity), 그리고 전반적인 심리적 적응(overall psychological adjustment)이 그것이다.

- 4개월 거주: 4개월 거주자는 치료적 공동체에서의 초보단계(junior)로, 제한된 자유와 낮은 수준의 업무를 맡는다. 이 단계에서는 치료적 공동체 접근에서 일반적인 인식을 보여 준다. 그들은 모든 관점(perspective)과 치료 방법(regime)을 완전히 수용하는 것이 아니고 이해할 수 있는 것처럼 행동(act as if)하며, 프로그램에 순응하면서 모든 활동에 전적으로 참여한다. 그들은 기본적으로 기대되는 행동(아침에 기상하여, 침대를 정리하고, 청소를 하고, 모든 모임에 참여하는 것 등)을 수행한다. 그들은 핵심적이고 일상적인 규칙과 약속된 규율에 적응한다.

  발달적인 면에서 4개월 거주자들은 약물 사용의 심각성을 수용하고 그들의 기타 생활의 문제와 개인적 성장에서의 주제를 인식한다는 것을 보여 준다. 그들은 이전의 생활 방식(약물집단이나 거리 문화의 언어와 태도)으로부터 어느 정도 멀어졌다는 것을 보여 준다. 심리적인 면에서 4개월 거주자들은 입원 당시에 일반적으로 가지고 있었던 불쾌감(dysphoria)의 가시적인 감소를 보여 준다. 비록 의사소통과 집단에서의 기술(skill)을 완전히 습득하지는 못했지만 집단에의 참여율이 높아진다. 그들은 집단 면담과 일대일 면담에서 제한적으로 개인적인 노출을 하게 된다.
- 8개월 거주: 8개월 거주자는 '표본'이 된다. 사회 구조 내에서 그들의 호전된 상태는 권익체계와 업무 기능에서 나타난다. 그들은 단기간 동안 특정한 목적으로 지정된 장소로 이동할 때 감시자 없이 시설을 떠날 수 있는 권리를 포함해서 더 많은 개인적인 자유를 누린다. 그들은 업무 분담에서 지위가 상승하고 약간의 보수(주 5~10달러)를 받을 수 있는 특정한 지위에 오를 수 있다. 공동체에서의 그들의 참여도는 올바른 삶의 가치(정직과 책임, 역할모델의 중요성)를 수용한다는 것을 반영

하는 그들의 태도에서 나타난다.

발달의 관점에서 8개월 거주자의 개인적인 성장은 업무 변화에 대한 적응도, 합리적인 권위상으로서의 치료진에 대한 수용, 그리고 그들의 부정적인 사고와 감정을 참을 수 있는 능력 등에서 볼 수 있다. 8개월 거주자의 '~인 것처럼 행동하는(act as if)' 가치는 단순히 전술적인 순응도와 적합도가 아닌 개인적인 학습의 양상으로 변화한다. 이러한 특징은 회복에 대한 치료적 공동체의 관점을 어느 정도 내재화했다는 것을 나타내고, 변화의 과정에서 개인적인 수행도를 유지한다는 초기 신호다.

심리적으로 이들은 지난 8개월 동안의 발전을 통해 향상된 자존심(self-esteem)을 보여 준다. 이는 다음 단계에 대한 긍정적인 전망에서 가장 뚜렷하게 나타난다. 자기인식(self-awareness)은 그들의 특징적인 이미지에 대한 동일시에서 나타난다. 중요한 것은 비록 그들이 자신의 문제에 대한 '역동(dynamic)'이나 근원에 대해 특별한 이해나 통찰을 가지지는 못하지만 자신의 행동, 문제 그리고 화합에 대한 책임을 수용한다는 것이다. 8개월 거주자에게서는 개인적인 노출이 더 많아진다. 직면되었을 때, 이들은 방어가 줄어들고 정직한 정서적 표현이 나타난다. 그들은 집단 기술을 획득하고 있고, 참만남 집단에서 촉진자의 역할을 보조하도록 기대된다.

- 12개월 거주: 12개월 거주자는 프로그램에서 뚜렷한 역할모델이 된다. 권익체계에서는 개인적인 자율성의 정도가 높아졌다는 것이 반영된다. 그들은 좀 더 많은 사생활을 누리고 규칙적인 휴가를 얻을 수 있다. 비록 시설 밖에서 직업을 가질 수는 없지만 공동체 내에서 그들의 위치는 주거환경 안에서 자율적으로 움직일 수 있다는 것을 말해 준다. 예를 들어, 상급 구성원으로서 치료진의 지도하에 주거환경에서의 이동, 여행, 세미나 등을 관장한다. 마찬가지로 그들의 봉급도 상승한다. 그들은 관리 실습자, 특정 보조원, 혹은 초보 상담가로 수련 중인 치료진이 된다. 그들은 밤이나 주말 동안의 감시에서 치료진을 돕도록 기대된다. 그들은 직업적 · 교육적 프로그램에서 초보자들에게 학술적 · 교육적 요구에 대한 압력과 요구를 경험시킨다. 그들은 자신뿐만 아니라 공동체 내의 다른 사람들에 대한 책임도 수용한다. 발달적으로 12개월 거주자의 성숙도는 정서적인 자기관리와 높아진 자율

성에서 가장 뚜렷하게 확인할 수 있다. 업무 수행에 일관성이 있고, 목표 설정에서와 같이 자기평가가 현실적이 된다. 치료진과의 사회적 상호관계에서 좀 더 자율적이고 편안해지고, 오락과 휴가 중에 동료 간의 긍정적인 연계체계에서 사회화된다. 적합성에서의 향상은 새로운 환경에 적응하고 치료적 공동체 교육에서 타인을 교육하는 능력에서 명백하게 확인할 수 있다.

12개월 거주자들은 자신들의 약물문제와 인격에 대해 어느 정도의 통찰을 보인다. 이들은 또한 긍정적인 변화의 역설적 징후(paradoxical sign)를 보이기도 한다. 긍정적 발전에 대한 확신과 열망을 보이지만 그들의 장래에 대한 불확실성과 관련되어 어느 정도의 불안과 회의가 있다. 장래에 예상되는 문제에 대한 그들의 개방성은 긍정적인 심리학적 징후(positive psychological sign)로 고려된다. 1년 후 거주자들은 집단 과정에서 완전히 훈련된 참여자가 되고, 종종 촉진자의 역할을 한다. 높아진 개인적인 개방의 정도는 집단과 동료의 교체, 치료진 면담의 이용 빈도의 증가에서 나타난다.

(3) 3단계: 재참여(13~24개월)

재참여는 환자의 자율적인 의사결정 기술과 자기관리 능력이 강화된 단계인데, 합리적인 권위상이나 잘 조직화된 동료에게 덜 의지하게 된다. 재참여 과정에는 초기 재참여단계와 후기 재참여단계가 있다.

- **초기 재참여단계**(13~18개월): 환자가 시설에 거주하는 동안의 초기 재참여단계의 주된 목적은 공동체로부터의 건강한 이별을 준비하는 것이다. 환자가 충분한 자기관리 능력을 획득했다는 전제하에 합리적인 권위상의 지시는 줄어든다. 이것은 권익체계, 사회적응 계획, 인생 설계에 대한 좀 더 개인적인 의사결정에서 반영된다. 이 단계에서의 집단과정은 좀 더 소수의 지도자, 소수의 만남이 관여되고, 의사결정이 좀 더 많이 공유된다. 특별히 강조하는 것은 생활 기술 세미나에서 이루어지는데, 공동체 밖에서의 삶에 대한 교훈적인 훈련을 제공한다. 예산편성, 구직, 음주, 성문제, 자녀 양육, 여가 시간의 활용 등에 대한 시간에 참여하는 것이 의무적

이다.

이 단계 동안에 개인적인 계획이 환자, 핵심 치료진, 동료의 총체적인 과제가 된다. 이러한 계획들은 장기적인 심리적 · 교육적 · 직업적 노력에 대한 통합적인 청사진인데, 거기에는 목표 성취의 일정, 대인관계와 가족관계 개선의 방법, 사회적 · 성적 행동 등이 포함된다. 이 단계의 환자들은 학교에 다닐 수도 있고, 치료적 공동체 안이나 밖에서 전일 직업(full-time job)을 가질 수도 있다. 가능한 한 이때까지는 주거 내 활동에 참여하게 되고, 어느 정도 공동체 내의 책무(밤 동안 치료시설의 보호)를 수행한다.

- 후기 재참여단계(18~24개월): 이 단계의 목적은 치료시설과 성공적인 이별을 완수하는 것이다. 이 단계의 환자들은 '밖에서 생활하는' 상태로, 대개 밖에서 사는 동료들과 함께 전일 직업이나 교육을 받으며 그들의 가정 생활을 유지한다. 환자들은 AA나 NA와 같은 사후관리에 참여하거나 가족치료나 개인치료를 받는다. 이 시기에는 거주가 끝나는 것으로 보지만 프로그램 참여가 끝나는 것은 아니다. 프로그램과의 접촉은 초기에는 자주 이루어지고, 아주 점차적으로 줄여 일차적인 상담가와 매주 전화나 매월 방문이 이루어진다.

(4) 졸업

치료 완료는 적극적인 프로그램 참여의 종료로 이루어진다. 그러나 졸업(graduation) 자체는 치료 완료자들에게 이루어지는 연례행사이고, 대개 1년 이상의 거주자들에게 시행된다. 따라서 치료적 공동체의 경험은 완치(cure)라기보다는 준비(preparation)다. 프로그램의 참여는 일생 동안 지속되어야 할 변화의 과정을 촉진하고, 치료에서 학습된 것은 지속적인 변화를 안정적으로 진행하는 데 있어 지침이 되는 도구다. 따라서 치료 완료나 졸업은 끝이 아니고 시작이다.

(5) 사후관리

사후관리(aftercare)는 거주치료의 과정은 아니지만 지속적이고 아마도 평생 동안 계속되는 회복 과정의 기초가 된다. 최근까지 장기간의 치료적 공동체에서 사후관리는 공식적으로 프로그램 참여에 이어지는 일정한 활동으로 취급되지 않았다. 그럼에도 불구하고 치료적 공동체는 졸업 이후 단약과 긍정적인 생활 방식을 유지하려는 환자의 노력을 인정해 왔다. 대부분의 치료적 공동체에서 사후관리의 핵심적인 임상적 주제와 생활 적응의 문제는 2년 프로그램의 재참여단계에서 강조된다. 최근의 많은 치료적 공동체에서는 분명한 사후관리의 구성요소를 치료적 공동체 체계 안으로 포함시키거나 치료적 공동체 밖의 기관과 연계하여 제공한다.

자조집단

1. 자조집단

익명의 약물 중독자들(Narcotics Anonymous: NA)은 약물이 가장 큰 문제가 되는 사람들의 비영리 모임으로, 회복 중인 약물 중독자가 서로 정기적인 만남을 통해 약물을 하지 않고 깨끗한 상태를 유지하도록 돕는다.

NA는 1953년 6월 남부 캘리포니아의 첫 번째 모임을 시작으로 형성되었고, 2016년 기준 139여 개국에서 매주 67,000회가 넘는 모임이 진행되는 세계에서 가장 오래된 최대 규모의 국제단체 중 하나로 성장하였다. 이 모임의 구성원이 되기 위한 유일한 조건은 약물을 끊겠다는 열망으로 나이, 인종, 성별, 종파, 종교와 상관없이 누구나 모임에 참석할 수 있다. 이 프로그램은 생활에서 실천할 수 있는 간단한 원칙으로 이루어져 있으며, 이를 따를 때 회복될 수 있음을 강조한다.

NA에서 발행된 『익명의 약물 중독자』에서는 NA를 다음과 같이 설명하고 있다.

> "NA는 약물이 가장 큰 문제가 되는 사람들의 비영리적인 모임이다. 우리는 회복 중에 있는 약물 중독자로서 정기적으로 만나 서로가 약물을 하지 않고 깨끗한 상태를 유지하도록 도와준다. …… (중략) …… 당신이 얼마를 가지고 있든, 과거에 무엇을 했든, 누구와 어떤 관계에 있든 우리는 관심이 없다. 또한 무슨 약물을 얼마나 복용했는지에 대해서도 관심이 없다. 단지 우리의 관심은 당신이 회복하는 과정에서 무엇을 원하는지, 우리가 도울 수 있

는 것은 무엇인지에 대해서다(p. 10)."

NA는 익명의 프로그램으로, 참석자의 익명성은 철저하게 보안이 유지됨을 강조한다. 이들은 "우리는 당신이 무슨 약물을 얼마나 했는지, 누가 당신의 밀매상이었는지, 과거에 무슨 일을 저질렀는지, 가진 것이 얼마나 많은지 적은지가 아니라 당신이 자신의 문제에 대해 무엇을 하기를 원하는지, 그리고 우리가 어떻게 도울 수 있는지에만 관심이 있습니다."(익명의 약물 중독자들 한국 홈페이지, http://www.nakorea.org/bbs/page.php?hid=0106)라고 밝히고 있다.

2. NA의 12단계의 이해

12단계는 중독으로부터 개인적 회복을 꾀하는 NA프로그램의 핵심으로, 이론이 아닌 시행착오의 경험을 바탕으로 구성된 영적 프로그램이다.

이 프로그램을 통해 회복한 이들의 개인적 체험은 다음과 같은 개념을 바탕으로 하고 있다. '우리는 중독에 빠져 있으며, 우리 자신의 삶을 수습할 수 없었다는 것, 아마도 어떠한 인간적인 힘으로도 우리를 중독에서 구할 수 없었고, 우리가 신을 찾았다면 신은 우리를 고쳐 줄 수 있고 또 고쳐 주신다는 것'이다. 또한 중독으로부터 벗어나기 위한 해결책이 있는데, 이는 '자신을 진실로 뒤돌아보는 것, 자신의 결점을 고백하는 것, 자존심을 누르는 것'이다.

이 프로그램은 이성적인 분석과 판단이 아닌 믿고 따를 것인가 아닌가를 선택하여 자신이 직접 실천하는 것이다. 그러기에 어떠한 정해진 방법이나 기준에 따라 옳고 그른 방법이 존재하기보다는 각자 자신이 이해한 대로의 방식으로 진행하면 된다. 그러기에 먼저 12단계를 실천한 선배 경험자의 조언은 도움이 될 수 있겠지만, 이를 직접 실천해 보지 않은 전문가가 이 프로그램을 이론적으로 평가 및 분석하여 찾아낸 방식으로 프로그램화하여 진행하는 것은 적절하지 않다.

① 제1단계: "우리는 중독에 무력했으며, 우리의 삶을 스스로 수습할 수 없게 되었다는 것을 시인했다."

중독자는 약물 중독에서 벗어나기 위해 알고 있는 모든 방법을 동원하였으나 결코 성공하지 못하였다. 그리고 그러한 과정에서 자신의 삶은 수습할 수 없는 상태에 이르렀다. 자신의 중독문제는 물론이고, 자신의 삶의 다양한 영역(관계나 직업 등) 역시 자신의 힘으로 통제하고 조절할 수 있을 것이라고 안간힘을 쓰지만, 어느 순간 자신의 뜻과는 다른 지점에 다다른 것을 발견한다. 이러한 자신의 삶을 정직하게 되돌아보고, 자신의 힘으로는 할 수 없음을 시인하는 과정이 1단계다.

② 제2단계: "우리보다 위대한 힘이 우리를 건전한 정신으로 돌아오게 해 줄 것이라고 믿게 되었다."

자신은 중독에 무력하고, 제대로 삶을 살지 못했으며, 자신의 힘으로는 할 수 없음을 인정하는 것이 본정신이다. 그리고 이러한 본정신 역시 자신의 힘으로 얻는 것이 아니라 자신의 무력함에 대한 인정과 항복에 의한 신의 힘으로 얻어지는 것이며, 이를 통해 회복으로 이르게 됨을 믿는 것이 2단계다.

인간이라면 누구에게나 존재하는 영성이 중독으로 인해 병들고, 이러한 영적인 병으로서의 중독은 자기 자신 외에는 아무도 믿지 않는 자기중심적 특성을 갖게 하였다. 2단계는 이러한 자기중심적 모습에서 벗어나 신과의 관계를 다시 연결하고 자신 안에 있는 영성을 발견하는 것이다.

③ 제3단계: "우리가 이해하게 된 대로 신의 돌보심에 우리의 의지와 생명을 맡기기로 결정했다."

자신의 중독과 무력함을 인정한 이들은 자신의 힘으로 할 수 있다는 자기중심적 태도에서 벗어나 신에게 의지하고자 한다. 이를 통해 자신의 힘으로는 할 수 없지만, 신의 힘으로 가능한 회복을 도모한다. 여기서의 신은 각자 자신이 이해하게 된 대로의 신이다. 특정 종교의 신일 수도 있으나 자조집단이나 치료 기관, 프로그램, 회복된 동료 등이 될 수도 있다. 자신이 의지할 수 있는 무엇이든 신이 될 수 있다. 이에 대하여 전문가가 어떤 특정 대상을 신으로 규정할 수는 없다. 회복을 하고자 하는 사람이 할 수 있는 것은 자신의 의지와 생명을 맡기기로 결정하는 것이며, 그 이후의 회복은 신의 돌봄으로 이루어진다.

④ 제4단계: "우리는 면밀하면서도 두려움 없이 우리 자신에 대한 도덕적 검토를 끝냈다."

중독을 악화시키는 뿌리에는 죄책감과 수치심, 두려움이 있다. 그동안 외면하고 회피하고자 했던 도덕적 잘못과 이로 인한 죄책감과 수치감으로 중독자는 두려움에 사로잡힌다. 이는 현재의 삶에 영향을 주고, 중독 행동으로 이러한 두려움을 회피하고자 하는 무의미한 노력을 지속하게 한다. 변화는 자신의 도덕적 잘못을 피상적으로가 아닌 구체적으로 되짚어 보는 과정을 통해 시작된다. 언제, 어디서, 누구에게, 어떤 잘못을 하였는지를 꼼꼼하게 탐색하는 과정을 통해 숨겨 왔던 죄책감과 수치감이 드러나고 두려움을 직면할 수 있다. 이러한 과정은 결코 쉽지 않지만 이미 이전 단계에서 신을 의지하고 자신의 의지와 생명을 신에게 맡기고자 하였기에 이러한 과정을 '두려움 없이' 수행할 수 있다.

⑤ 제5단계: "우리는 우리 잘못의 정확한 본질을 신과 자신, 그리고 다른 사람에게 시인했다."

4단계에서 수행한 도덕적 검토의 내용은 죄책감과 수치심으로 인한 두려움 때문에 누구에게도 드러내지 않았고, 심지어 자기 자신에게조차 숨겨 왔던 것이다. 5단계에서는 숨겨진 채 중독의 뿌리가 되었던 자신의 어두운 모습을 드러낸다. 이를 통해 자기 자신을 있는 그대로 직면하고 받아들일 수 있다. 이는 단순히 자신의 잘못된 행동이나 겉으로 드러난 모습뿐 아니라 그러한 행동을 불러 일으킨 숨겨진 의도나 이유를 포함한다. 이러한 고백을 통해 오랫동안 자신을 옭아맨 두려움으로부터 서서히 자유로워지는 자신을 발견할 수 있다.

⑥ 제6단계: "우리는 신께서 이러한 모든 성격상의 결점을 제거해 주시도록 모든 준비를 했다."

4단계에서의 도덕적 검토를 바탕으로 자신의 도덕적 잘못을 고백하는 과정에서 이들은 자신의 잘못된 행동이나 외적 모습뿐 아니라 그 안에 숨겨진 어두운 내면을 점차 확인할 수 있다. 이렇게 도덕적으로 타락한 삶을 살 수밖에 없도록 만든 이러한 내면의 어둠, 자신의 성격적 결함을 직면하고 변화시켜 나갈 준비를 하게 되는 것이 6단계다. 자신이 가진 성격적 결함을 탐색하고, 이러한 성격적 결함이 어떠한 결과로 이어졌는지를 구체적으로 적어 나간다. 그리고 이를 바꿀 수 없음을 인정하고, 신 앞에 자신을 내어놓는다.

⑦ 제7단계: "우리는 겸손한 마음으로 신께 우리의 약점을 없애 주기를 간청했다."

자신의 성격적 결함은 자신의 힘으로는 바꿀 수 없음을 인정하는 겸손함을 바탕으로 신 앞에 내어놓은 자신의 성격적 결함을 신께서 바꾸어 주시기를 기도한다. 이는 어린아이에서 성숙한 어른으로 성장하기 위한 과정이며, 이를 통해 변화해 나간다.

⑧ 제8단계: "우리가 해를 끼친 모든 사람의 목록을 만들고, 그들에게 기꺼이 보상할 마음을 가졌다."

8단계와 9단계는 용서와 보상을 통해 대인관계를 회복하기 위한 과정이다. 중독은 고립을 자초하는 질병이다. 그동안 성격적 결함과 그로 인한 도덕적 결함은 타인과 신으로부터의 고립을 자초하였고, 그로 인한 외로움은 중독으로 이어지고는 하였다. 8단계와 9단계에서는 그동안 자신이 상처받았던 것만을 되새기며 분노하고 고립되었던 것에서 벗어나, 자신이 상처를 준 사람의 명단을 작성하고 보상하는 과정을 거친다. 이때 명단은 언제, 어디서, 누구에게, 어떠한 피해를 주었는가를 구체적으로 작성해야 하며, 한 번에 끝내기보다는 계속해서 새롭게 인식되는 명단을 추가할 준비가 되어 있어야 한다.

무엇보다 이러한 보상의 첫 번째 대상은 자기 자신이다. 중독의 과정에서 자기 자신에게 가장 큰 해를 끼쳤으므로 자신에 대한 이해와 용서가 필요하다.

⑨ 제9단계: "우리는 누구에게도 해가 되지 않는 한 어디서나 그들에게 직접 보상했다."

자신의 과거 행동에 대한 결과를 수용하고 책임지는 과정이 곧 보상이다. 이렇게 자신의 과거를 수용하고 책임질 때, 비로소 과거와 현재에 대한 당당함과 자유로움이 주어진다. 하지만 보상이 자신의 당당함과 자유로움을 위한 또 다른 자기중심적 행동이 되어서는 안 된다. 자신이 해를 끼친 누군가가 보상을 받아들이지 않거나, 자신을 용서하지 않는 경우도 있을 수 있고, 자신의 보상이 누군가에게 또 다른 피해를 줄 수도 있다. 때로는 자신의 뜻대로 되지 않거나 기대한 반응이 나오지 않아 상처를 받기도 한다. 진정한 보상은 나와 너 그리고 그 '누구에게도 해가 되지 않는' 한에서 이루어져야 한다.

⑩ 제10단계: "인격적인 검토를 계속하여 잘못이 있을 때마다 즉시 시인했다."

12단계의 실천은 한 번의 이벤트로 완성되는 것이 아니며 전 생애에 걸쳐 끊임없이 지속되는 실천의 과정이다. 자신의 회복을 유지하고 성장해 나가기 위해 계속해서 자신의 인격적 잘못에 대한 검토를 해 나가야 하며, 그 과정에서 발견된 잘못을 즉시 시인할 수 있어야 한다.

⑪ 제11단계: "우리는 기도와 명상을 통해 우리가 이해한 대로 신과 의식적인 접촉을 증진하려고 노력했다. 그리고 우리를 위한 그의 뜻을 알도록 해 주시며, 그것을 이행할 수 있는 힘을 주시도록 간청했다."

신과의 관계는 한 번의 만남으로 끝나는 것이 아니다. 지속적으로 신과 만나서 그 뜻을 듣고, 우리의 기도를 들려주기 위해 기도와 명상이 필요하다. 이는 저절로 이루어지는 것이 아니라 의식적으로 노력하는 과정에서 이루어진다. 일정한 시간 또는 장소에서 내면의 신과 만남을 추구하는 노력이 필요하다.

⑫ 제12단계: "이러한 단계로 생활해 본 결과, 우리는 영적으로 각성하였고, 약물 중독자들에게 이러한 메시지를 전하려고 노력했으며, 우리 생활의 모든 면에서 이

러한 원칙을 실천하려고 노력했다."

자신이 받은 것을 나누고 베푸는 과정에서 성장이 존재한다. 이전 단계들을 통해 변화와 성장을 해 왔고, 이에 대한 경험과 힘과 희망을 나누는 과정에서 영적인 회복을 지속해 나갈 수 있다. 이러한 경험과 힘과 희망을 나누는 것이 바로 메시지다.

3. NA 12전통의 이해

NA는 제기능을 잘 수행하고 모임 안에서 회복이 잘 이루어지기 위해 12전통을 제시하고 있다. 이러한 NA의 12전통은 타협할 수 있는 것이 아니다. 타인이나 사회와 관련된 많은 문제를 겪어 온 선배들의 경험을 바탕으로 이러한 전통이 만들어졌고, 이 12전통을 통해 많은 문제를 피해 갈 수 있었다. 때문에 집단을 보호하고, 서로를 묶어 주기 위해 전통을 잘 이해하고 올바르게 적용할 필요가 있다. 또한 외부에서도 NA의 12전통을 존중해 주어야 한다.

① 제1전통: "우리의 공공복리는 무엇보다 우선되어야 한다. 개인의 회복은 NA의 공동 유대에 달려 있다."

집단이 존속되지 못하면 개인이 생존할 수 없다. 때문에 집단 전체의 공공복리는 가장 우선시된다. AA에서 발행한 『12단계 12전통』에서 "대부분의 개인은 집단이 없다면 회복할 수 없다(p. 130)"는 표현과 같이 자조집단을 통해 회복하고자 하는 모든 이의 회복과 성장은 이러한 공동 유대에 달려 있다. 때문에 집단이 어떻게 할 때 함께 잘 살고, 잘 일하는 최선의 길을 갈 수 있을지에 대하여 고민한다. 하지만 단합을 강조한다고 해서 집단 안의 개인이 집단에 의해 지배당하거나 종속당하는 것은 아니다. 이는 "당신은 ……해야만 한다."라고 말하는 것이 아니라 "우리는 ……을 하는 것이 좋다."라고 말하는 것이다. 이기적이 되기보다는 다른 사람을 고려하고, 지속적인 믿음을 가지는 가운데 참다운 힘을 발견해 나갈 수 있다.

② 제2전통: "우리 집단의 목적을 위한 궁극적인 권위는 하나다. 이는 우리 집단의 양심 안에 당신 자신을 드러내는 사랑 많으신 신이다. 우리의 지도자는 신뢰 받는 봉사자일 뿐이지 다스리는 사람은 아니다."

NA의 누구도 다른 누군가에게 지시를 내리거나 복종을 강요할 수 없다. 집단의 유일한 권위는 신(神)이며, 집단의 봉사자는 권위를 갖고 다른 누군가를 통제하는 존재가 아님을 강조한다.

③ 제3전통: "약물을 끊겠다는 열망이 NA의 구성원이 되기 위한 유일한 조건이다."

어떠한 조건으로도 NA에 참여하고자 하는 것을 막거나 거절하지 않는다. NA에 참여하거나 배제하기 위한 어떠한 기준이나 조건도 갖고 있지 않다. 자신을 중독자라고 말하고 중독에서 벗어나기 위한 열망을 갖는 순간에 그들은 NA에 참여하기 위한 조건을 충족한다. 이는 주어진 모든 기회를 살리지 못하게 하는 것이 중독자에게는 사망선고가 될 수도 있다는 불행과 경험을 바탕으로 만들어진 전통이다. 인간의 두려움에 의한 잘못된 수로 관념 또는 왜곡된 기준과 차별로 인한 많은 시행착오가 있어 왔다.

> "만일 당신이 AA의 구성원이라고 말한다면, 당신은 구성원입니다. 당신은 스스로 그렇게 선언할 수 있습니다. 아무도 당신을 제외시킬 수 없습니다. 당신이 누구이든, 당신이 얼마나 밑바닥까지 내려갔든, 당신의 감정적 갈등이 얼마나 심각하든(당신의 범죄까지도) 우리는 당신이 AA의 구성원임을 부인할 수 없습니다. …… 우리는 그저 당신이 우리가 갖고 있는 단주를 위한 기회를 똑같이 갖기를 원할 뿐입니다(12단계 12전통, p. 139)."

④ 제4전통: "각 집단은 다른 집단이나 NA 전체에 영향을 미치는 문제의 경우를 제외하고 완전히 자율적이어야 한다."

NA 전체가 위협받지 않고, 다른 집단에 해를 끼치지 않는 한 모든 집단은 각 집단이 결정한 대로 그들의 문제를 운영하고, 그들이 원하는 대로 자신들의 일을 결정할 수 있다. 이는 각 집단이 독립적인 존재이며, 그 자체의 집단 양심만을 행동 지침으로 의존한다는 선언이다.

⑤ **제5전통:** "각 집단의 근본 목적은 아직도 고통받고 있는 약물 중독자들에게 메시지를 전하는 것이다."

NA를 존재하게 하고 유지하게 하는 생명력은 바로 이 원칙에 달려 있다. NA의 구성원으로서 회복을 시작하고자 하는 이들에게 자신의 회복 경험을 전하는 것을 유일한 목표로 하고 있으며, 이를 바탕으로 자신의 회복을 지켜 간다. 또한 고통받는 약물 중독자를 도움으로써 자신의 단약을 유지할 수 있다.

⑥ **제6전통:** "NA집단은 관계 기관이나 외부의 기업에 보증을 서거나, 융자를 해 주거나, NA의 이름을 빌려 주는 일 등을 일체 하지 말아야 한다. 돈이나 재산, 명성의 문제는 우리의 근본 목적에서 벗어날 우려가 있기 때문이다."

NA는 NA의 이름을 걸고 어떠한 외부 활동도 하지 않는다. NA는 영리를 추구하지 않고 NA의 이름으로 치료시설, 재활시설, 중독 치료 관련 영리 사업을 하지 않는다. NA의 구성원이 한 개인으로서 하게 되는 활동과 NA의 구성원으로서 NA의 이름을 사용하는 활동은 분명하게 구분하여야 한다. 개인 자격으로의 활동은 얼마든지 가능하지만, 아무리 좋은 목적이라고 하더라도 NA의 이름을 영리 목적에 사용해서는 안 된다. NA의 구성원이 학위를 따거나, 전문 자격증을 가지고 중독 관련 전문가로 활동하는 것은 개인으로서의 활동이므로 얼마든지 가능하다. 하지만 이 구성원이 NA의 이름을 자신의 치료시설이나 치료 프로그램의 이름으로 사용한다면 이는 적절하지 않은 행동이다.

⑦ **제7전통:** "모든 NA 집단은 외부의 기부금을 사절하며, 전적으로 자립해 나가야 한다."

NA가 운영되고 기능을 발휘하기 위해서는 비용이 드는 것이 당연하다. 그러나 자조집단의 성장 과정에서 외부의 기부금으로 인한 다양한 어려움을 경험하였기 때문에, NA는 구성원의 자발적 기부금에 의해서만 생존할 수 있게 함으로써 집단을 직접 운영하는 책임을 그 구성원에게 전적으로 부과하고 있다. 경제적 문제로 인해 주변 사람들에게 의존해 왔던 중독자에게 자립이란 회복을 통하여 변화되어야 할 모습이다. 자조집단은 검소함의 원칙과 재정적 자립을 집단의 전통으로 받아들이고, 이를 통해 다양한 내부적 · 외부적 유혹으로부터 벗어나 NA의 유일한 목적을 지켜 가도록 하고 있다.

⑧ **제8전통**: "NA는 항상 비직업적이어야 한다. 그러나 서비스 센터에는 전임 직원을 둘 수 있다."

제6전통에서 언급한 바와 같이, NA라는 이름으로 영리를 추구하는 직업적 활동을 해서는 안 된다. NA의 선배들은 NA에서 금전적 요구가 오고가는 것은 집단이나 초심자에게 큰 해를 끼칠 수 있다고 말한다. 때문에 NA를 통해 금전적인 이익을 보는 것에 대하여 허용하지 않는다. 하지만 동시에 NA에서는 전문적 직업으로 일하는 것과 봉사자를 구별하고자 한다. NA가 12단계 일을 진행하기 위해서 필요한 일들이 있다(예를 들면, 연합사무실의 사무, 회계 등). 그러기에 NA에서는 이러한 일을 하는 직원을 고용하여 보수를 지급한다. 또한 NA 멤버라 하더라도 다양한 분야에서 개인의 자격으로 직업인으로서 일을 할 수 있다. 반면, 12단계에서 봉사를 하거나 메시지를 전하는 것은 직업이 아니다. 이를 잘 구분할 필요가 있다.

⑨ **제9전통**: "NA는 결코 조직화되어서는 안 된다. 그러나 봉사부나 위원회를 만들 수는 있으며, 그들은 봉사 대상자들에 대한 직접적인 책임을 가진다."

이 전통은 NA 내에서의 수평관계를 말한다. NA는 대부분의 단체나 조직이 기본적인 요인으로서 갖는 지도하고 지배하는 권력을 가지지 않는다. NA는 어떠한 위원회나 봉사자의 이름으로 명령을 내리거나 지배할 수 없다. NA의 위원회는 어떠한 권위도 가지지 않으며, 그 어떤 구성원에게도 지시를 내리거나 어떤 것을 강요하지 않는다. 다만 제안의 형태를 띤다. NA는 어떠한 위원회나 봉사자의 권위에 의한 복종이 아니라 12단계나 12전통을 통해 유지되는 맑은 정신과 집단의 힘을 믿는다. 그러나 각각의 봉사부나 위원회는 자신들에게 주어진 업무가 있으며, 이러한 업무를 다함으로써 NA가 구성원의 회복을 도와야 할 책임이 있다.

⑩ 제10전통: "NA는 외부의 문제에 대해서 어떠한 의견도 가지지 않는다. 그러므로 NA의 이름이 공론에 들먹여서는 안 된다."

NA의 이름으로 공개적인 석상에서 어떠한 주제에 대해 어느 한편을 들지 않는다. 여기에는 종교적 논쟁이나 정치적 논쟁을 포함한다. NA는 어떠한 사회적 논쟁에 참여하여 사회를 변화시키는 것보다는 NA의 생존과 전파에 더 무게를 둔다. 그러므로 NA는 어떤 의견에도 찬성하거나 반대하지 않는다. 다만, 서로의 회복을 돕는다는 자조집단으로서의 유일한 목적만을 고려한다. 하지만 NA의 구성원이더라도 개인이 한 사회의 구성원으로서 시대의 문제를 바로잡기 위한 행동을 하는 것은 가능하다. 이를 구분할 필요가 있다.

⑪ 제11전통: "NA의 홍보 원칙은 적극적인 선전보다는 NA의 본래의 매력에 기초를 둔다. 따라서 대중매체에서 개인의 이름이 밝혀져서는 안 된다."

NA와 그 구성원은 대중의 눈앞에 나서서 사람들의 관심과 흥미를 불러일으키는 것의 위험성을 알고 있다. 그러기에 개인의 자기보호를 위하여 익명을 강조한다.

⑫ 제12전통: "개인의 이름을 밝히지 않는 것은 우리 전통의 영적 기본이며, 이는 항상 개인보다는 NA의 원칙을 앞세워야 함을 일깨워 주기 위해서다."

NA의 목적 달성을 위해 익명을 지키는 것은 12단계 영적 원리의 기초다. 12단계의 기본적인 영적 원리는 자신의 병을 시인하고 회복할 수 있었던 것은 신의 도움 덕분이었음을 인정하는 데 있다. 하지만 구성원이 대중 앞에 자신을 내세우거나 홍보하는 일을 하는 것은 신의 도움보다는 자신을 앞세우고 드러내는 것이다. 지금까지의 경험을 통해 이러한 교만이 위험하다는 것이 증명되었다. 익명은 효과 있는 참 겸손이며, 집단의 영적 특성임이 확인되었다.

"익명으로 표현된 겸손은 AA가 지닐 수 있는 가장 위대한 보호자라고 우리는 확신하고 있다(12단계 12전통, p. 187)".

4. 전문가들이 기억해야 할 것

1) 자조집단에 대한 분명하고 가감 없는 안내가 필요하다

NA에서의 경험담은 회복을 통한 새로운 삶에 대하여 감사와 기쁨을 포함하면서, 중독으로 인해 자신이 얼마나 망가졌는지, 그리고 자신이 성격적으로, 도덕적으로, 관계적으로 얼마나 결함이 많은 사람인지를 고백하는 과정을 통해 회복을 도모한다. 또한 단약과 회복을 위해 노력하고 있는 지금도 많은 약물에 대한 갈망과 재발의 위험을 경험하고, 또한 실제로 재발하고 있음을 정직하게 고백하는 자리이기도 하다. 이러한 자신의 수치스러운 모습이 온전히 드러나고, 그럼에도 회복에 대한 열망으로 이 모든 것이 수용되는 NA이기에 힘을 갖는다. 하지만 이러한 점 때문에 처음 모임에 참석한 초심자가 의료 기관이나 치료시설의 전문가에게 NA에 대한 적절한 안내를 받지 못했을 경우, 그들의 눈에 비친 NA와 구성원의 모습은 어둡고, 우울하며, 전혀 배울 것이 없는 실패자들의 모임으로 보일 수 있다. 이는 NA에 대한 실망으로 이어지고, 멋지게 회복해서 잘 살아가고 있는 선배들의 뒤를 따라 자신도 회복할 수 있을 것이라는 희망이 좌절될 수도 있다. 또한 때로는 NA에 대한 비판적이고 왜곡된 시선으로 오랫동안 NA 밖에서 방황하게 하는 결과로 이어질 수도 있다.

NA가 멋지고 훌륭한 교훈적 이야기나 밝고 희망적인 이야기만 오가는 곳일 수는 없다. 자신의 약물문제를 해결하기 위해 자신의 힘과 경험을 나누는 모임일 뿐이다. 그리고 이를 위해 고통스럽고 수치스러운 경험 역시 정직하게 나누는 곳이라는 것을 있는 그대로 알려 주어야 한다. 약물에 대한 갈망이 있더라도 감출 필요가 없으며, 재발을 하더라도 언제든 다시 참여할 수 있는 곳임을 안내해야 한다. 회복을 잘해 나가는 사람들만이 참여하는 곳이 아니라, 회복에 대한 열망을 가진 누구나 참여할 수 있는 곳임을 안내할 필요가 있다. 이를 통해 NA에 처음 참석한 이들이 잘 적응해 나갈 수 있도록 하는 것이 전문가의 역할이다.

NA뿐만 아니라 메시지를 전하러 온 회복자에 대한 과장된 띄워 주기 역시 해로울 수 있다. 전문가의 선의라고 할지라도 '회복을 하신 훌륭하신 분'이나 '다른 이들의 회복을 위해 노력하는 대단한 분'으로 소개되는 경우에 메시지를 전하러 온 회복자는 자신이 뭔가 훌륭한 일을 하고 있다는 과장된 착각을 하고, 나아가 교만에 빠질 수 있다. 이는 그들의 회복 과정에 위험이 된다. 회복은 물론 메시지를 전하는 것 역시 자신을 위한 노력일 뿐이다. 자신의 회복이나 메시지를 전하는 활동이 타인에게 칭찬을 받아야 할 일이라거나 다른 누군가를 위한 것이라는 어긋난 자기중심적 태도에서 벗어나야 하며, 전문가 역시 이러한 착각을 부추기는 것을 조심해야 할 필요가 있다.

자조집단에 대한 존중의 태도를 가지되, 이러한 존중은 자조집단을 '있는 그대로' 존중하는 태도이어야 한다. NA에 대하여 대단한 회복 프로그램으로 이곳에 참석하면 엄청난 깨달음을 얻을 수 있고, 멋진 사람들의 아름다운 경험담을 들을 수 있는 곳으로 안내함으로써 자조집단에 대한 이상적인 환상을 심어 주는 것은 위험할 수 있다. 물론, 자조집단을 비하하는 것도 위험하지만 그러한 존중이 지나친 띄워 주기나 과장, 또는 포장으로 나타나서는 안 된다.

2) 자조집단에 대한 존중의 태도를 갖고, 그들의 경험을 평가하거나 분석하려고 하지 않아야 한다

전문가들이 가장 먼저 기억해야 할 것은 자조집단에 대하여 존중하는 태도를 가져야 한다는 것이다. 중독의 역사에서 자조집단은 중독의 문제를 해결하는 주된 방법 중 하나로서 중요한 기능을 해 왔다. 이는 중독에 대한 효과적인 프로그램으로서 의미가 있음을 보여 준다. 하지만 자조집단의 프로그램은 어떠한 이론이나 과학적 연구에 기반한 프로그램이라기보다는 철저하게 성공적으로 회복을 해낸 이들의 다양한 경험을 바탕으로 한 프로그램이다. 자조집단이나 12단계 12전통이 경험을 기반으로 만들어진 것임은 자조집단의 책에서도 분명하게 밝히고 있다. 이를 전문가들의 이론적 이해에 기반하여 분석하고 평가하고자 하는 태도는 자조집단이 가진 가장 본질적인 힘인 경험을 존중하지 않는 태도다.

타인의 경험은 평가하거나 분석할 수 있는 것이 아니다. 경험은 그 자체로 힘을 가지며, 중독과 회복의 과정에서 선배들의 경험은 가장 좋은 선생이다. 전문가들은 다양한 회복자의 경험을 바탕으로 한 자조집단의 12단계와 12전통을 존중하는 태도를 가져야 한다.

3) 전문가가 주도하여 자조집단을 운영하려는 시도는 자조집단의 본질적인 힘에 기반한 효과를 얻을 수 없다

자조집단은 중독을 경험하고 회복하고자 하는 이들이 그들만의 힘과 희망을 나누는 집단이다. 이는 회복을 하고 있는 선배들의 '경험'에 기반한 프로그램으로 때문에 전문가의 개인적인 전문성에만 기반하여 자조집단을 분석하고 이해하여 이를 프로그램화한다면 그 본질을 잃어버리고 12단계의 방법만을 따라할 뿐인 흉내가 될 가능성이 있다.

전문가가 경험에 기반한 프로그램을 잘 흉내 내어 이를 운영한다고 하더라도 이는 전문가가 일방적으로 제공하는 도움으로써 서로가 서로를 돕는 상호 조력, 즉 '자조'라는 기본적인 기반을 흔들게 된다. 더 나아가 자조집단 안에서도 때로는 의식하지 못하는 사이에 도움이라는 이름으로 뒤에서 조종하거나 통제하지 않도록 주의할 필요가 있다.

의도는 좋으나 전문가가 개입하는 순간에 자조집단만의 힘을 잃어버릴 가능성이 아주 크다. 그러기에 전문가가 자조집단에 대해 할 수 있는 역할은 잘 소개하고 안내하는 역할이라고 할 수 있다. 전문가로서 자신의 역할과 한계를 구분하는 것이 필요하다.

4) NA에 참석하지 않는 이유는 단순히 동기가 없어서가 아니라는 것을 이해할 필요가 있다

회복의 열망을 가진 이라면 누구나 NA에 참여할 수 있다고 해도 모두 참여하는 것은 아니다. 약물이 법적인 처벌의 대상이 되고, 또 누군가에게는 돈이 되는 상황에서 NA는 마약 사건을 수사하고자 하는 수사관이나 약물을 팔아야 하는 공급책들에게 관심의 대상이 된다. 그리고 이들이 NA에 접촉을 지속하는 것에 의해 회복을 하고자 NA를 찾는 이들의 안전이 위협을 받는 경우가 있다. NA 참석에 대한 이러한 부담감으로 회복을 하고자 하는 약물 중독자들이 AA에서 도움을 받는 경우도 종종 있다. 이 역시 중독으로부터 회복에 도움이 되므로 전문가들은 다양한 자조집단을 소개하고 도움을 받을 수 있는 정보를 제공해야 한다.

또한 회복을 위해 NA에 참여하고자 하는 열망이 있음에도 불구하고, 이러한 외부적인 요인으로 인해 참석에 어려움이 있다면 이에 대한 전문가들의 고민과 노력이 필요하다.

회복 유지

1. 회복

1) 회복이란

중독은 질병이면서 삶의 태도 문제다. 회복은 건강을 잘 유지하면서 삶의 태도가 달라지는 것에서 시작한다. 중독자가 죽지 않고 살기 위해서는 지금부터 마약을 해서는 안 된다는 것을 자각해야 한다. 중독자가 자신의 중독문제를 정직하게 인식하면서 새로운 생활 습관을 가져야 회복이 잘 유지된다.

마약 중독에서 회복되기 위해서는 생물적 · 심리적 · 사회적 · 영적인 총체적 변화가 따라야 한다. 회복은 개인적 · 심리적 차원에서 긍정적인 자기개념의 형성과 삶에 대한 희망 및 열망, 자신감을 갖는 것, 사회적 관계에서 타인을 이해하고 수용하고 능동적으로 참여하는 것, 영적 차원에서 삶의 의미와 목적을 찾고 감사하고 위대한 힘에 의지하면서 나아가는 것을 말한다(박규희, 김석선, 2019).

회복이란 많은 고통과 어려움을 수용하면서 포기하지 않고 앞으로 나아가는 과정이다. 또한 고통을 회피하려는 유혹을 주시하면서 자신을 격려하는 것이다. 우울이나 불안, 가족과의 관계 단절, 소외감 등은 재발의 위험성을 높인다. 하지만 고통 속에서도 삶의 의미를 찾으면서 사소한 일에도 감사할 수 있다면 회복의 유지가 가능하다(박상규, 2018b).

회복을 위해서는 개인의 노력뿐만 아니라 가족이나 전문가, 언론인, 정치인, 종교 지도자 등의 총체적인 협조가 따라야 한다. 의학적 치료, 심리상담, 가정과 사회의 지지, 영적인 접근을 함께해야 효과가 높다. 특히 마약 중독자의 경우에는 재발의 위험성을 가진 환경을 차단해야 하며, 중독자가 제대로 치료받고 재활할 수 있는 전문기관이 늘어나야 한다. 정부 차원에서 치료와 재활을 위한 제도 보완이 적극적으로 시행되어야 한다.

2) 회복의 유지

중독자가 회복하려고 노력하더라도, 마약 경험에서 비롯된 갈망이 너무나 강력하기에 재발하기 쉽다. 또 가족이나 사회에서의 소외감이나 외로움은 재발의 계기가 될 수 있다. 하지만 많은 중독자는 포기하지 않고 재기하려는 용기를 가지고 있다. 교도소에서 치료 프로그램을 받고 있는 세 명의 중독자는 회복에 대해서 다음과 같이 말했다.

40대 중반의 회복자

어린 시절 가족관계로 상처를 많이 받았다. 하지만 지금부터는 모든 것이 '나의 탓'임을 깨닫고 새로운 삶을 준비하고자 한다. 어떠한 삶이 주어질 것인지 확신할 수는 없지만, 최소한 나 자신을 진정으로 믿고 사랑하고 싶다. 마약 중독자로서 나의 삶도 소중하기에 좀 더 나은 사람으로 거듭날 것이고 그래야 마지막 순간에 눈 감을 때 슬퍼하지 않을 것이다.

50대 초반의 마약류 중독자

친구의 권유로 호기심에 시작했던 마약이 처음에는 희열과 쾌락으로 다가왔다. 이후 마약은 나에게 좀 더 많이, 좀 더 자극적인 쾌락을 강요했고, 횟수를 거듭할수록 남는 것은 공허함과 절망뿐이었다. 마약은 나의 사회적 위치, 경제력, 가족관계까지 모든 것을 파괴해 나갔다. 너무 많이 잃어버려서 재활해야겠다는 자각이 있었지만 오랜 시간 몸에 밴 마약의 습관과 환경이 여러 차례 발목을 잡아 시행착오를 겪었고, 더욱더 사회적 단절과 고립감, 외로움에 빠져들었다. 하지만 한 가정의 아버지와 아들로서 다시금 살아야 하겠다는 생각이 나를 단약의 길로 이끌었고, 오랫동안 비싼 대가를 치른 덕에 다행히 이제 어떤 길로 가야 할지 선명하게 보인다. 그동안 나도 모르게 관계를 지속하고 있었던 마약과 관련된 환경을 모두 끊으면 많이 힘들고 외롭겠지만, 마약 없는 새로운 환경에서 열심히 일하면서 새로운 관계를 만들고 가족에게 인정을 받으면서 살아가려고 한다.

60대 중반의 회복자

우연히 친구가 마약을 하는 것을 보고 그 친구의 유혹을 뿌리치지 못해 결국에 나도 마약을 하게 되었다. 그 당시 가족 간의 불화 등은 마약을 하게 된 요인의 하나였다. 모든 것을 다 잃고 뒤늦게 마약의 무서움을 알고는 끊으려고 나름대로 노력을 해 보았다. 병원에서 치료도 받고 환경을 바꾸었으나 다시 마약을 하게 되었다. 다시 마약을 하게 된 이유는 경제적 어려움이나 가정불화 등이 복합적으로 작용했다. 그런 어려운 문제에 처하면 그것을 핑계로 마약의 즐거움으로 힘든 순간을 잊으려는, 현실 도피라는 비겁하고 못난 선택을 했던 것이다. 끊임없이 단약을 위해 노력하지만 또 다시 무너지는 것은 현실이 힘들고 삶이 안정이 되지 않기 때문인 것 같다. 삶이 안정되고 화목한 가정이 되면 끊을 수 있지 않을까 생각한다. 마약을 한 후에는 언제나 후회하지만, 현실이 힘들다 보면 또 다시 찾게 되는 것이 문제다. 이때 나를 확실하게 붙잡아 주는 가족, 친구, 아니면 신이라도 있으면 좋겠다.

중독자는 회복 과정에서 여러 문제에 직면하게 된다. 스트레스, 가족과의 갈등 등에서 외로움과 분노를 느낄 때 마약으로 도피할 가능성이 높다.

특히 마약과 연관된 사람을 만나거나 마약을 했던 장소에서는 충동이 강하게 일어난다. 갈망이 일어날 때 갈망을 다스릴 수 있도록 조절력을 키우고 대처 기술을 배우는 것이 회복 과정에서는 매우 중요하다.

앞의 세 사례에서 볼 수 있듯이, 중독에서의 회복은 쉽지 않지만 가족은 중독자의 회복 유지에 주요한 역할을 한다. 가족은 중독자를 잘 이해하고 지지해야 한다. 특히 소속감과 보람을 느낄 수 있는 직장이 있다면 회복을 잘 유지할 수 있다. 취업을 하면 자존감이 올라가고 규칙적인 생활을 하여 중독에 대한 갈망이나 유혹이 줄어든다. 따라서 중독자를 대상으로 한 직업재활이 필요하다.

마음챙김 역시 갈망을 다스리고 조절력을 키우는 데 효과가 있다. 중독의 취약성을 가진 사람이라도 자신의 갈망이나 감정을 주시할 수 있으면 조절이 가능하다. 개인이 지속적인 마음챙김으로 자신의 갈망이나 충동을 주시하고 받아들이면 마음이 안정되고 갈망이 줄어든다.

마약 중독자 자조집단(Narcotic Anonymous: 익명의 약물 중독자들)은 회복 유지에 많은 도움이 된다. 중독자는 모임에서 지지와 공감을 얻고, 회복에 필요한 기술을 배울 수 있다.

3) 회복을 위한 통합적 접근

회복은 신체적 건강과 심리적 건강, 사회적 개입과 영성 등이 통합될 때 효과가 있다(박상규, 2016).

(1) 신체적으로 건강하기

회복에서 신체적 건강은 기본이다. 질병을 앓으면 스트레스를 받고, 이로 인해 재발할 가능성이 있다. 몸을 건강하게 유지해야 정신도 건강하고, 스트레스나 문제 상황을 잘 해결할 수 있다. 회복 과정에서는 자기 몸에 관심을 갖고 몸을 잘 돌보는 것이 우선되어야 한다. 몸이 건강하지 않으면 회복에 집중하기가 어렵다.

장기간 마약을 사용하여 면역력이 떨어져 있고, 다양한 신체 질환을 가진 중독자는 우선 병원에서 치료를 받아야 한다. 또 운동과 산책, 영양가 높은 식사, 적절한 수면 등으로 건강을 회복해야 한다. 편안한 마음으로 감사하며 사는 것이 건강 유지에 도움을 준다. 지금 자신의 처지를 받아들이고 감사하는 긍정적인 마음가짐은 건강을 좋게 하고 회복을 잘 유지시켜 준다.

(2) 자기 사랑하기

많은 중독자는 어린 시절 부모로부터 관심을 받지 못하였거나 인정을 받지 못한 경험이 있다. 이러한 경험은 자신에 대한 부정적인 신념을 갖게 하고, 부정적인 정서와 낮은 자존감으로 인하여 대인관계에 갈등이 일어난다. 또 마약 중독자, 전과자로 낙인 찍혀 일자리를 찾지 못하면 쉽게 좌절하여 다시 마약에 손댈 가능성이 있다.

중독자는 외롭고 힘든 상황에서도 회복할 수 있다는 자신감을 가져야 하며, 가족이나 전문가들 역시 이를 지지해야 한다. 과거 자신이 성취감을 느꼈던 일이나 단약에 성공했던 경험을 회상하고, 가족과 함께 행복하게 사는 미래의 모습을 그려 보면서 희망과 용기를 가져야 한다.

자기 사랑은 지금 이대로의 자기를 인정하고 받아들이는 것부터 시작한다. 마약 등으로 인해 행복하기보다는 자신의 욕심과 집착을 버리고, 있는 그대로의 자기에 만족하면서 자기를 사랑해야 한다. 가족이나 주변 사람들의 지지는 자기 사랑에 도움을 준다.

(3) 가족 및 주변 사람들과 관계 잘하기

중독은 관계의 문제로, 대인관계가 좋아야 회복을 잘 유지할 수 있다. 대화를 할 때 다른 사람의 입장에서 생각해 보고, 지금 이 상황에 적절한 말과 행동을 하는 것은 대인관계를 편하게 한다.

가족과의 좋은 관계는 중독에서의 회복에 긍정적인 영향을 미친다. 가족이 먼저 건강하고 행복해야 한다. 가족은 구성원을 잘 주시하여 편안한 마음으로 중독자를 대해야 한다. 가족의 심리적 문제가 잘 해결되지 않으면 중독자와의 관계에서 갈등이 일어나 재발에 영향을 미칠 수 있다. 가족 구성원 모두가 편안해야 중독자를 잘 지지하고 올바른 도움을 줄 수 있다. 따라서 가족은 중독과 중독자에 대해서 잘 이해하고 대처할 수 있는 기술을 배워야 한다. 또 가족 자조집단에 자주 참석하면서 지지를 받고, 새로운 정보를 배워서 적용해야 한다.

자조집단의 후원자, 전문가 등의 사회적 지지는 중독으로부터 회복에 도움을 준다. 회복 중인 중독자는 자신의 회복에 도움을 주는 사람을 자주 만나야 하고, 재발의 위험성을 주는 사람은 피해야 한다. 특히 자조집단에서 후원자는 평등한 관계이면서 상당한 정서적 지원을 받기에 회복자에게 실질적인 도움을 준다. 후원자와 자주 소통하는 것은 큰 지지가 된다(주영준, 2009). 정부에서는 중독자의 치료와 재활에 더 관심을 갖고, 단순 투약 중독자에 대한 치료와 교육이수조건부 기소유예를 확대하면서 적극적으로 중독자를 치료해야 한다.

(4) 영적 변화

회복에는 영적 변화가 따라야 한다. 자기가 살아가야 하는 삶의 의미나 목표를 가져야 진정한 회복이 가능하다. 신앙적 체험은 회복 유지에 큰 도움이 된다. 중독은 영적 질병이고 중독을 예방하고 벗어나기 위해서는 자아가 아닌 영적 힘에 의지해야 한다. 나의 힘만으로는 어렵다는 것을 알고 내가 아닌 다른 큰 힘, 즉 신에게 의지해야 한다.

회복은 단계적인 과정을 밟기도 하지만 갑작스러운 변화를 겪기도 한다. 중독자 개인의 정체성 수준에서 일어나는 변화를 양자 변화 현상이라고 한다(김재환, 2019). 이러한 양자 변화는 이전에 경험하지 못한 것으로서 갑작스럽게 일어나며, 기쁘고, 자유로우며, 들뜨게 하면서 수용되고 사랑받는다는 느낌을 준다. 물리학의 전자가 전혀 다른 방식과 궤도로 옮겨 가는 것과 같이, 양자 변화가 일어나면 한 개인이 불과 몇 분 또는 몇 시간 사이에 놀라운 깨달음과 포괄적인 회복을 경험한다(김재환, 2019).

마약 중독자의 영성 체험은 신적 존재와의 관계 체험, 내재적 초월 경험이라는 두 가지의 본질 주제로 나타난다. 신적 존재와의 관계 체험이란 '두렵고 무서운 존재' '매달리는 대상' '풀어 주는 존재'의 세 가지 하위 주제로 구성되어 있다. 내재적 초월 경험은 '실존의 직면' '심리적 재구성' '정신적 성숙' '혼자서 가야 하는 길'의 네 가지 하위 주제로 개념화되었다(임혜영, 김학주, 2018). 개인이 회복될수록 신에 대한 사랑을 체험할 수 있다.

중독에서 회복된다는 것은 '참나'를 찾고 원래의 인간성을 찾는 것이다. 또한, 진정한 자존감을 찾는 것이며, 양심을 찾아가는 과정이다(박승현, 2015).

영성은 회복의 기반이다. 따라서 자신이 중독자라는 것을 인식하고 자신의 힘으로는 단약이 어렵다는 것을 인정하며 신이 은총 내려 주기를 기다려야 한다. 자신의 문제를 있는 그대로 명확하게 검토하고 신에게 도움을 청해야 한다. 무엇보다도 지금 여기에 신이 자신과 함께하고 있다는 자신감을 가지고 행동해야 한다.

4) 중독자의 회복 유지를 위한 한국적 회복모형

한국적 회복모형(박상규, 2018)은 중독자의 회복 효과를 높이기 위해 우리 사회의 중독자의 특성과 한국의 문화를 고려하여 개발한 것이다. 우리 문화에서 중독자들은 자신의 '한'을 술이나 마약 등의 중독 대상으로 달래려고 한다. 또 가족과의 관계에서 '우리성'이 깨어졌기에 외로움을 느끼고 마약 등의 중독 대상을 찾게 된다. '흥'을 찾기 위하여 마약을 찾기도 한다. 중독자는 잃어버린 '권위'를 찾기 위하여 중독 대상을 갈구하게 된다. 개인이 사회적 권위나 힘에 대한 욕구를 충족시키고 있으면 쉽게 마약 중독에 빠지지는 않는다.

한국적 회복모형에서는 가족 공동체에 초점을 둔다. 회복 초기에는 치료자가 공감과 지지를 많이 해야 하며, 가족을 치료와 교육에 참여시켜야 한다. 회복 중기에는 가족과의 의사소통 기술, 마음챙김, 몸가짐과 태도의 조절, 자연 활용, 새로운 즐거움 찾기 등의 개입을 할 수 있다. 회복 유지기에는 영적 성장을 위한 마음챙김, 자조집단, 행복기술 등이 필요하다. 특히 중독자가 자신에게 일어나는 갈망이나 충동을 알아차리고 받아들이는 마음챙김으로 마음이 편안해지고 조절력이 강화되면 갈망을 잘 다스릴 수 있다. 또 중독자가 마약을 하지 않더라도 즐거움을 느낄 수 있고, 보람을 찾을 수 있는 일을 발견하면 회복을 잘 유지할 수 있다.

이 회복모형에서 치료자의 태도는 매우 중요하다. 치료자는 무위의 태도로 중독자를 대하면서 잘 공감해야 한다. 중독자를 가족과 같이, 친구와 같이 대하면서 상황에 맞는 적절한 개입을 할 수 있어야 한다. 치료자의 지속적인 자기주시와 성찰이 중독 치료의 효과를 높인다.

2. 재발과 예방

회복 과정에서 재발은 자연스럽게 일어난다. 대부분의 중독자는 회복했다가 재발하고, 다시 재기하는 과정을 보인다. 등산가가 오르막길과 내리막길을 반복하며 산의 정상에 오르는 것과 같이 회복과 재발을 반복하며 회복의 과정을 거친다. 다만, 회복 중에 중독자가 재발하더라도 이전과 같지는 않으며, 좀 더 앞으로 나아가면서 성장하게 된다. 가족과 사회는 재발했을 때 중독자가 포기하지 않고 다시 일어설 수 있도록 지지해야 한다.

1) 재발의 위험성

재발을 예방하기 위해서는 재발이 일어날 수 있는 위험성을 미리 알고 잘 관리할 수 있어야 한다. 재발의 위험성은 개인적 문제와 환경적 문제로 나눌 수 있는데, 마약 중독자가 재발하지 않고 잘 회복하기 위해서는 주변 환경의 관리도 필요하다.

(1) 개인적 문제

재발에 영향을 미치는 심리적 요인으로는 외로움, 충동성, 우울과 불안, 낮은 자존감과 자기효능감, 행동 통제 능력과 대처 기술의 부족, 중독에 대한 왜곡된 신념 등이 있다(신성만 외, 2018).

중독자가 스트레스를 받거나 불안정하고, 외롭고, 우울하고, 불면증이 있을 때 재발의 위험성이 있다. 기분이 좋거나 지나친 자신감을 갖는 것도 재발의 위험성을 가지고 있다. 대부분의 재발은 부정적인 정서와 관련되지만 기분이 들뜰 때, 바라던 일들이 잘 이루어질 때에도 마약에 대한 갈망이 일어나며 재발하기도 한다.

외로울 때 마약에 대한 갈망이 일어나는 사람은 외로움이 일어나면 지지자나 상담가에게 전화를 해서 감정 표현을 하는 것이 좋다. 우울할 때에는 마약 이외에 기분 좋은 다른 일을 찾아서 행동한다. 가족, 친구 혹은 반려동물과 시간을 보내거나 운동하는 것도 도움이 된다.

(2) 환경적 문제

중독자는 이전에 마약을 했던 사람이나 환경을 피해야 한다. 마약을 판매하는 사람이나 같이 마약을 했던 사람을 만나는 경우 재발할 위험성이 높아진다. 중독자가 회복을 잘 유지하기 위해서는 마약 중독자나 판매자와 연락하지 않아야 하며, 의식적으로 마약을 할 수 있는 상황을 피해야 한다. 마약을 하지 않겠다고 마음을 먹었더라도 마약과 관계된 사람을 만나는 순간에 마약에 대한 갈망이 일어나 조절할 수 없게 된다. 특히 마약류 중독자는 마약을 하는 이성을 만나지 않도록 주의해야 한다. NA나 치료적 만남 이외의 만남은 항상 유혹이 있고 위험하다.

우연히 예전에 마약을 했던 곳에 가면 마약에 대한 갈망이 일어나 재발할 가능성이 있다. 마약이 연상되는 모텔, 노래방, 공중화장실 등의 장소에는 근처에도 가지 않아야 하며, 마약류 사용을 자극하는 인터넷 사이트에 접속하지 말아야 한다.

2) 재발 시 마음가짐

회복을 하다가 재발했을 경우에는 불안과 실망감, 무력감이 일어난다. '호랑이에게 물려 가도 정신만 차리면 산다.'라는 말이 있듯이, 재발을 그대로 받아들이고 마음을 편안히 가져야 한다. 또 '이만하길 다행이다.'라면서 자신을 잘 토닥여야 한다. 목욕을 하거나 산책, 운동 등을 하면서 자기 몸부터 잘 보살피는 것이 도움이 된다.

재발이 되었을 때에는 재발의 고통을 거울삼아 새롭게 단약을 결심하고, 치료와 재활에 열심히 참여하여 건강하고 행복한 삶을 살아가면 된다(허근, 김지연, 2011).

회복 과정에서 가장 피해야 할 것은 자포자기하는 것이다. 재발한 것에 대해 후회하고 자책하면 다시 마약을 하게 된다. 재발하면 그런 자신을 그대로 인정하면서 '이게 내 모습이야. 괜찮아!' '실수를 통해서 더 많이 배우게 되었다.'라고 생각하면서 스스로를 토닥이고 보살피면서 지금 여기서 자신이 할 수 있는 일에 집중한다.

재발을 계기로 한층 더 성장하기 위해서는 어떤 요인으로 재발되었는지, 누구를 만나 재발했는지, 어떤 장소에서 재발했는지, 그 당시의 심리적 상태는 어떠했는지 등을 알고서 앞으로는 그러한 상황을 피할 수 있도록 조심한다.

자책한다고 과거가 달라지지 않는다. 재발한 것에 대해 집착하고 후회하거나, 다른 사람의 탓으로 돌리는 것은 회복에 아무런 도움이 되지 않는다. 회복을 위해서는 자신을 있는 그대로 받아들이면서 지금 이 순간에 내가 해야 할 일에 집중해야 한다.

3) 재발과 가족의 태도

가족은 중독자의 재발 징후를 미리 알아차리고 재발을 예방하도록 도와주어야 한다. 또 가족은 중독자와 대화할 때 지나친 감정 표현을 자제해야 한다. 중독자가 재발하였다고 해서 비난하거나 무시하기보다는 지지하고 격려하며 기다려 주어야 하고, 일상에서도 중독자가 자책감을 가지지 않고 편안하도록 배려해야 한다. 재발에 대하여 비난하고 부정적인 감정 표현을 하는 것은 중독자의 재발을 부추긴다.

4) 재발의 예방

(1) 자조집단 참여와 회복에 도움을 줄 사람들과 잘 지내기

회복 유지를 위해서는 가족과 잘 지내야 하며, NA에 지속적으로 참여해야 한다. 회복자는 자조집단에 참석한 회원과 잘 지낼 수 있어야 한다.

전문가에게 상담을 받는 것은 회복에 많은 도움이 된다. 상담을 받으면 마음이 후련해지고 편안해져서 회복에 힘을 얻는다. 집단상담에서는 말하지 못한 것도 개인상담에서는 말할 수 있으므로 집단상담뿐만 아니라 개인상담도 도움이 된다. 상담가에게 자신의 억울함, 창피스러움, 외로움 등의 감정을 표현함으로써 공감을 받고 회복의 힘을 얻는다.

자신을 지지해 주는 가족이나 친구를 자주 만나는 것도 좋다. 하지만 가족 중에서도 자신을 힘들게 하거나 부정적인 감정을 자주 표현하는 사람이 있다면 만나지 않는 것이 회복 유지에 도움이 된다.

(2) 생활 태도 바꾸기

- 정직하기: 재발의 위험성에 대처하기 위해서는 자신에 대하여 정직해야 하고, 자신의 양심에 따라 말과 행동을 해야 한다. 세상을 자신의 기대나 욕심으로 보지 말고, 있는 그대로 볼 수 있어야 한다. 또 말과 행동이 일관되어야 하며 다른 사람과의 약속은 잘 지킬 수 있어야 한다.
- 규칙적인 생활하기: 회복 유지를 위해서는 이전과는 다른 새로운 생활 습관을 가져야 한다. 중독자는 마음이 불안정하므로 규칙적인 생활을 함으로써 마음을 안정시킬 수 있다면 회복에 도움이 된다. 일어나는 시간과 자는 시간을 일정하게 하면서 일어나자마자 명상이나 기도를 하는 것도 도움이 된다. 잠을 자기 전에 매일 감사 일기를 쓰는 것을 추천한다. 즉, 어떤 일을 하든지 정해진 시간과 장소에서 규칙적으로 하는 것이다.
- 자기 역할하기: 지금 자신이 해야 할 일 중에서 중요한 일부터 시작한다. 마약에 대한 집착을 버리지 않으면 자기 역할을 알지 못하고 제대로 수행하지 못한다. 따라서 중독자는 부모로서, 배우자로서, 자녀로서, 직장 구성원으로서 자기 책임을 다하도록 노력을 기울여야 한다.

3. 갈망 다루기

중독은 중독 행동 시의 강렬한 쾌감이 머리와 온몸에 기억되어 있기 때문에 약간의 단서만 있어도 쉽게 갈망이 일어난다. 갈망이 일어날 때에는 자신에게 효과가 있었던 방법을 빨리 적용해야 한다(문봉규, 강향숙, 박상규, 2019; 박상규, 2016). 중독에서 회복될수록 자신의 갈망을 더 쉽게 인식하고 조절할 수 있다.

1) 갈망 알아차리기

갈망이 일어나면 먼저 자기 몸에서 일어나는 변화를 알아차린다. 갈망이 일어날 때에는 불안해하거나 억압하지 않고 그냥 편안하게 지켜본다. 마치 주인이 도둑이 온 것을 알아차리면 도둑이 스스로 물러가듯이, 갈망도 알아차리면 점차 힘이 약해져서 사라진다. 지속적으로 자신의 마음을 주시하면 갈망을 잘 다스릴 수 있다.

2) 자신의 감정 표현하기

갈망이나 부정적인 감정이 일어날 때 자신의 갈망과 감정을 다른 사람에게 표현한다. 감정을 표현함으로써 마음이 편안해지고 조절력이 높아진다. 갈망이 일어날 때 자기를 도와줄 후원자나 상담가에게 전화하거나 혹은 찾아가서 말하는 것도 또 다른 방법이다. 후원자나 상담가에게 자신의 힘든 점을 표현하면 회복에 필요한 정보를 얻을 수 있다. 다른 사람에게 자신의 감정을 표현하기 어려울 경우에는 신께 기도하거나 글을 쓴다.

3) 갈망이 일어나는 대로 행동한 뒤의 결과 상상하기

갈망이 일어나면 잠시 멈추어서 '만약 지금 내가 갈망대로 행동한다면 결과가 어떻게 될까?'와 같이 행동의 결과를 떠올려 본다. 마약 중독자가 '지금 마약을 계속 사용한다면 결국 약물에 구속되어 나중에는 더 비참한 생활을 하면서 후회할 것이다.'라고 상상하는 것만으로도 갈망에 대한 욕구가 줄어든다.

4) 주의를 다른 곳으로 돌리기

마약에 대한 갈망이 있을 때 자신의 몸 상태에 관심을 가져야 한다. 호흡에 집중한다든지, 뜨거운 차를 천천히 마신다든지, 운동을 한다든지 등으로 몸에 관심을 갖고 몸을 돌보는 방향으로 주의를 돌린다. 갈망이 일어날 때에는 그 장소를 빨리 빠져 나와 산책을 하는 것도 좋은 방법이다.

5) 기도문 외우기

기도는 갈망을 줄이는 데 도움이 된다. "하느님, 나약한 중독자를 도와주소서! 제 힘으로는 어렵습니다." "하느님, 중독의 마귀를 물리쳐 주십시오."라고 기도하거나 묵주 5단 기도나 주요 기도문을 외우는 것으로 갈망을 잘 다스린 회복자도 있다,

6) 봉사나 기부하기

갈망이 일어날 때마다 자기보다 형편이 어려운 사람을 찾아 봉사하거나 돈을 기부하는 것도 좋은 방법이다. 봉사나 기부를 통하여 높아진 자존감은 갈망을 조절하는 데 기여한다. 봉사를 할 때에는 봉사 과정을 통하여 기쁨을 느껴야 한다. 봉사는 가족이나 지지자 혹은 상담가와 함께하는 것이 더 큰 만족감을 준다. 기부는 금전적인 것뿐 아니라 자신이 할 수 있는 재능기부 등 다양한 종류의 기부가 있다.

4. 회복과 행복

중독자가 편안하고 행복하면 중독 대상에 대한 갈망이 줄어들고, 불행하면 재발할 가능성이 높다. 중독자가 불안하면 올바른 판단을 할 수 없고 자신과 가족에게 피해를 끼친다. 따라서 중독자를 대상으로 행복하게 살아갈 수 있는 행복기술을 가르치는 것이 행복 유지에 도움이 된다. 마약 중독자가 행복하면 마약에 대한 갈망이 줄어들고 회복이 잘 유지된다.

따라서 중독자가 행복기술에 대해서 잘 알아야 보다 행복한 삶을 살 수 있다. 행복은 쾌락의 만족이기보다는 고통이 없는 것, 평온한 것이다. 마약을 하지 않아도 평온

하고 행복할 수 있음을 알아야 한다.

행복이란 고통이 없는 상태가 아니라, 고통을 그대로 수용하면서 지금 여기에 만족하며 자신의 역할을 잘하는 것이다. 지금 자신의 몸과 마음, 행동을 알아차리고 수용하는 마음챙김이 행복에 기여한다. 또 감사하기 역시 행복과 관련된다. 회복 중인 중독자는 매사에 감사하면서 일상의 소소한 것에서 행복을 찾아야 한다(박상규, 2018b).

1) 삶의 의미와 목표 찾기

삶의 의미와 목표를 가져야 행복감이 높아진다. 많은 중독자는 미래에 대한 목적이 없거나 막연하다. 삶의 목적이 없으면 살아갈 의욕이 없고 기분대로 살아가게 된다. 중독자에게 "당신에게 삶의 목적은 무엇입니까?"라고 물으면 대부분은 잘 대답하지 못한다. '내가 진정으로 바라는 것은 무엇인가?' '가족과 행복하게 살기 위하여 나는 어떻게 할 것인가?' 등에 대해서 스스로 묻고 생각해 볼 필요가 있다.

회복을 위해서는 자신의 삶의 목적에 대해 자주 생각하고 그 목적에 맞게 살아가야 한다. '지금 내가 하는 일이 가족과 잘 지내려는 나의 목적과 맞는가?'를 늘 떠올리며 행동해야 한다.

또한, 중독자는 '마약이 나에게 어떤 의미가 있는가?' 등을 스스로 질문해 보는 것이 좋다. 마약 중독자가 자신의 삶에 대한 목표와 의미가 분명해야 회복이 잘 유지된다. 현실의 외로움과 소외감, 고통 속에서도 자신이 살아야 할 의미가 무엇인지를 생각하면 회복하려는 동기가 일어날 수 있다. '내가 살아야 할 의미가 무엇인가?'를 생각해 보는 것은 회복에 기여한다.

2) 흥을 찾고 느끼기

마약 중독자가 마약 이외에 즐거움을 느낄 수 있는 것, 몰입할 수 있는 건전한 대상을 찾으면 회복 유지가 잘 된다는 보고가 있다. 많은 중독자가 회복 중인 다른 중독자를 도울 때 기쁨을 느낀다고 말한다. 회복자는 자기가 즐겁고 현실에서 가능한 것을 선택하면 된다. 즐거움을 누릴 수 있는 예는 다음과 같다(박상규, 2019).

(1) 봉사하기

힘들고 어려운 사람에게 봉사하는 것은 봉사를 받는 사람을 도와줄 뿐만 아니라 봉사자 본인에게도 기쁨을 준다. 봉사를 함으로써 행복감을 가지고 자존감이 높일 수 있다. 특히 마약류 중독으로부터 회복 중인 사람에 대한 봉사는 자신의 삶의 의미를 느끼게 한다.

(2) 운동하기

운동으로 즐거움을 느낄 수 있고 스트레스가 줄어든다. 적절한 운동으로 신체건강이 좋아질 뿐 아니라, 정신도 건강해지고 마약에 대한 갈망이 줄어든다. 운동은 규칙적으로 해야 효과가 있다.

(3) 여행하기

여행을 통해서 즐거움을 느낄 수 있다. 그냥 여행하는 것뿐 아니라 여행에 대한 계획을 세우고 다녀온 후에 체험을 말하거나 글로 적어 보면 기쁨을 오래 유지시켜 준다. 회복에 도움이 되는 가족이나 친구와 함께 여행을 가는 것이 좋다.

(4) 예술 활동하기

음악 연주나 감상하기, 그림 그리기, 조각하기, 시 읽고 쓰기 등 본인이 재미있어 하는 예술 활동을 하면 기쁨을 느낄 수 있다. 예술 활동으로 자기를 이해하고 표현할 수 있으며, 다른 사람의 감정을 공감할 수 있다. 자신에게 맞는 예술 활동을 선택해서 규칙적으로 실천해야 한다.

(5) 독서하기

독서를 통해 지식이 함양될 뿐 아니라 간접적인 경험을 하여 지혜를 얻을 수 있다.

독서는 개인을 성장하게 하여 중독의 취약성을 잘 이겨 내도록 도와준다.

(6) 글쓰기

자신과 관련된 글을 적음으로써 자기를 보다 잘 이해하고 마음이 안정되며 지혜로워진다. 글을 쓰는 것은 문장력을 강화시킬 뿐만 아니라 자기치유에도 도움이 된다. 특히 일기를 규칙적으로 쓰는 것은 자기성찰에 도움을 주어 회복 유지를 도와준다.

3) 자존감 높이기

대개 마약 중독자는 자존감이 낮은 상태다. 마약 전과자라는 낙인이 찍히고 단약에 연거푸 실패하다 보면 자존감이 바닥에 떨어진다(강철원, 안아람, 손현성, 김현빈, 2019). 중독자는 낮은 자존감에서 오는 불편함을 피하기 위해 마약류에 집착하면서 잘난척하는 것으로 자신의 열등감을 감추려고 한다(박상규, 2016). 따라서 중독자의 자존감을 향상시킬 수 있는 심리 프로그램이나 상담이 실시되어야 한다.

자존감은 주관적인 자기평가로, 자존감이 높다면 자신의 약점을 인정하면서도 그런 자기를 좋아할 수 있다(최정화, 탁진국, 2017). 자존감이 높은 사람은 현실의 환경을 변화시킬 수 없더라도 긍정적인 정서를 통해 내면의 힘을 찾아 상황을 잘 극복하고 적응한다.

회복탄력성은 자존감에 도움을 준다. 회복탄력성을 높이는 방법으로는 감사하기, 잘되는 일에 집중하기, 바람직한 일 기술하기, 미래 모습 상상하기 등이 있다. 자신이 갖고 있는 흥미, 적성, 보유 능력을 확인하고 현실적인 진로 장벽을 극복하며 결핍이나 없는 것 또는 불가능한 것에 집중하기보다는 가지고 있는 것, 가능한 것에 집중해야 한다. 내가 아는 강점, 타인이 보는 강점, 내가 갖고 싶은 강점, 나의 인생에서의 10대 사건(성공과 실패), 나의 강점에 알맞는 직업 찾기 등도 회복탄력성을 가지는 데 도움이 된다(최정화, 탁진국, 2017).

전문가는 중독자가 자기 내면에 귀한 본성이 있음을 알고 자신을 존중하도록 도와주어야 한다. 자기의 양심에 떳떳하게 살아가는 것이 진정한 자존감이다. 외부의 대상이나 외적 조건과 관련되는 자존감은 일시적이며 변화한다. 하지만 본성, 참나를 만나는 자존감은 지속되면서 마음의 평화를 준다.

다른 사람과의 비교는 상대적으로 불안정하고 자존감을 낮춘다. 남과 비교하기보다는 어제의 자신과 비교하여 자신이 보다 더 현명해지고 성숙함에 만족하는 것이 좋다.

진정한 행복은 외적 대상에 대한 만족에서 오는 쾌락이 아니라 지금 여기에서 있는 그대로의 자기를 존중하고 사랑하는 것이며, 양심에 따라 자기책임과 역할을 다할 때 느끼는 편안함이다. 자존감을 높이는 것은 이러한 행복감을 상승시킨다. 부모로서, 자녀로서, 배우자로서 책임을 다할 때, 자기 내면의 귀중한 본성을 만날 때 자존감이 높아지고 행복할 수 있다.

4) 감사하기

매사에 감사하는 습관은 행복을 가져온다. 자신이 살아 있다는 것, 큰 병이 없다는 것, 마약 중독에서 회복 중인 것 등에 대해 감사할 수 있다. 중독자가 회복할수록 감사할 것이 점차 많아지고, 감사할수록 잘 회복할 수 있다.

매일 세 가지 이상 감사할 것을 적는 감사 일기를 쓰는 것도 회복에 도움을 준다. 비록 지금 교도소에 수감되어 있더라도 감사할 일을 찾아보면 새삼 감사할 일이 많음을 깨달을 수 있다.

5. 회복을 위한 개입

1) 회복과 12단계 자조집단

익명의 약물 중독자들(Narcotic Anonymous: NA) 모임은 회복 유지에 효과가 있다. NA에서는 12단계를 중요하게 생각한다. 회복하기 위해서 자신의 문제를 정직하게 인식하고 영적으로 건강하고 자신의 역할을 다하는 것이다. 12단계는 중독자 가족의 12단계, 치료자의 12단계 등으로 확대되고 있다.

2) 치료적 공동체

마약류 중독자를 위한 치료적 공동체(Therapeutic Community)에서는 일정 기간 동안 일정한 장소에 머무르면서 다양한 치료 프로그램을 진행한다. 정신의학적 지원, 심리학적 지원, 교육적 지원, 대인 서비스 지원 등이 제공되며, 참만남 프로그램, 사회 기술 훈련, 직업재활 등을 실시한다(박상규 외, 2017).

치료적 공동체의 구성원은 이미 변화를 이룬 사람처럼(acting as if) 생각하고 행동하는 사람, 정직한 사람, 자기 역할을 다하는 책임감 있는 사람, 자기를 조절하는 사람, 타인을 배려하는 사람으로 살아가기 위해 노력한다. 회복 중인 중독자는 치료적 공동체에서 조직화된 작업을 통하여 책임감 있는 근로 태도를 배우며, 필요한 직업 기술을 배운다. 직업을 잘 유지하고, 시간이 잘 관리되는지 등을 점검하는 것은 재발 방지에 중요하다(이재호, 2017).

단순 투약자인 경우, 교도소보다는 치료적 공동체에서 이루어지는 회복 유지를 위한 프로그램의 참여가 재범 및 재발 방지에 더 효과적이다. 외국과 같이 교도소나 치료적 공동체 중에서 본인이 선택할 수 있도록 하는 제도가 필요하다. 치료적 공동체가 활성화되기 위해서는 교도소 내에 심리치료과의 전문 인력 보강 및 프로그램의 활성화가 뒤따라야 한다. 또 교도소 출소 후에 지역사회의 치료적 공동체에서 회복 유지를 위한 기술과 직업재활을 받을 수 있어야 한다.

3) 대인관계 기술 배우기

중독은 감정의 장애이면서 관계의 장애다. 회복을 위해서는 다른 사람의 입장을 공감하고 다른 사람에게 자신의 감정을 잘 표현할 수 있어야 한다. 대화를 잘하기 위해서는 말하는 사람이 바로 지금 자신의 감정을 잘 알면서 상대방의 의도와 감정도 잘 알아야 한다. 특히 가족이나 다른 사람과 대화할 때 상대방의 관점에서 의도와 감정을 잘 생각하고 그에 맞추어 대화하는 기술이 필요하다. 시선을 접촉하고 상대방의 말을 경청하고 공감하면서 자신의 감정을 상대방에 적절하게 표현하는 것이 도움이 된다.

(1) 자기주시

대인관계를 잘하기 위해서는 사람을 만날 때 일어나는 자신의 마음에 주목해야 한다. 지금 자신의 기분이 어떤지, 상대방의 기분이나 의도는 무엇인지, 이 상황은 어떤 상황인지를 알아차리면서 대화한다. 마음챙김을 하면서 대화하면 대화가 더욱 자연스럽게 진행된다.

마음이 불안하거나 화가 날 경우에는 그런 자신의 마음을 알아차리고, 심호흡을 하는 식으로 마음을 안정시킨 후에 대화한다.

(2) 경청과 공감

상대방이 말할 때 집중하고 경청하여야 한다. 상대방이 보여 주는 언어적 및 비언어적인 내용을 잘 이해하고 고개를 끄덕이거나 "음" "그래요"와 같은 말로 듣고 있다는 반응을 한다.

상대방이 말할 때 집중하여야 상대방의 감정을 올바로 이해할 수 있다. 상대방의 감정을 잘 이해한 다음에는 자신이 이해한 상대방의 감정을 상대방에게 적절하게 표현해야 한다. 공감은 나의 입장을 떠나 '상대방이 그렇게 느끼고 있구나!'하는 것을 올바로 이해하고, 이해한 바를 상대방에 맞추어 표현하는 것이다.

(3) 나 표현법

대인관계에서 감정을 있는 그대로 표현하거나, 내면에서 억압하는 것은 정신건강을 나쁘게 하고 재발의 위험성을 높인다. 따라서 지금 일어나는 자신의 감정을 잘 안 다음에 상황에 맞게 적절하게 표현하는 것이 권장된다.

나 표현법은 상대방에 대하여 공격하거나 비난하는 것이 아니라 자신을 지키기 위해서 자신의 감정을 표현하는 것이다. 만약 친구가 약속 시간을 지키지 않고 늦게 나타났다면, 그 친구와 싸우거나 혹은 감정을 억압하는 것이 아니라 지금 일어나는 자신의 감정을 상대방에게 적절하게 표현한다. "네가 약속을 해 놓고 늦게 나타나서 화가 났다. 앞으로 약속 시간을 꼭 지켜 주기 바란다. 만약에 약속 시간에 늦을 때에는 전화를 해 주기 바란다." 등으로 말한다.

(4) 거절하기

하지만 그것이 여의치 않는다면, 최소한 마약과 관계되는 사람과 장소를 미리 피하는 것이 재발을 예방하기 좋다. 다른 사람이 자신에게 마약을 권유할 때 거절할 수 있어야 한다.

마약을 거절할 때에는 강력하게 표현해야 한다. 눈을 마주보면서 자신감 있는 태도로 거절한다. "네가 진정한 친구라면 나에게 권하지 마라." "한 번 더 그렇게 말하면 경찰에 신고하겠다." 등으로 강력하게 말한다. 마약 중독자에게 거절 기술을 가르치는 것은 매우 중요하다.

4) 마음챙김 명상과 자비수행

마음챙김은 지금 여기에서 자기 몸과 마음을 떨쳐 놓고 보는 것이다. 자기를 객관화하여 봄으로써 자기를 알아차리고 수용한다. 마음챙김에 기반한 다양한 개입 방법이 회복에 도움을 준다. 회복자가 자신의 갈망이나 충동을 잘 지켜보면 조절과 회복을 유지할 수 있다(문봉규, 강향숙, 박상규, 2019; 박상규, 2016).

회복 초기의 중독자인 경우에는 주의집중이 잘 안되기에 마음챙김의 효과가 적을 수 있지만, 꾸준히 연습한다면 회복하면서 점차적으로 마음챙김에 익숙해질 수 있다. 중독자에게는 몸에 대한 마음챙김, 행위를 위주로 하는 마음챙김이나 호흡 마음챙김을 적용할 수 있다.

마음챙김을 할 때에는 자세가 중요하다. 척추를 똑바로 세우고, 몸에 힘을 빼고 편안한 자세로 해야 한다. 지속적인 마음챙김으로 일상에서 일어나는 갈망이나 충동

등을 잘 주시하면 마음이 편안해지면서 조절이 된다.

몸에 대한 마음챙김은 지금 몸에서 일어나는 감각의 변화를 알아차리는 것이다. 정수리에서부터 발끝까지 몸의 감각 변화를 알아차린다. 중간에 다른 생각이 떠오르면 그 생각도 알아차리고 다시 몸에서 일어나는 느낌에 집중한다. 호흡에 대한 마음챙김은 자신의 호흡을 자각하는 것이다. 숨이 들어오면 '들어온다', 나가면 '나간다'는 것을 그대로 알아차린다. 행위에 대한 마음챙김은 자기가 일어서면 '일어선다'는 것을 알아차리고, 나가면 '나간다'는 것을 알아차리는 등 모든 행위를 알아차리면서 행동하는 것이다. 일상에서의 마음챙김은 사람을 만날 때나 어떤 말이나 행동을 할 때 그것을 있는 그대로 알아차리면서 자기 마음을 주시하는 것이다. 마음챙김은 재발의 위험성을 줄일 뿐 아니라 행복감을 높여 주어 회복 유지에 도움이 된다. 전문가는 다양한 마음챙김을 중독자와 상황에 맞추어 융통성 있게 실시할 수 있다.

또한, 회복 중인 중독자에게 자비수행을 실시할 수 있다. 많은 회복자가 자기 자신에 대한 사랑이 부족하기에 가족이나 다른 사람을 제대로 사랑하기가 어렵다. 자비수행은 자기에 대한 자비수행과 타인에 대한 자비수행으로 나눌 수 있다.

자기에 대한 자비수행은 '나에게 고통이 없기를' '내가 행복하기를' '내가 회복되기를'과 같은 말을 속으로 하거나 소리 내어 말한다. 이 과정에서 중요한 것은 자기를 객관화하면서 간절한 마음으로 하는 것이다. 만약 중독자가 자기에 대한 자비수행에 부담을 느낄 경우에는 가족과 같은 가까운 타인에 대한 자비수행부터 시작해도 된다.

타인에 대한 자비수행은 부모나 자녀, 형제 등 가까운 가족부터 시작하여 나에게 상처를 준 사람에게까지 그 사람이 고통이 없고 행복하기를 바라는 마음으로 한다. '아버지에게 고통이 없기를' '아버지가 행복하기를'과 같은 말을 속으로 말하거나 소리 내어 말한다. 자비수행을 통하여 삶에 희망을 가질 수 있다.

마약류 중독자를 대상으로 마음챙김과 자비수행을 동시에 시행하는 것도 효과가 있다.

6. 회복을 위해서

회복을 잘 유지하기 위해서는 회복에 장애가 되는 요소가 무엇인가를 살펴보고 그러한 장애를 줄여 나가야 한다. 회복자가 과거에 성공한 자신의 경험을 생각해 보는 것 또한 회복에 대한 용기와 동기를 가지게 한다.

자신감 부족은 회복에 가장 큰 장애다. 회복할 수 있다는 자신감을 가지고 희망을 놓지 않도록 가족이나 주변 사람도 회복자를 지지해야 한다. 회복이 어렵더라도 포기하지 않으면 언젠가는 회복할 수 있다. 자신을 인정하고 받아들일 때 회복에 대한 자신감이 일어난다. 진정으로 회복을 원한다면 지난날의 잘못이나 미래에 대해 걱정하기보다는 이 순간에 자신이 할 수 있는 일에 집중한다.

다른 사람이나 세상을 탓하기보다는 먼저 자기 문제가 무엇인지 인정하고 받아들여야 한다. 하지만 설령 문제가 있더라도 자신의 본성은 귀중한 존재임을 잊지 말아야 한다. 힘들 때마다 "괜찮다."라고 하면서 자신을 토닥이고 사랑해야 한다. 물론 자신에 대해 지나치게 낙관적인 태도만을 가지는 것도 문제가 된다.

우리 사회에서 중독자가 재발하였을 경우에 쉽게 치료받을 수 있는 제도가 만들어져야 한다. 단순 투약자가 실수하였을 경우, 빨리 치료와 재활 개입을 받을 수 있는 제도적 보완이 필요하다.

교도소에서 회복 중인 여섯 명의 마약류 중독자는 회복을 위해 자신이 해야 할 것을 다음과 같이 말했다.

- 회복을 위해서는 가족을 생각하고, 나의 생각을 바꾸고, 자존감을 갖도록 노력해야겠다.
- 좋은 생각을 가지고 좋은 책을 읽으면서 틈틈이 체력을 보강해야 겠다.
- 다양한 교육이나 다른 사람의 체험을 통해서 회복에 대해 배워야 겠다.
- 자존감을 높이고, 긍정적으로 생각하며, 미래를 그리면서 건강한 몸을 만들어야 한다.

- 교도소 생활에 불만을 가지지 않고 인간관계를 잘 형성하며 살아가겠다.
- 운동을 하고, 책을 읽으면서 마음의 공부를 하고, 그동안 살아온 것을 반성하고 되돌아보아야 하겠다.

마약 중독으로부터 회복하기 위해서는 자신이 해야 할 일과 하지 말아야 할 일에 대해 행동 규칙을 정하고 실천해야 한다. 정해진 시간에 일어나고 계획에 맞추어 생활하는 등 규칙적인 생활을 해야 한다.

충동이나 갈망이 일어날 때 주변의 누군가에게 이야기할 수 있다면 회복에 도움이 된다. 가족이나 후원자 혹은 치료자에게 갈망을 표현하면 마음이 편안해지고 재발을 줄일 수 있다.

무엇보다 마약이 아닌 새로운 즐거움을 찾아야 한다. 봉사, 운동, 여행, 예술 활동 등으로 보람과 기쁨을 느낄 수 있으면 회복에 도움이 된다. 특히 봉사는 자존감을 높여 주고 삶의 의미를 가지게 하여 회복에 기여한다.

중독자는 마약과 관련된 사람이나 상황을 적극적으로 피해야 한다. 회복을 잘 유지하기 위해서는 회복에 도움이 될 수 있는 사람을 자주 만나고, 재발의 위험성을 초래할 수 있는 사람을 멀리하는 것이 좋다.

1) 직업재활

회복을 유지하기 위해서는 직업을 가져야 한다. 교도소를 출소한 마약 중독자가 외로움과 생활고에 시달리다가, 벼랑 끝에 몰리자 자포자기하여 다시 마약을 하거나 마약 판매자가 될 수도 있다(강철원, 안아람, 손현성, 김현빈, 2019). 중독자가 일자리를 찾도록 정부 차원의 적극적인 대책이 강구되어야 한다.

직장에 취업한 중독자가 수월하게 업무를 할 수 있도록 돕기 위해 치료공동체에서 시간 엄수의 중요성, 복장, 근무 태도 등의 자기관리와 책임감, 문제해결, 관계를 통한 업무 수행 능력 등의 관계 요령, 스트레스 대처 관리 같은 위기 대처 능력, 직장

예절이나 주인 의식, 업무 규칙 등의 직장윤리를 배워야 한다(이재호, 2017).

중독자가 이전에 해 오던 직업에 종사하는 것도 좋다. 그러나 마약을 할 위험성이 있는 직업이나 마약을 한 사람들을 만날 수 있는 직장은 피해야 한다.

대부분의 중독자는 직업이 없기에 자기가 잘할 수 있는 일, 좋아하는 일 중에서 취업할 곳을 선택해서 취업해야 한다. 하지만 가장 우선적으로 생각해야 하는 것은 직업 자체보다는 회복이다.

2) 성장하기

회복은 단순히 단약에 그치는 것이 아니라 삶의 태도가 변하여 성장하는 것을 말한다. 단약과 회복은 다르다. 단약을 한 다음이라도 정직하고 올바른 삶을 살지 않으면 재발의 가능성이 있다. 회복은 자신에게 정직하면서 자기를 사랑하고, 자기 책임을 다하는 것이며, 영적으로 꾸준히 성장하는 것이다.

제 7 장

마약류 치료에 대한 최신 지견

1. 근거 기반 최신 치료 기법 개관

마약 중독의 특성상 재발이 흔하게 일어나기 때문에 중독자 본인뿐만 아니라 가족, 치료자가 치료의 효과성을 의심하는 상황이 빈번히 발생한다. 이러한 상황에서 이전의 연구에서 효과성이 입증된 근거 기반 치료를 실시함으로써 치료자는 자신이 실행하는 치료 접근에 자신감을 가지고, 내담자에게는 확신을 주어 치료 효과의 선순환이 일어날 수 있다. 이를 위해 최신 연구들에서 어떤 치료 프로그램을 검증하였는지 그 효과성의 크기와 지속성 등을 살펴보고, 근거 기반의 치료 기법이 무엇인지 알아 둘 필요가 있다(김주은, 2020).

가장 최근에 마약 중독 치료에 대한 근거 기반 치료의 가이드라인을 제시해 준 지침서는 미 국방부 재향군인회에서 제공한 마약 중독자 치료를 위한 임상 매뉴얼이다(Andrews et al., 2013). 이 지침서는 마약 중독자들을 대상으로 실시한 치료 기법의 근거를 종합하였을 뿐만 아니라, 전문가 및 심리치료사, 간호사, 사회복지사 등의 의견을 취합하여 실제 실행 가능성, 현장 수용성, 집단 간 평등성 등을 고려하였다.

〈표 7-1〉 마약의 종류에 따른 근거 기반 치료

마약의 종류	치료타입	효과성
자극제사용장애	약물치료	근거 불충분
	심리치료 [인지행동치료 유관관리 공동체 강화 접근]	근거 충분[치료 권함, 효과가 큼]
대마사용장애	약물치료	근거 불충분
	심리치료 [인지행동치료 동기강화상담 인지행동－동기강화]	근거 충분 [치료 권함, 효과가 큼]
아편계사용장애	약물치료 [부프레노르핀/날록손 메타돈]	근거 충분 [치료 권함, 효과가 큼]
	심리치료	근거 불충분

출처: Andrews et al. (2013).

〈표 7-1〉에서 볼 수 있듯이, 이 치료 지침은 마약류를 3개의 카테고리로 나누어 자극제사용장애(필로폰, 코카인 등), 대마사용장애, 아편계사용장애(아편, 모르핀, 헤로인 등) 각각에 대한 근거 기반 약물치료와 심리치료를 제시하였다. 그리고 각 치료 기법의 효과성 근거는 충분한지, 치료를 권하는지, 치료 효과의 크기는 어떤지에 대한 부분을 제시하였다.

자극제사용장애 심리치료에는 인지행동치료, 유관관리, 공동체 강화 접근이 권고된다. 특히 코카인 사용 감소에 효과적이었으며, 유관관리와 공동체 강화 접근이 혼합된 치료는 코카인 사용 감소뿐만 아니라 우울 증상의 감소와 치료 중 마약 사용으로 인한 입원 비율을 낮추는 것으로 나타났다. 대부분의 연구가 코카인을 중심으로 연구하였으나, 필로폰 중독자에게 유관관리를 실시하였을 때 마약이 검출되지 않은 소변샘플 수가 증가하고 단약 기간이 두 배 정도 늘었다고 보고하는 연구도 있었다

(Roll et al., 2006). 반면에 자극제 중독에 대한 약물치료의 효과는 심리치료에 비해 미비한 것으로 보고되었다.

대마사용장애 심리치료에는 인지행동치료, 동기강화상담, 또는 이 두 가지 치료 기법이 혼합된 치료가 권고된다. 그중에서도 행동치료를 받은 내담자들은 대마초 사용 빈도, 심각도, 심리사회적 기능 부분이 66% 증가했다. 또한 정신분열 증상과 공존하는 대마 중독자들에게 인지행동치료와 동기강화상담이 혼합된 치료 기법을 사용했을 때 대마초 사용량이 감소하였다. 심리치료의 효과에 반해 아직까지 부프로피온(bupropion), 플로옥세틴(fluoxetine), 부스피론(buspirone) 등의 약물치료는 유의한 효과를 보이지 않는 것으로 보고되었다.

약물치료의 효과성이 미비했던 대마 및 자극제 사용장애에 반해, 아편계사용장애에서는 약물치료의 효과성이 보고되었고, 임상 지침서에서도 권고하고 있다. 특히 아편계 작용제인 부프레노르핀(buprenorphine)/날록손(naloxone)은 진통제로 사용되는 부분적 아편 성분을 담고 있어서, 보조적 대체/유지 치료에 사용하였을 때 아편계 물질의 갑작스런 사용 중지로 인한 금단증상을 감소시킨다. 메타돈(methadone) 치료는 아편계 중독 빈도와 심각도를 줄이고, 금단증상을 감소시켜서 치료에 참여하는 비율을 높이는 것으로 보고되었다. 아편계 중독에 대한 유관관리 등에 대한 심리치료의 효과성도 연구되고 있지만 약물치료를 병행하지 않는 한 효과가 없는 것으로 나타났다.

2. 근거 기반 최신 치료 기법 소개

1) 인지행동치료

자극제 및 대마 사용장애에 모두 효과가 있다고 알려진 인지행동치료는 기본적으로 사회 기술 훈련, 스트레스 관리 훈련, 자기조절 훈련, 인지치료의 네 가지 요소를 포함한다.

첫째, 사회 기술 훈련은 기본적으로 의사소통 기술 훈련, 자기주장 훈련, 거절 기술 훈련을 하고 있지만, 중요한 것은 마약을 사용하는 사람들과의 관계를 단절하면서도 고립이 되지 않도록 사회망을 유지하는 것이다. 사회 기술 훈련은 주로 집단치료의 형태로 진행되며, 역할극, 사회적 모델링, 대화 기술에 대한 피드백을 훈련한다.

둘째, 스트레스 관리 훈련은 스트레스와 마약 중독과의 관계, 스트레스를 받는 상황을 인식하기, 문제 상황을 회피하지 않고 적극적으로 해결하는 방법을 구상하고 연습하는 것을 말한다.

셋째, 자기조절 훈련은 인지행동치료의 핵심 기술인 기능 분석(functional analysis: 재발하기 직전과 직후의 상황이나 생각, 감정을 분석하는 것)을 함으로써 재발로 이끄는 고위험 상황을 밝히고, 대처 기술을 학습하며, 마약 사용과 관련이 없는 활동을 개발하고 연습하는 것을 말한다.

넷째, 인지치료는 마약 사용에 대한 편향적인 생각, 마약 사용과 관련 있는 상황에 대한 인지적인 왜곡을 연속된 질문을 통하여 소크라테스식의 대화로 이어 나가면서 사고를 수정하는 것을 말한다. 참고로 마약 중독 논문에서는 아직 연구되어 있지 않으나, 알코올 중독 연구에서 이 네 가지 요소의 효과성을 상호적으로 비교한 연구들에 의하면 사회 기술 훈련의 효과성이 가장 큰 것으로 나타났다.

마약에 중독된 사람들은 종종 대화의 기술, 즉 사회적으로 용납되는 범위 안에서 자신의 의견을 명확하게 이야기하기를 어려워하는 모습을 보인다. 이는 화를 터트리는 등의 공격적인(aggressive) 방법, 아니면 극도로 위축된(passive) 상태에서 이야기하는 방법에만 익숙해서 건강한 중간 상태의 명확한(assertive) 대화법을 개발하지 못했기 때문이다. 명확한 대화를 하기 위한 대화 기술에는 언어적 · 비언어적 측면이 있는데, 특히 마약을 권하는 사람을 거절하는 경우를 예를 들어서 다음과 같은 대화 방법을 시도할 수 있다.

〈표 7-2〉 대화의 두 가지 측면

언어적 측면	비언어적 측면
아니라고 명확히 말하기	눈을 쳐다보며 말하기
주제를 바꾸기	목소리 크기를 적절히 유지하기
다른 행동 제안하기	어깨와 가슴을 열어 말하기
다시는 권하지 않기를 명백히 요구하기	말하고 난 후 즉시 자리를 피하기

또한 중독문제를 가진 사람들 중에서는 원래의 성격 때문에 사회 관계망 자체가 좁은 사람도 흔하지만, 지속된 마약 사용으로 인해 사람들과의 관계가 단절되고 마약을 함께 사용하는 사람들과의 관계만이 남은 경우도 많다. 한 사람에게 모든 지지를 받으려고 하는 경우에는 과도한 기대감으로 인한 실망감이 클 수밖에 없음을 이해할 필요가 있다. 관계망, 지지집단의 종류는 다양하다. 감정적 지지를 줄 수 있는 사람이 있고, 도구적인 도움을 줄 수 있는 사람(과제나 일, 업무를 도와줄 수 있는 사람)이 있으며, 특정 영역을 지도해 줄 수 있는 사람도 있다. 격려를 해 줄 수 있는 사람이 있으며, 같이 여가 시간을 보낼 수 있는 사람도 있다. 상담가는 내담자가 현재 어떤 관계망 안에서 어떤 지지를 받으며, 어떤 영역에서 지지를 받고 있는지 확인할 수 있도록 도와야 한다. 지지를 받지 못하는 영역이 있다면 누구에게 그러한 지지를 받을 수 있는지, 어떤 식으로 그 사람과 관계를 맺을 수 있을지 이야기할 필요가 있다. 또한 마약을 사용하는 사람과의 관계를 끊을 수 있는 효율적인 방법과 마약을 사용하지 않는 사람들과 새로운 관계를 맺을 수 있는 방법을 의논해야 한다. 관계를 맺고 지지를 받는 것도 내담자의 노력과 의지가 필요하다.

인지행동치료의 자기조절 훈련을 하기 위해서는 자신에게 '고위험 상황(약물을 사용하지 않겠다고 결정한 이후에도 약물 사용을 원하도록 만드는 상황)'이 어떤 상황인지에 대한 분석이 필요하다. 우연히 고위험 상황에 빠지는 것이 아니며, 이러한 상황이 초래되는 내적 · 외적 요인이 있다. 어떤 사람은 주로 환경적인 요인에 의해서 영향을 받고, 어떤 사람은 주로 내부적인 요인에 의해서 영향을 받기도 하며, 두 요인은 서로 연결이 되어 있다. 상담가는 내담자가 다음의 내적 요인과 외적 요인 중 어떤 경우에 고위험 상황이 되는지를 파악할 수 있도록 도와야 한다.

〈표 7-3〉 내적 · 외적 요인 체크리스트

내적 요인	체크	외적 요인	체크
두려움		집에 혼자 있기	
좌절		집에 친구와 있기	
타인의 무시		친구의 집에 가기	
죄책감		스포츠 이벤트 하기	
긴장		영화 보기	
자신감		클럽 가기	
행복		해변에 가기	
열정		콘서트 가기	
타인의 비난		약물 사용 친구와 어울림	
압박감		방학/휴가	
우울감		데이트 전	
불안감		데이트 하는 동안	
이완된 느낌		성적 활동 전	
부끄러움		성적 활동을 하는 동안	
분노		성적 활동 후	
슬픔		일하기 전	
흥미를 느낌		돈이 많을 때	

갈망을 다루는 기술도 인지행동치료에서 활용이 가능하다. 마약을 하고 싶은 갈망에도 강도가 다르다. 갈망이 높은 수준으로 가기 전에 대처 기법을 사용해야 하는데, 높은 수준의 갈망은 대처 기술을 사용하기에 이미 늦기 때문이다. 약물을 하고 싶다는 생각이 머릿속을 스쳐 지나갈 때 쓸 수 있는 사고전략과 행동전략에는 다음과 같은 것이 있다.

사고전략

1. 심상요법: 단약하지 못하고 중독이 진행되어 더욱 심각해진 모습을 떠올려 본다. 반대로 회복 후에 평온해진 자신의 모습을 그려 보는 것도 도움이 된다.
2. 혐오요법: 중독이 계속적으로 진행되었을 때 죽음, 사망, 2차 질환, 사고, 관계 파탄, 교통사고, 경제 문제 등 개인마다 병적으로 붕괴되는 가치에 대해 떠올려 본다.
3. 충동의 파도 타기: 갈망의 모습을 제3자의 입장에서 들여다보고, 일시적인 것임을 이해하고 호흡과 명상으로 파도를 타듯이 머물러 있다면 다시 제자리로 돌아와 잠잠해지는 것을 경험할 수 있다.
4. 스스로를 지지하기: "나는 잘할 수 있어! 여태껏 잘하고 있어." 등의 자존감을 향상시키는 긍정적인 언어를 떠올린다.
5. 갈망이 정상적인 것임을 인정하기: 갈망이 일어나는 것이 정상임을 인정하고, 갈망을 느끼는 자신을 판단하거나 지나친 죄책감을 갖지 않는다.

행동전략

1. 자극 조절: 약물과 관련된 상황에서 즉시 자리를 벗어난다(예를 들어, 같이 약물을 사용했던 친구를 우연히 만나거나 클럽에 가는 것, 또는 성적인 내용 또는 약물 사용이 노골적으로 표현된 영화를 보지 않는 것).
2. 단서 노출: 안전한 치료 환경이나 자조집단에서 약물과 관련된 내용을 들을 때 초기에는 갈망을 심각하게 느낄 수도 있겠지만, 반복적인 훈련으로 낮은 수준의 갈망으로 수정할 수 있다.
3. 주의 분산법: 목욕하기, 운동하기, 영화 보기 등 약물 사용과 관련이 없는 긍정적인 다른 일을 한다.
4. 전화하기: 갈망에 대해서 판단하지 않고 지지해 줄 수 있는 치료자나 동료, 또는 후원자 등이 포함된다.

5. HALT 체크: 인간의 기본적인 본능과 관련이 있다. 지나친 배고픔(Hungry), 화남(Angry), 외로움(Lonely), 피로함(Tired)은 대부분의 중독자를 재발로 이끄는 신호이기에 회복을 유지하기 위해서는 균형을 맞추는 것이 필요하다.

약물 사용과 관련된 행동을 수정하기 위해서는 자신의 사고 습관을 제3자의 입장에서 객관적으로 분석할 필요가 있다. 치료자와 함께 자동적 사고와 생각의 오류를 분석하는 과정에서 자신의 사고 습관에 주의를 기울임으로써 재발로 이끄는 생각을 수정해 가는 것을 연습해야 한다. 자동적 사고란 특정 상황에서 의식적인 노력 없이 저절로 떠오르는 생각이다. 예를 들어, 한 지인이 나에게 인사를 하지 않고 지나갔다고 가정해 보자. 이런 상황에서는 자동적으로 '내가 그렇게 존재감이 없는 사람인가?'라는 생각이 지나가고, 그 생각에 새가 둥지를 틀 듯이 생각에 생각을 반복할 경우에 이는 자괴감으로 발전하여 약물에 대한 갈망으로 이어질 수 있다. '나의 존재감 없음'에 대한 자동적 사고가 존재하는 이유가 있을 수 있다. 예를 들면, 타인으로부터 무시를 당하는 경험을 여러 번 겪은 경우에는 그런 생각이 자동적으로 들 수밖에 없다. 그러나 그러한 생각이 100% 진실이라고 할 수 없고, 지금의 내 감정 때문에 상황에 대한 해석이 부정적인 측면으로만 주의를 기울였을 수 있다. 이러한 자동적 사고의 오류는 마약 중독 문제를 가지고 있는 사람뿐만 아니라 다양한 사람이 겪을 수 있는데, 가장 흔하게 겪는 자동적 사고의 오류는 다음과 같다.

〈표 7-4〉 대표적인 자동적 사고의 오류

구분	내용
과잉일반화	한두 가지의 근거로 확대 해석 또는 성급한 결론 도출 예를 들어, '여기 사람들은 냉정하군. 이 직장에서는 적응하기 힘들 것 같다.'
지레 짐작/독심술	특별한 근거 없이 다른 사람의 마음을 추측하고 단정하기 예를 들어, '저 사람은 나를 안 좋게 생각하고 있어.'

개인화하기	자신과 무관한 사건을 자신과 관련된 것으로 해석하거나 자신의 탓으로 돌리는 것
예언자적 사고	근거 없이 미래에 일어날 일을 부정적으로 예측/단정하는 것
감정적 생각	막연히 느끼는 감정에 근거해서 결론을 내림
재앙/파국화	본래는 작은 일인데, 머릿속에서 아주 큰일로 키워서 생각하고 두려워하는 것
명명하기	한 가지 특성을 토대로 자신이나 타인에 대해 단정적으로 이름을 붙이는 것 예를 들어, '저 사람은 비열해.'
확대와 축소	어떤 상황을 실제 가치보다 더 크게 혹은 더 작게 여기는 것. 주로 부정적인 상황을 과장해서 받아들이고 긍정적인 상황은 축소함
흑백논리	이것 아니면 저것이라는 이분법적 사고

인지행동치료에는 인지적 · 사고적 측면뿐만 아니라 행동을 모니터링하고 계획하는 행동치료의 측면이 포함된다. 예를 들어, 우리가 괴로운 감정 때문에 밖에 나가지 않고 사람들도 만나지 않는다면, 그런 행동을 반복할수록 괴로운 감정은 나아지지 않고 악화된다. 즉, 감정이 행동을 유발하기도 하지만 특정 행동의 반복이 감정을 악화시키거나 감소시키는 상호관계를 보인다. 마약을 장기적으로 사용했던 사람들은 단약을 시작하면서 마약을 하기 전의 생활 습관으로 돌아가려고 하지만 그것은 생각만큼 쉽지 않다. 행동치료에서는 내담자의 생활 습관을 모니터링하고 약에 대한 갈망이 각각의 행동 습관과 어떻게 연결되어 있는지, 그러한 연결고리를 끊기 위해서는 어떠한 행동을 활성화하는 노력이 필요한지를 분석하여 시도해 보아야 한다.

다음의 '행동 모니터링지'를 살펴보면 월요일부터 일요일까지 시간대(아침 · 점심 · 저녁 시간)가 적혀 있다. 지난주에 내담자가 시간대별로 무슨 일을 했는지 구체적으로 작성해 보고, 그 일을 하고자 하는 갈망의 정도를 0~100까지 중 몇 %인지 적어 보도록 돕는다. 여기서 중요한 것은 내담자의 약에 대한 갈망과 밀접하게 연결된 행동을 찾아내는 것이다.

〈표 7-5〉 행동 모니터링지

• 지난 한 주간의 활동과 갈망의 정도를 기록해 보자.

	월요일	화요일	수요일	목요일	금요일	토요일	일요일
일어나서 점심까지							
점심부터 저녁까지							
저녁부터 수면까지							

행동을 모니터링해 봤으면, 이제 갈망과 밀접하게 연결된 활동을 대체할 만한 활동을 찾는 것이 중요하다. 예를 들어, 술을 마시면서 마약을 사용했던 사람은 술집에 가면 술을 마시는 행동을 대체할 활동을 찾아야 하는데, 아주 거창한 계획보다는 작은 활동을 계획하는 것이 좋다. 예를 들어, 술을 마시는 이유 중에는 음주 후 긴장이 이완되는 느낌을 받기 때문에 마시는 경우가 있는데, 만약 그런 경우라면 저녁에 긴장을 완화시키는 목욕을 한다든지, 몸을 이완시키는 요가 수업 등을 일주일에 한 번 정도 가도록 계획을 세우면 좋다. 우리가 계획하는 활동에는 두 가지 유형이 있는데, 한 가지는 즉시 기분이 좋아지는 활동(fun activity, 예: 게임하기, 노래방 가기)이고, 다른 한 가지는 당장에 기분이 좋아지지 않을지라도 장기적으로 보람이 느껴지는 활동(mastery activity, 예: 운동하기, 영어 배우기)이다. 활동이 어느 한쪽으로 치우쳐 있을 때 불만족감을 느낄 수 있으므로 내담자로 하여금 두 가지 유형을 균형적으로 계획할 수 있도록 돕는다. 계획을 세울 때에는 실행 가능성이 있는 활동을 가능한 일시, 장소, 동반인 등의 상황을 상상해 가며 구체적으로 계획한다.

2) 공동체 강화 접근

공동체 강화 접근은 마약 사용과 관련한 환경을 바꾸어 나가면서 행복하고 친사회적이며 보상적인 행동을 찾고, 건강한 삶의 양식을 재건설하는 것을 의미한다. 이 치료 기법은 폭넓은 프로그램을 포괄하는데, 인지행동치료에서 다루는 기능 분석 및 사회 기술 훈련에 덧붙여 가족, 직업, 여가 등의 환경을 증진시키는 것을 포함한다. 먼저 평생 단약을 할 것이라는 가정에서 벗어나, '단약 샘플 작업'이라는 이름으로 상담가와 내담자가 일정한 기간을 정하여 그 기간 동안만이라도 단약을 할 수 있도록 연습해 간다. 일정한 기간을 정해 놓고 단기간 단약을 하는 실험을 지속하면서 단약 기간을 점점 늘이는 것을 목표로 하는 것이다. 얼마 동안 단약하기를 희망하는지, 언제 시작하고자 하는지, 단약을 시작하기 위해 준비해야 하는 것들은 무엇인지, 혹시 이 단약 '실험'에 방해가 될 만한 일정이 있다면 조정해야 하는 부분은 무엇인지, 문제가 발생할 수 있는 영역과 문제가 발생했을 때의 차기 계획은 무엇인지 내담자와 이야기를 할 필요가 있다.

공동체 강화 접근에는 직업 기술 훈련이 포함된다. 보통 내담자의 직업이 마약 사용에 노출되기 쉬운 경우가 많은데, 이럴 경우 마약에 노출될 빈도가 낮은 직업을 찾는 것이 중요하다. 공동체 강화 접근의 직업 기술 훈련 부분에 대해서는 심도 있는 논의가 필요한데, 이전 연구에 기초하여 고려할 부분은 다음과 같다.

- 이전 연구에서는 마약류 사범 교도소 내에서의 직업 훈련이 특정 자격증을 취득하기 위해 정원의 수형자가 집체교육에만 전념하도록 되어 있어 선택의 폭이 좁다고 지적하였다(강은영, 신성만, 2012). 기능을 습득하는 과정에만 집중하고 직업교육 수료자의 사후관리가 부족하여, 대부분의 전과자가 사회적 낙인이나 대인관계의 어려움 등으로 인해 실제 취업에 어려움을 겪는다. 실제적인 취업 알선 및 사후관리를 위해서는 다학제간의 지속적인 서비스가 필요하다.
- 금기시되는 불법적이고 퇴폐적인 직업 활동을 하는 사람들이 상대적으로 많기 때문에 평범하고 소박한 직업 활동에 대한 건강한 가치 부여, 바람직한 돈벌이와 소

비 생활에 대한 윤리적 성찰과 지속적인 훈련이 필요하다(임해영, 김학주, 윤현준, 2018). 다양한 직업 훈련과 일자리 참여 기회를 통해 회복기 마약 중독자들의 사회 복귀와 적응을 위한 현실 감각을 키워 주어야 한다. 또한 회복자를 마약 중독자의 회복을 돕는 준전문가, 전문가로 양성하는 체계적인 교육 시스템 마련과 직종 개발이 필요하다.

- 마약 사용으로 인한 범죄 경력이 신상정보에 남게 되어 직업 자체를 얻는 것에 많은 제한이 있다. 그렇기에 치료 기관 및 출소를 담당하는 기관에서는 중독자들이 직업을 구할 수 있는 기관과 협력하여, 회복자의 장점 및 함께 일을 해야 할 때의 유의점 등을 알려 주어야 한다. 이미 회복자들이 일하고 있는 직장에서는 회복자에게 취업 기회를 제공할 가능성이 높으므로, 회복자들의 고용주와 지속적인 협력을 통해 그와 비슷한 직장 영역에 더 많은 회복자를 취업시킬 수 있도록 연계하는 것이 현실적이다. 직장을 구한 회복자들이 구직을 하고 있는 회복자들에게 자신의 경험을 나누는 기회를 줄 수도 있다. 또한 직장 동료나 상사와의 관계에서 분노를 조절하고 대화로 문제를 해결해 가는 기술이 부족하여 직장을 그만두게 되는 경우도 빈번하므로 직장에서의 대화 훈련법에 대한 교육이 필요하다.

내담자의 직업관, 적성검사 및 기술 훈련, 구직 활동까지 그 분야의 전문가와 함께 직업 훈련에 대한 프로그램을 진행한다. 먼저 내담자의 능력 검사, 태도, 기초교육 및 의사소통 기술에 대한 점검이 필요하고, 구직 목표를 측정한다. 그 후, 자기 신뢰하기 연습, 긍정적인 직업 태도 및 가치 형성, 직업 관련 스트레스 대처, 직업 관련 문제 다루기 교육이 진행된다. 이력서 쓰기, 면접 연습, 희망하는 직장을 방문하여 직원과 접촉하고, 취업을 위한 전략을 구상한다. 다른 회복자들의 구직 및 직장 생활 관련 경험을 공유하고, 다른 근로자와의 네트워크를 형성하여 직장을 구한 후로도 서로의 직장 생활을 지지할 수 있는 네트워크 회원 활동을 지속한다.

마약과 관련 없는 친사회적 행동을 개발하고 연습하는 것은 인지행동치료에도 포함되지만, 공동체 강화 접근은 사회 활동 및 여가 활동에 대한 탐색에서 끝나지 않고 자신의 행복 수준과 관련이 깊은 활동을 적극적으로 찾고 생활에 담아낼 수 있도록 훈련해야 한다. 공동체 강화 접근에서는 종종 행복감을 측정하는 척도를 사용하는데, 이를 활용하여 인생 영역을 나누어 현재 느끼고 있는 행복감을 측정한다. 인생 영역에는 재정 관리, 사회 생활, 학업이나 경력, 가족과의 관계, 법적인 문제, 의사소통, 영적인 삶 등이 포함된다. 만약 이 과정에서 불만족 수준이 높은 영역이 있다면, 그에 대한 집중적인 상담이 이루어져야 한다. 예를 들어, 가족 및 배우자, 자녀와의 관계에서의 대화 기술 훈련, 문제해결 기술 훈련 등이 포함되는데, 청소년 내담자인 경우에 부모와의 단독 회기를 가져 상담의 취지를 이해하도록 돕고 동기를 강화하는 내용을 추가할 수 있다. 또한 역할극을 통해 부모와 자녀가 함께 행복 측정도를 나누고 문제해결 기술을 익히는 회기가 들어갈 수도 있다.

3) 유관관리

유관관리란 소변검사를 통해 마약 사용이 검출되지 않았을 경우에 그에 해당하는 긍정적인 보상을 제공함으로써 단약 기간을 늘리는 행동주의 기법을 의미한다. 가장 잘 알려진 방법으로는 마약 사용이 검출되지 않은 소변검사 샘플 제출 시 보상으로 바우처를 제공하는 것을 들 수 있다. 예를 들어, 마약이 검출되지 않은 소변 샘플을 제출할 때마다 2천 원 정도의 바우처를 기본으로 제공하고, 연속으로 제출할 때마다 바우처 금액을 1천 원 정도 증가시킨다. 즉, 3번 연속으로 음성 소변을 제출할 경우에는 9천 원의 바우처를 지급 받게 된다. 대부분 한 샘플 당 지급 가능한 최대 바우처 금액을 일정 수준(예를 들어, 1만 5천 원)으로 제한한다. 대부분 12~16주 사이로 진행되며, 한 주에 2~3번의 소변검사를 시행하는데, 만약 소변검사 결과 마약 성분이 검출되거나 예정되어 있는 소변검사 일정에 참석하지 않을 경우에는 연속적인 샘플 제출로 인해 증가된 금액이 아닌 최초 지급 금액(예를 들어, 2천 원)으로 다시 돌아가게 된다. 모인 바우처로 마약 사용이 아닌 다른 활동을 할 수 있는 티켓, 쿠폰, 물품 등(예를 들어, 영화, 주유소)을 살 수 있다. 조금 더 최근에 연구된 방법으로는 소변 검사 결과에 대한 보상을 추첨식으로 설정하여 확률성 기대를 가미하는 방법이 있다. 예를 들어, 추첨할 수 있는 500종류의 카드 중에 금액이 기재되어 있지는 않지만 '잘했어요!'라고 적힌 카드 250장, 버스 토큰이나 패스트푸드, 화장지 등의 작은 물품을 살 수 있는 카드 216장, 영화표, CD, 전화카드, 시계 등의 조금 더 비싼 것을 살 수 있는 카드 33장, TV나 음향기기를 살 수 있는 '큰 행운!'이라고 적힌 가장 비싼 카드 1장을 준비한다. 마약이 검출되지 않은 소변 샘플 1개를 제출했을 때마다 1번의 추첨 기회를 주고, 연속으로 마약이 검출되지 않는 음성 샘플을 제출할 때마다 1번의 추첨 기회를 더 준다. 즉, 3번 음성 샘플을 제출했다면 추첨을 할 수 있는 기회는 모두 6번이 주어지는 것이다. 하루에 추첨할 수 있는 최대 기회는 10번으로 제한한다. 바우처와 마찬가지로 정해진 날짜에 샘플을 제출하지 않거나 소변에서 마약 성분이 검출되면 다시 추첨 기회가 1번으로 돌아간다. 그러나 그 후 다시 3번 연속으로 마약이 검출되지 않으면 돌아가기 전의 최대 추첨 기회를 회복시켜 준다. 초기에 동기를 좀 더 부여하기 위해 처음 2주 동안 4번 연속으로 음성 샘플을 제출하면 2만 원어치의 카드를 제공하기도 한다.

〈표 7-6〉 유관관리에서 사용되는 일일수행 기록표의 예

날짜:							
요일	월	화	수	목	금	토	일
치료 일정							
치료 참여 여부	○ ×	○ ×	○ ×	○ ×	○ ×	○ ×	○ ×
소변검사 실시 여부	○ ×	○ ×	○ ×	○ ×	○ ×	○ ×	○ ×
약물 검출 결과	+ −	+ −	+ −	+ −	+ −	+ −	+ −
선택 상품/참여자 이니셜							

출처: A treatment manual for implementing contingency management (2011).

3. 동반장애에 대한 고려

마약 사용과 함께 발병하거나 단약 중 금단증상으로 발병하는 정신장애가 다수 존재한다. 예를 들어, 필로폰의 경우에 양극성 장애, 우울 및 불안 장애, 강박 및 관련 장애, 수면장애, 정신병적 장애가 중독 중 또는 금단 중에 흔하게 발병한다. 그렇기 때문에 정신장애가 마약 사용과 독립적인지, 관련이 있는지를 판단해야 한다. 일반적으로 정신장애가 마약 사용보다 먼저 발생하면 독립적인 것으로 보며, 반사회성 성격장애, 양극성 장애 및 조현병은 대체로 마약 사용 이전에 발생하는 경향이 있다. 마약과 관련된 정신장애는 단약 후 한 달 이내에 감소되거나 사라지는데, 만약 한 달 뒤에도 증상이 지속되거나 오히려 증가한다면 해당 정신장애를 마약과 관련 없는 독립적인 정신장애로 보아야 한다.

〈표 7-7〉 물질 중독과 함께 나타나는 정신장애

	각 물질장애와 연관된 진단명으로 중독 중 또는 금단 중에 흔하게 발병하는 장애								
	정신병적 장애	양극성 장애	우울 장애	불안 장애	강박 및 관련 장애	수면 장애	성기능 부전	섬망	신경인지 장애
알코올	✓	✓	✓	✓		✓	✓	✓	✓
대마	✓			✓		✓			
환각제	✓	✓	✓	✓				✓	✓
흡입제	✓		✓	✓				✓	
아편계			✓	✓		✓	✓	✓	
진정제, 수면제 또는 항불안제	✓	✓	✓	✓		✓	✓	✓	✓
자극제	✓	✓	✓	✓	✓	✓	✓	✓	

출처: American Psychiatric Association(2015).

1) 정신병적 장애

최근의 연구에서는 현재 대마를 과도하게 많이 사용하지 않더라도, 어린 시절부터 대마를 사용하기 시작한 사람들에게서 조현병이 많이 발병한다는 사실을 발견하였다(Moore et al., 2007). 11편의 논문을 분석한 이 메타분석 연구에서는 마리화나 사용자가 삶의 중후반부에 조현병이 발병할 가능성이 사용하지 않는 사람에 비해 40% 높다고 보고하였다. 이러한 결과가 대마의 성분으로 인한 것인지, 대마 사용자의 원래의 성격적 · 생활습관적 특성에 의한 것인지는 아직 명확히 밝혀지지 않았다.

한편, 메스암페타민을 과도하게 사용하면 부작용으로 누군가가 나를 쫓아오는 것과 같은 편집증, 피해망상, 환청 등을 경험한다. 최근 리뷰 논문에 따르면, 메스암페타민에 의존적인 증상을 보이는 환자의 26~46%가 이러한 정신병적 증상을 경험한다고 보고하였다(Sulaiman, 2014).

조현병은 현실과 공상의 혼란을 경험하고, 존재하지 않는 것을 보거나 들으며(환각), 명백히 잘못된 사실을 확고히 믿는(망상) 정신병적 장애다. 환각은 실제로 존재하지 않는 감각 자극을 인식하는 것이다. 목소리를 듣는 환청이 가장 많이 일어나고, 존재하지 않는 것을 보는 환시, 존재하지 않는 것의 맛을 느끼는 환미, 실재하지 않는 것의 냄새를 맡는 환후는 상대적으로 드물다. 망상에는 여러 형태가 있는데, 가장 흔한 형태가 귀신이 자신을 해치려고 한다고 믿는 피해망상이다.

조현병 환자는 기괴한 행동, 와해된 언어 사용(연결이 느슨하고 앞뒤가 맞지 않는 언어 사용), 비논리적인 사고를 보인다. 지금이 몇 시인지, 오늘이 무슨 요일인지, 몇 년도인지, 여기가 어디인지, 자신이 누구인지조차 인식하지 못할 수도 있다. 많은 조현병 환자가 사고장애를 보이는데, 이는 생각의 연결성이 느슨해지면서 생각과 말의 논리적 구조가 깨지는 것을 의미한다. 보통 하나의 생각 뒤에 다른 생각이 논리적으로 진행되듯, 생각은 밀접하게 연결된다. 그러나 조현병 환자들의 말은 혼란스럽고 뒤죽박죽으로 섞여 있어 생각의 흐름을 따라가기가 어렵다. 심각한 경우에는 언어가 완전히 와해되어 이해가 불가능하고, 의미 없는 단어를 지어내거나 이상한 운율을 만들어 내기도 한다.

환각, 망상, 기괴한 행동, 사고장애 등의 조현병의 징조가 명백하면 이를 양성 증상으로 분류한다. 조현병 환자들은 완전히 사회적으로 고립되거나, 무관심하고, 감정표현이 결여되는 증상을 겪을 수 있는데, 이러한 행동의 결여를 음성 증상으로 분류한다.

조현병 스펙트럼 장애에는 단기 정신병적 장애와 망상장애가 포함되는데, 단기 정신병적 장애는 망상, 환각, 와해된 언어, 기괴한 행동, 긴장성 행동 중 1개 이상이 하루에서 한 달간 지속된다. 그러나 증상이 사라지면 환자의 기능이 완전히 회복된다. 단기 정신병적 장애는 사랑하는 사람의 죽음이나 전쟁에 노출되는 것과 같은 심각한 스트레스에 관련된 경우가 많다. 망상장애는 지속적으로 망상적 믿음을 보이는 사람에게 진단한다. 망상은 조현병에도 자주 나타나지만, 조현병 환자와는 다르게 혼란스럽고 와해된 사고를 보이지 않으며 환각 또한 현저하게 나타나지 않는다. 망상이 비정상성을 보이는 것이 망상장애의 유일한 징후다.

2) 불안장애

불안장애의 주요 유형에는 공포증, 공황장애, 범불안장애가 있다. 미국의 대규모 연구에 따르면, 마약사용장애를 가진 사람의 1~8%가 공황장애를 겪으며, 1~5%가 사회공포증을, 1~10%가 범불안장애를 겪는 것으로 보고되었다(Compton et al., 2007). 공포증에는 사람을 만나는 것에 대해 과도하게 불안해 하는 사회불안장애, 높은 곳에 올라가면 극도의 불안감과 공포를 느끼는 고소공포증, 밀폐된 공간에 대한 공포를 갖는 폐소공포증이 포함된다. 공황장애가 있는 사람들은 공황발작 같은 극심한 공포를 갑자기 경험한다. 공황발작은 땀이 심하게 나거나 구역질을 하고, 감각이 없거나 아린 감각을 느끼며, 얼굴이 붉어짐, 오한, 몸의 떨림, 가슴 통증, 숨가쁨, 가슴이 빨리 뛰는 등의 증상을 보인다. 이러한 증상은 사람들로 하여금 심장발작 또는 통제를 잃어버리고 '미칠 것 같은 느낌'을 줄 수 있다. 범불안장애가 있는 사람들은 모든 것에 대해 걱정하고, 걱정이 없는 날이 거의 없다. 여기에는 몸이 떨리고, 휴식을 취할 수 없고, 초조하고, 무섭고, 안 좋은 일이 일어날 것 같은 예감을 동반한다.

3) 우울장애

미국의 대규모 연구에 따르면, 마약사용장애를 가진 사람의 1~4%가 주요우울장애를, 2~7%가 지속성 우울장애를 겪는 것으로 보고되었지만(Compton et al., 2007), 실제 현장에서는 이보다 훨씬 더 많은 사람이 공존질환을 보고하였다. 이는 원래부터 우울 장애를 가지고 있는 경우, 법적 처벌로 재판 결과를 기다리는 동안에 이러한 증세가 더 빈번해진 경우, 금단증상으로 이전보다 더 예민하고 잠을 자지 못하는 경우 등으로 빈번히 우울 관련 증상을 보고하기 때문으로 보인다. 이러한 경우에 재판 결과에 대한 불안과 금단으로 인한 우울 증상을 이겨낼 수 있도록 개인 및 집단 상담을 통해 전문가와 동료의 지지와 도움이 필요하다.

주요우울장애를 겪는 사람들은 보통 슬프거나 우울한 기분 및 무가치함을 느끼고, 체중이나 식욕의 변화, 무기력함, 이전에 즐기던 활동에 대한 흥미를 잃는 증상을 보인다. 주요우울장애는 치료를 받지 않을 경우에 몇 달에서 몇 년 이상 지속될 수도 있고, 재발의 위험이 크다. 어떤 주요우울장애 환자들은 일상생활이 불가능하고 침대를 벗어나지 못한다. 저녁을 먹을 장소를 결정하는 것조차 힘들게 느끼고 집중력이 저하되어 있다. 반복해서 자살에 대한 생각을 하거나 실제로 자살시도를 하기도 한다. 지속성 우울장애 또는 기분저하증은 상대적으로 우울증의 수준이 높지는 않지만 우울감이 낮은 수준에서 지속적으로 나타나는 경우를 말한다.

제 8 장

중독과 가족

가족은 개인이 속한 여러 집단 중 가장 친밀한 집단으로, 가족 구성원은 서로 많은 영향을 주고받는 관계다. 중독의 문제를 가진 개인 역시 가족의 일원으로 살아가고 있다. 그러기에 한 사람의 중독은 가족 구성원 모두에게 커다란 영향을 미친다. 또한 마찬가지로 가족 구성원 역시 중독자에게 많은 영향을 준다.

먼저 가족 구성원은 중독으로 인해 발생하는 부정적인 결과를 중독자 개인과 더불어 가장 무겁게 감내하는 이들이다. 중독자와 함께 살아가면서 가족 구성원은 다양한 신체적 · 심리적 · 사회적 · 관계적 어려움을 경험하게 된다. 중독으로 인한 가장 직접적인 영향을 받는 가족 구성원은 그 자체로 많은 어려움을 가진 일차적인 개입의 대상이다. 때문에 중독자의 치료 참여나 회복 여부와 상관없이 가족의 복지와 안녕을 일차적인 목적으로 한 지원이 필요하다.

또한 중독자의 치료 참여나 회복 유지에 중요한 역할을 하는 이들 역시 가족이다. 무엇보다 중독자가 치료를 받은 이후에 돌아가는 곳도, 회복의 과정을 옆에서 함께 하게 되는 이들도 가족이다. 회복의 과정에 환경이 영향을 미친다면 그 환경 중 가장 결정적인 환경 역시 가족이다. 이는 중독자에 대한 관심만큼이나 그들의 가족 구성원에 관심을 가져야 하는 이유다.

이를 위해 중독과 가족에 대하여 이해하고, 가족에 대한 적절한 지원과 개입의 방법을 고민해야 할 필요가 있다.

1. 가족의 모습

1) 함께 진행되어 가는 중독

중독자에게 술이나 약물이 삶의 중심이듯, 가족에게는 중독자의 중독문제가 삶의 중심이 되어 중독자의 중독 행동을 조절하기 위한 끝없는 시도를 하게 된다. 하지만 그러한 시도가 중독을 해결하기는커녕 오히려 부정적인 결과로 이어지고, 그 와중에 가족의 삶은 통제할 수 없는 상황에 다다른다. 이러한 가족의 모습은 음주나 약물 사용을 조절하고자 하는 노력이 결국 실패하고 마는 중독자의 모습과 다르지 않다. 이러한 중독자 가족의 모습을 중독자가 술에 중독되듯 가족이 중독자에게 적응해 가면서 중독자에게 중독되어 가는 현상(Whitfield, 1991)으로 설명하기도 한다.

중독 관련 전문가들은 중독의 특성으로 갈망과 강박, 조절 능력의 상실, 그리고 부정적인 결과의 세 가지를 언급하였다(조근호 외, 2011). 중독의 이러한 세 가지 특성은 가족의 모습과 연결해서 생각해 볼 수 있다. 먼저 갈망과 강박은 술이나 약물에 대한 생각이 중독자를 완전히 지배하는 것이다. 모든 신경과 에너지가 술이나 약물을 향해 머릿속을 가득 채우고 그것이 충족되어야만 자신이 편안해질 것이라고 굳게 믿는다. 이러한 갈망은 가족에게서도 발견된다. 중독이 진행되어 가면서 어느 순간 중독자에 대한 생각이 가족을 지배한다. 그것은 기대했던 시간에 돌아오지 않는 중독자에 대한 염려이든, 다시 약물을 사용하는지를 확인하고자 하는 집착적인 의심이든, 자신의 뜻대로 되지 않는 중독자에 대한 분노이든 모든 신경과 에너지가 중독자를 향하는 상태다. 중독자가 눈앞에 보여야만 숨을 쉴 수 있고, 그 사람의 중독만 해결되면 가족의 모든 문제가 해결될 것이라는 기대 역시 다르지 않다.

중독의 또 다른 특징인 조절 능력의 상실 역시 가족의 행동에서 발견된다. 술이나 약물을 조절하지 못하는 중독자처럼, 가족 역시 잔소리나 보살피려는 행동, 의심이나 집착을 조절하지 못한다. 이러지 말아야지 하면서도 잔소리가 끊임없이 쏟아지고, 아무 도움이 되지 않는다는 것을 알면서도 이성을 잃고 화를 낸다. 다스려지지 않는 불안 때문에 의심의 눈초리로 중독자를 쫓는 것을 그만둘 수 없다. 돌아오지 않는 중독자에게 밤새도록 받지 않는 전화를 하며, 때로 자신이 미쳐 가는 것이 아닐까 하는 두려움과 함께 말할 수 없는 비참함을 느끼고는 한다.

마지막 특징인 부정적인 결과 역시 가족의 무력감을 가중시킨다. 중독이 진행되어 가는 과정에서 가족은 중독자에 대한 자신의 대응이 원하는 결과로 이어지지 않음을 경험한다. 중독자의 건강을 염려하는 한마디는 잔소리가 되어 중독자로 하여금 술 마실 핑계가 되기도 한다. 약물 사용을 염려한 간섭이 지나쳐서 중독자와의 관계를 더욱 극단으로 악화시킨다. 중독을 통제하고자 하는 자신만의 방식이 오히려 중독자에게 핑계를 제공하고, 관계를 악화시키는 부정적인 결과를 반복함으로써 중독의 진행에 기여하는 역할을 하게 된다.

갈망과 강박, 조절 능력의 상실, 그리고 부정적인 결과가 주기를 그리며 악순환이 강화된다는 점에서도 중독자와 가족은 유사한 모습을 보인다. 중독자는 여러 스트레스 상황에서 갈망과 강박을 경험하고, 한 번 시작된 음주나 약물 사용이 조절되지 않은 채 부정적인 결과를 발생시키며, 이로 인한 좌절과 스트레스는 다시 갈망과 강박으로 이어진다. 가족 역시 중독자에 대한 분노나 실망, 자신의 삶에 대한 좌절이나 현실적 어려움 등 힘든 순간마다 중독자만이 이 문제를 해결할 수 있을 것이라는 생각에 모든 신경을 중독자에게 향한다. 그리고 중독자에 대한 통제와 간섭이 점점 그 강도를 더하다가, 어느 순간에는 소용없다는 것을 알게 되지만 더 이상 이들에게 다른 대안이 없다. 결국 가족의 이러한 부정적인 대응은 관계의 악화를 가져오거나 중독의 핑계로 이용되는 부정적인 결과로 이어지지만, 가족은 상황이 심화될수록 중독자가 달라지는 것만이 해결책이라고 생각하여 더욱 중독자에게 집중하고 만다.

이러한 관계 패턴은 중독자가 자신의 중독문제를 인식하지 못하고 중독을 지속시키는 데 기여함으로써 돌고 도는 악순환의 고리로 작용한다(이현주, 김순옥, 2005). 중독자의 중독이 심해질수록 가족은 중독자에 대한 집착을 강화하고, 가족의 집착은 중독자가 더욱 중독에 빠져드는 악순환을 가져온다. 그리고 이러한 악순환은 점점 더 중독자와 가족의 삶을 옭아매며 빠져나갈 수 없는 늪이 되어 간다.

2) 서로 닮아 있는 가족

이렇게 주고받는 상호 영향은 가족을 다른 듯하면서도 닮은 모습으로 살아가게 한다. 일반적인 가족 역시 그러하듯, 중독 가족 역시 함께하는 시간 속에 삶의 방식과 의사소통의 방식, 사고의 방식이나 감정 표현 등 다양한 측면에서 서로 닮아 간다. 특히 배우자의 경우에 중독자가 나타내는 정서적 증상과 성격적 특성을 함께 겪는 것으로 보고되는데, 낮은 자존감이나 심한 우울증, 충동성, 완벽주의 등이 있다고 알려져 있다(강은실, 1995).

중독 가족의 구성원은 수치심을 공유한다는 점에서 닮아 있다. 수치심은 무엇인가 할 수 없다고 느끼거나 소용없다고 느낄 때 또는 자신의 존재를 부정적으로 평가할 때 발생되는 감정이다(김용태, 2010). 이러한 수치심은 중독의 뿌리가 되는 감정이자 중독자라는 주변의 시선과 중독 행동의 조절에 끊임없이 실패하는 자신에 대한 무능감으로 점차 강화되어 가는 감정이다.

중독자뿐 아니라 중독자 가족 역시 수치심에서 자유롭지 못하다. 중독자와 함께 살고 있는 가족은 중독자인 배우자나 부모, 자녀를 가졌다는 사실과 중독자의 중독으로 야기되는 다양한 문제로 인한 수치심을 갖는다. 게다가 가족은 중독자의 이러한 행동의 원인을 자신의 탓으로 돌리면서, 자신이 무엇인가 잘못되었다고 생각하기도 한다(Cruse & Cruse, 2008). 중독자의 중독을 해결하기 위한 최선의 노력을 하고 있음에도 계속되는 실패를 경험하면서 가족은 자신들이 무능하고 무가치하다고 생각하게 된다. 더구나 중독자는 자신의 중독에 대해 주변 상황, 특히 가까운 가족에게 그 탓을 돌리는 투사의 방어기제를 주로 사용하고 이는 가족의 수치심을 더욱 강화한다.

하지만 이러한 수치심은 온전히 중독자로 인한 것만은 아니다. 중독자의 배우자의 경우에 어린 시절부터 가지고 있던 수치심이 중독자와의 동일시를 가져오고, 이러한 결혼 생활 속에서 더욱 커다란 수치심을 경험한다는 연구 결과(위은영, 2015)는 배우자의 수치심이 중독자와의 결혼 생활로 인해 나타나는 일방적인 결과만은 아닐 수 있음을 보여 준다. 중독의 뿌리에 수치심이 자리 잡고 있듯, 중독자와 함께 살아가는 가족의 심층에도 수치심이 존재할 수 있다고 생각할 수 있다.

중독자와 가족이 공유하는 또 다른 특징으로 고립이 있다. 수치심은 고립으로 이어진다. 중독이 진행되어 가면서 중독자와 가족은 외부로부터, 그리고 가족 간의 관계에서도 고립을 경험한다. 많은 중독자 가족은 지지적인 사회적 관계가 빈약하다. 중독의 문제를 감추거나 주변 지지체계에 대한 분노와 원망의 마음으로 인해 사회적 지지체계의 상실과 고립이 심화된다. 이로 인해 이들은 주변의 자원을 적절히 활용하지 못하고, 중독으로 인한 어려움을 경험하거나 중독문제를 인식한다고 해도 이를 솔직하게 의논하거나 도움을 요청하지 못한다. 결과적으로 가족의 문제에 대한 효율적인 대처와 적응을 어렵게 하여 더욱 큰 스트레스 상황을 야기하며 고립을 가속화한다.

고립은 사회적 관계뿐 아니라 가족관계 안에서도 나타난다. 중독자를 제외한 가족 구성원은 얼핏 보면 서로 밀착된 관계처럼 보이지만, 이들 역시 소원한 관계와 낮은 친밀감을 경험한다. 의사소통의 미숙으로 서로의 욕구와 감정을 알지 못하고, 적절한 애착관계를 형성하지 못한다. 배우자들은 자신의 감정을 타인이나 자녀에게조차 나누지 않고 억압하며, 절망이나 자기혐오로 악화될 때까지 방치하는 경우가 많다는 연구 결과(Cruse & Cruse, 2008)는 이러한 가족의 모습을 보여 준다.

이 외에도 다양한 삶의 모습에서 중독자와 가족은 서로 닮은 모습을 보여 준다. 중독자와 가족이라는 이분법적 시각에서 벗어나 가족 전체를 바라볼 때, 가족과 중독자 사이의 유사성은 가족 전체의 역동을 이해하는 데 도움을 준다.

3) 서로 다른 자리, 서로 다른 경험

가족 구성원 중 누군가가 중독의 문제를 가진 경우, 이는 함께 살아가는 가족 전체는 물론 구성원 개개인에게도 악영향을 미친다. 이러한 영향은 가까이는 중독자의 배우자와 자녀, 나아가 부모와 형제에까지 영향을 미친다. 이러한 부정적인 영향은 가족 구성원의 심리적 · 정서적 손상뿐 아니라 경제적 · 사회적 · 신체적 측면에까지 다양하게 나타난다. 때문에 중독자 가족은 많은 스트레스를 경험하는데, 중독자 가족이 경험하는 스트레스는 일반적인 가족은 물론, 조현병 환자의 가족보다도 더 높은 것으로 나타나고 있어 이들 가족의 힘겨움이 얼마나 큰지를 짐작할 수 있다(이광복 외, 1995; 정선영, 2005).

중독에 대한 개입은 대부분이 가족이 소외한 채 중독자 중심으로 이루어지고 있으며, 그나마 이루어지는 가족 개입은 대부분 배우자에게 초점을 맞추고 있다. 물론 부부체계를 중심으로 가족이 형성되는 것은 사실이지만, 가족은 부부만의 문제가 아니다. 중독자를 중심으로 배우자 외에 부모와 자녀 등 다양한 가족 구성원이 중독의 영향을 받는다. 이들은 하나의 가족으로서 경험을 공유할 뿐 아니라 각자의 자리에서 서로 다른 경험을 한다.

(5) 배우자의 자리

많은 경우에 배우자는 중독자의 보호자 역할을 감당하고 있고, 가족에 대한 개입은 대부분 배우자에게 초점이 맞춰져 있다. 배우자에 대하여 주목해야 할 부분은 배우자가 감당해야 하는 현실의 무게다. 배우자는 중독자를 통제하는 동시에 돕는 경향을 보이고, 자신을 돌보는 것을 어려워하며, 과도하게 책임감을 느끼는 것으로 알려져 있다(김혜신, 2003). 중독의 문제를 가진 이들은 자신의 고통이나 책임을 부정하고, 회피하며, 자신의 힘겨움과 중독의 이유를 외부의 탓으로 투사하는 경향을 보인다. 그리고 이러한 투사의 주된 대상은 배우자다. 이러한 특징이 과도한 책임감을 가진 배우자의 특성과 맞아떨어질 때, 중독자가 감당해야 하는 책임이나 고통은 배우자의 몫으로 던져진다. 그 결과, 중독자가 경제적 역할을 수행하지 못하거나 지속적인 입원치료나 법적 문제로 인해 발생하는 경제적 문제를 포함하여, 배우자는 중독자의 치료와 자녀 양육, 거기에 가정 경제까지 책임져야 하는 버거운 짐을 떠안게 된다(위은영, 2015). 중독 가족의 경제적 어려움은 가족에게 더욱 큰 스트레스와 부정적인 반응을 유발한다는 연구는 이러한 현실적 부담이 가족의 역기능을 더욱 강화시킨다는 것을 말해 준다(김희국, 현진희, 2007). 이러한 과정에서 배우자는 소진을 경험한다.

현실의 무게를 온전히 혼자 감당해야 한다는 점은 배우자를 더욱 소진시킨다. 가족 구성원의 중독이 진행되어 가면서 배우자는 점차 주변 자원과의 관계가 단절되며 고립을 경험하게 된다. 중독에 대한 사회적 낙인이나 중독을 의지나 도덕적인 문제로 바라보는 주변의 잘못된 조언과 훈계로 인해 마음의 문을 닫기도 한다. 고립으로 외부의 자원과 연결되어 활용할 기회를 갖지 못하는 것이다. 외부의 자원만 빈약한 것이 아니다. 역기능적인 가족관계가 많은 중독 가족에서 중독자와 배우자의 원가족 역시 필요할 때 적절한 도움을 주지 못하는 경우가 많다. 오히려 다세대에 걸쳐 나타나는 중독의 특성상 원가족의 중독문제로 인한 어려움이 가중되는 경우도 있어(안희진, 2011) 원가족은 도움을 주는 자원이라기보다는 오히려 부담을 더하는 원인이 될 수 있다. 때문에 중독자의 배우자는 도움을 받을 수 있는 주변의 지지체계가 없이 혼자서 중독문제를 감당해야 하는 경우가 많다.

이러한 와중에 이들은 중독자인 배우자와의 갈등으로 더욱 고립무원의 상태에 처한다. 중독문제는 부부관계를 위협한다. 폭력이나 위협, 의사소통의 단절, 성생활의 불만족 외에도 정서적 지지 부족, 학대, 문제해결 기술 결핍, 높은 비난 경향성 등의 문제가 생긴다(Capuzzi & Stauffer, 2013). 특히 중독자와 배우자는 친밀감이나 감정 표현 등의 관계 형성에서 어려움을 경험하는 역기능적인 특성을 갖고 있어 부부사이의 혼돈과 갈등이 더욱 심화된다(이현주, 2004). 부부간의 갈등은 극단적인 경우에는 가정폭력으로 이어지기도 하는데, 반복적인 폭력은 폭력을 경험하는 배우자로 하여금 극심한 감정적인 손상을 경험하게 하고, 분노나 원망으로 이어진다(심정은, 2016). 부부 갈등은 부부간의 성생활에도 문제를 유발한다. 중독이 진행되어 가면서 성적 능력이 저하되는 경우가 생길 뿐 아니라, 중독자에 대한 부정적인 감정은 배우자의 성관계 거부를 가져오기도 한다. 부부관계와 결혼 생활에서 중요한 부분을 차지하는 성생활의 문제는 관계에서의 문제뿐 아니라 이후 회복의 위험 요인이 되기도 한다(박영순, 2018; 심정은, 2016). 이러한 부부 갈등은 배우자로 하여금 중독자의 지지체계의 역할을 수행하지 못하게 만들고, 이후 회복의 과정에서 지속적인 갈등과 재발의 위험 요인으로 작용하기도 한다.

이렇게 배우자는 중독자와의 갈등 속에서 혼자 힘으로 중독문제를 감당하면서 대개 자기 자신을 잃어버리고 중독자에 매몰되어 간다. 공동의존은 가족 내 중독자의 문제에만 초점을 맞추어 살아가면서, 자신의 삶을 독립적이고 자유롭게 살아가지 못하고 중독자의 필요와 요구에만 민감하게 반응하는 현상으로 정의된다(김희경, 2014). 자신에게 초점을 맞추지 못하는 삶은 시간이 가면서 자신의 욕구와 감정, 더 나아가 정체성조차 잃어버리고 그저 중독자의 행동 하나하나에 의해 휘둘리게 한다. 이러한 상황에서 배우자는 해결할 수 없는 분노와 우울, 원망, 미움, 증오 등을 경험하거나(심정은, 2016), 낮은 자존감, 심한 우울증, 스트레스와 연관된 질병 등(강은실, 1995)의 다양한 신체적 · 정서적 고통을 경험하게 된다.

(6) 부모의 자리

중독을 경험하는 연령대가 점차 어려지면서 청소년기나 초기 성인기에 중독을 경험한 경우 이들의 주된 가족 구성원은 부모와 형제로, 주로 부모가 보호자의 역할을 담당한다. 때로 가족의 해체로 인해 배우자나 자녀와 관계가 단절된 중독자가 다시 부모를 찾아 돌아옴으로써 연로한 부모가 다시 중장년층 중독자의 보호자 역할을 하는 경우가 생기기도 한다. 부모는 배우자를 중심으로 진행되는 가족교육에 참석하면서 배우자와 조금은 다른 경험과 역할을 가진 부모에게 필요한 개별화되고 특화된 교육에 대해 아쉬움을 가지기도 한다. 또한 중독자의 배우자가 표출하는 분노 등을 목격하면서 배우자와는 다른 부모의 입장에서 교육에 온전히 몰입하거나 공감하지 못하기도 한다.

중독자의 부모는 배우자와는 또 다른 경험과 역할을 한다. 중독자인 자녀로 인한 여러 현실적 어려움 외에도 양육자의 입장에서 자녀를 제대로 키우지 못했다는 오명과 자녀의 중독이 자신의 탓인 것만 같은 죄책감, 그리고 다른 가족 구성원과의 복잡한 관계 등이 있다.

먼저, 부모로서 감당해야 하는 현실적 부담이 존재한다. 청소년기 또는 초기 성인기의 자녀가 중독자인 경우에 부모는 한 번도 독립해 본 적이 없는, 언제 독립할지 알 수 없는 자녀를 계속해서 지원해야 하는 상황에 처한다. 자녀의 미래에 대한 염려까지 더해져 언제 끝날지 모르는 막막함은 해결되지 않는 숙제가 된다. 가족 해체를 경험한 중독자의 경우에는 중독자인 자녀 외에 손자녀에 대한 지원까지 고령의 부모가 떠안는 경우도 발생한다. 부모는 독립하지 못하는 자녀에 대한 생계 지원 외에도 중독으로 인해 발생하는 다양한 문제(의료적 문제, 법적 문제 등)를 뒤처리하는 데 필요한 재정적인 부담까지 떠안게 됨으로써 많은 어려움을 겪는다.

이러한 현실적 부담에 더해 중독자의 부모에게 큰 부담으로 작용하는 것은 부모로서 자식을 잘 키우지 못했다는 죄책감이다. 많은 부모는 자녀의 삶이 잘못되는 경우에 부모인 자신의 잘못이라고 생각하는 경향을 보인다. 이들은 자녀를 양육하는 과정의 아주 사소한 잘못까지 되짚으며 자신에게서 중독의 원인을 찾고자 한다. 중독에 대한 병리적 관점에서 중독의 원인이 무엇인가에 초점을 맞추는 사회적 인식이나 전문가의 태도는 이러한 부모의 태도를 더욱 강화할 수 있다. 자신의 잘못에 대한 강박적인 몰두를 통해 어떻게든 단서를 찾아내며, 그러한 잘못을 만회하기 위해 자녀의 중독에 대한 막중한 책임감을 기꺼이 떠안는다. 뿐만 아니라 좋은 부모가 아니라는 자기 스스로의 평가나 주변의 낙인은 자녀를 반드시 회복시킴으로써 다시 좋은 부모로서의 명예를 회복하려는 집착을 보이기도 한다. 이 과정에서 자녀와의 경계가 허물어지고, 점점 더 자녀를 통제하고 관리하는 데 집착한다. 결과적으로 이들은 모든 관심이 자녀에게 집중됨으로써 자신의 욕구와 복지가 무시되는 상황에서도 자신의 행동이 부모로서 당연하다고 여긴다. 이는 부모의 삶을 황폐화시키는 것은 물론이고 자녀의 회복에도 장애가 될 수 있다.

부모가 자녀의 중독문제를 인정하고 도움을 구하는 것을 어렵게 하는 데에는 자녀 문제에 대한 부모의 무지나 맹목적인 태도도 기여한다. 다른 세대를 살아온 부모에게 자녀가 사는 세상은 낯설 수 있으며, 특히 약물을 사용하는 청소년이나 젊은이들의 문화를 부모가 쉽게 인식하기 어려울 수 있다. 이러한 무지는 자녀의 중독을 인식하는 데 어려움을 준다. 또한 많은 부모가 자녀를 잘 안다고 생각하지만, 오히려 자녀를 객관적인 시선으로 보지 못하는 경우가 많다. 이는 자녀의 중독이 진행되는 과정에서 자녀의 중독을 부정하거나 맹목적으로 두둔하는 모습으로 나타난다. 이 과정에서 자녀의 중독문제는 더욱 진행되며, 그로 인해 경험하는 가족의 부담 역시 커질 수밖에 없다.

이러한 부모의 부담은 가부장적 사회에서 자녀 양육의 일차적인 책임을 부여 받은 어머니에게 더 무겁게 부여된다. 자녀의 중독문제에 직면했을 때, 어머니와 아버지는 부모로서 함께 자녀의 중독에 대처하는 협력관계를 구축해야 한다. 하지만 한편이어야 할 아버지는 때로 중독자인 자녀에 대한 비난과 함께 어머니의 양육 실패에 책임을 묻고 오히려 더 큰 부담을 주기도 한다. 이러한 상황에서 어머니는 자녀의 중독뿐 아니라 자신을 비난하는 남편에 의해 위축되고, 남편과 중독자인 자녀 사이에서 중재 역할로 전전긍긍한다. 또는 그 과정에서 오히려 중독자인 자녀와 은밀한 동맹을 구축하여 남편에게 대응하기도 한다. 남편에게 중독자 자녀의 문제를 숨기고, 남편 몰래 중독자 자녀를 지원하느라 어머니는 이중 삼중의 부담을 가질 뿐 아니라, 자녀의 중독에 대한 적절한 대처는 더욱 어려워진다.

중독자인 자녀에게 많은 관심과 에너지가 부여될 수밖에 없는 상황에서 어머니는 다른 자녀와의 갈등이나 죄책감으로 인해 더욱 힘겨워진다. 한 자녀가 중독문제를 가진 경우에 어머니는 다른 자녀에게 관심을 주고 돌볼 여력이 부족하다. 게다가 중독자인 자녀가 다른 자녀에게 부정적인 영향을 미치거나 다른 자녀가 중독자인 자녀에게 분노나 비난을 표현하는 경우 누구의 편에도 설 수 없는 어머니로서 어려움은 더욱 커진다.

이와 같이 중독자의 어머니는 누구도 탓할 수 없는 지난한 길을 중독자 자녀와 함께 간다. 부모에게 중독자인 자녀는 아픈 손가락이다. 원망스럽기도 하지만 안타깝고 미안한, 그러기에 죽는 순간까지도 포기할 수 없는 존재다.

(7) 자녀의 자리

중독 가정의 자녀는 스스로를 보호할 수 없는 어린 나이 때부터 가장 중요한 타자인 부모의 중독이라는 영향력 아래에서 성장한다. 부모의 중독은 자녀에게 불안정과 혼란을 야기하며, 다양한 정신적 · 신체적 건강의 위협 요인을 제공한다(Shaw, 2009). 비일상성(非日常性)이 지배하는 가족 환경 안에서 올바른 규범과 삶의 방식을 학습하지 못하고(강향숙, 2015), 계속해서 이어지는 부모의 싸움과 신체적 학대, 예측 불가능한 훈육, 버려짐의 위협 속에 살아간다(Bantz, 2003). 중독 가정의 자녀에게 가정은 더 이상 안식처가 아니며, 부모는 이들의 보호자가 되어 주지 못한다. 위험과 두려움으로 가득한 환경에서 이들은 반복되는 외상적 경험을 버텨 나간다.

중독 가정의 자녀는 아이다운 유년기를 갖지 못한 채 애어른이 되어 간다. 이들은 중독과 중독자가 가정의 중심이 되는 환경 속에서 자신에게 주의를 기울이지 못한 채 중독자의 기분을 살피고, 자신의 욕구를 충족시키고자 애쓰며 성장해 간다. 많은 경우에 비중독자인 부모 역시 자녀의 욕구와 감정에 관심을 갖기보다는 중독자에게 집중하거나 자신의 힘겨움에 매몰되어 있다. 부모로서 자녀를 돌보고 보살피기보다는 자녀가 오히려 부모인 자신을 돌보고 배려해 주기를 바라는 모습을 보인다. 중독자 부모나 비중독자 부모 모두 부모로서의 역할을 수행하지 못하고, 오히려 자녀가 부모를 보호하고 감내해야 하는 상황인 것이다.

이 과정에서 자녀는 대리 부모 역할이나 대리 배우자의 역할을 수행하기도 하는 등, 어린 자녀에게 어울리지 않는 부적절한 역할에 익숙해진다. 이는 자신의 선택이라기보다는 가족에 의해 부여된 것으로, 이들은 자신의 선택이나 자신의 성향에 따른 것이 아니라 다른 사람들이 원하는 모습으로 행동하고 살아가는 것이다. 이러한 상황에서 자녀의 감정이나 욕구는 존중받지 못하고 외면당한다.

아무리 어른스러워 보이더라도 이들은 어른의 보호와 보살핌이 필요한 어린아이라는 사실은 분명하다. 그러기에 이러한 역할의 혼란은 자녀에게 너무 큰 부담으로 작용한다. 어린아이가 감당하기에는 힘겨운 상황 속에서 너무 빨리 커야만 했던 자녀는 지나친 책임감이나 완벽주의 등을 보이기도 하고, 때로는 불안이나 무력감, 실패감 등을 경험하기도 한다.

또 다른 문제는 자녀가 자신에게 주어진 역할을 수행하면서 가족문제에 지나치게 개입함으로 인해 자신의 발달과업을 수행할 만한 여력을 갖지 못하는 것이다. 이들은 가족의 문제에 매몰되어 자신에게 초점을 맞추지 못한다. 친구들과 또래관계를 만들어 가야 하는 시기에 가족을 돌보아야 하고, 자신의 정체성을 고민하고 찾아가야 하는 시기에 가족에게 닥친 문제를 해결하기 위해 골몰한다. 유년기와 아동기, 청소년기 등의 발달단계에 따라 주어진 다양한 발달과업을 다루고 수행하는 것은 건강한 성인이 되어 가기 위한 중요한 과정이다. 이러한 과정을 충실히 이행하지 못하는 것은 성인기의 삶에도 부정적인 영향을 미친다. 이들은 미처 다루지 못한 발달과업과 해소되지 않은 문제를 안고 성인이 된다. 어린 시절 나이에 맞지 않게 조숙한 모습을 보였던 이들은 온전히 수행하지 못한 발달과업과 미해결된 문제로 인해, 오히려 성인이 된 이후 특정 영역에서 어린아이와 같은 미성숙한 모습을 갖게 된다. 어린 시절 너무 일찍 성장해 버린 아이가 어른이 되었을 때는 오히려 온전한 어른이 되지 못하는 역설적인 상황이다.

중독 가정에서 성장했다고 하더라도 모든 자녀가 비슷한 모습으로만 성장하는 것은 아니다. 이들은 나름의 방식으로 가족을 유지하기 위해 각자의 역할을 감당하고, 이러한 역할이 점차 고착화한다. 베그샤이더(Wegscheider, 1981)는 자녀의 역할 유형을 다음의 네 가지로 설명했다. 첫 번째 유형은 '가족영웅'이다. 이들은 책임감 있고 성취 지향적인 모습으로 가족의 자랑이 되어 준다. 또한 부모를 포함한 가족을 돌보고 보호하는 부모화된 자녀로서 독립적이고 어른스러운 모습을 보인다. 두 번째 유형은 '희생양'이다. 이들은 부정적인 행동을 표출함으로써 중독이라는 가족문제의 초점을 흐리게 하고, 마치 자신이 문제의 원인인 듯 비난의 대상이 된다. 세 번째 유형은 '잊혀진 아이'로, 이들은 가족 내에서 아무런 문제를 일으키거나 관심의 대상이 되지 못한 채 조용히 살아감으로써 가족에게 안도감을 제공하는 역할을 한다. 네 번째 유형은 '마스코트'다. 주변 사람을 즐겁게 하고 가라앉은 분위기를 전환시키는 역할을 함으로써 가족의 주의를 분산시키는 역할을 한다. 자신의 내적인 두려움이나 불안에도 불구하고, 외적으로는 익살맞은 모습으로 가족의 기분을 바꾸고자 노력한다.

희생양을 제외한 다른 역할 유형은 겉으로는 아무런 문제를 일으키지 않고, 오히려 의젓하고 착한 모습으로 부모나 주변 사람에게 위로가 되기에 부모의 중독으로 인해 힘겨운 환경에서도 잘 적응해서 건강하게 성장하고 있는 것처럼 보이기도 한다. 때문에 부모나 주변 어른은 이러한 모습을 칭찬하며 더욱 이러한 역할을 해 나가라고 격려한다. 하지만 부모나 주변 어른은 의젓하고 책임감 있는 가족영웅이 가진 엄청난 부담감이나 과잉 성취의 힘겨움, 잊혀진 아이가 가진 외로움과 존재감의 부족, 그리고 마스코트가 갖는 내적 감정과 외적 모습의 커다란 간극을 알지 못한다. 자신의 역할을 제대로 수행하지 못할 경우, 안 그래도 위태로운 가족이 완전히 와해될지도 모른다는 공포는 이러한 부작용에도 불구하고 자녀가 주어진 역할을 내려놓지 못하게 만든다. 그리고 어느 순간 이러한 역할이 자기 자신이 되어 버려서 진정한 자신을 잃어버린다. 착하다고 해서 건강한 것이 아니며, 문제를 일으키지 않는다고 해서 잘 적응하고 있는 것이 아님을 기억해야 한다.

자녀의 이러한 역할 유형은 특정 시기나 장소만으로 한정되는 것이 아니라 이들의 다양한 사회적 장소 또는 성장 이후의 시기까지 영향을 미친다. 최승희(2002)는 알코올 중독자 자녀의 역할 유형을 가정, 학교, 직장, 사회 생활 등에서 구분하여 다음과 같이 제시하였다. 이 내용은 가정에서의 역할이 학교나 이후 성장해서 직장과 사회생활에서도 비슷한 양상으로 이어지고 있음을 보여 준다.

〈표 8-1〉 사회적 장소에 따른 자녀의 역할

가정	학교	직장	사회 생활
가족영웅(hero) 책임감 있는 아이	학급 스타	일 중독자	사회적 모범생
희생양(scapegoat) 문제를 일으키는 아이	문제 학생	문제를 일으키는 사람	사회 부적응자
잊혀진 아이(lost child) 순응하는 아이	소외된 아이	고독한 사람	은둔자
마스코트(mascot)	오락부장	익살꾼	나서기 좋아하는 익살꾼

출처: 최승희(2002).

(8) 중독자의 자리

중독자도 가족 구성원이다. 하지만 가족에 대한 논의를 할 때, 중독자 본인은 논의의 대상에서 빠지는 경우가 많다. 이는 중독자를 상호 영향을 주고받는 가족 구성원으로 보기보다는 가족 구성원과는 분리된 별도의 존재로 바라보기 때문이다. 이는 중독자와 가족에게 피해자와 가해자라는 각기 다른 역할을 부여하는 이분법적인 시선과도 연관된다. 하지만 반드시 중독자가 일방적 가해자이고 가족은 일방적 피해자라고 단순히 정리되지 않는다. 중독자가 가족의 삶에 부정적인 영향을 많이 미치고 있는 것은 사실이지만, 중독자 가족의 가족 기능 역시 중독자에게 직접적인 영향을 상당한 수준으로 미치고 있으며, 가족 기능이 중독의 지속이나 악화 또는 치료나 회복에 중대한 영향을 미치는 상호 순환적 관계라고 할 수 있다(김규수, 2006). 중독자와 가족 구성원이 가족이라는 하나의 체계로서 서로 영향을 주고받는 순환적 관계에 있다는 면에서 가족 구성원으로서 중독자의 경험을 이해함으로써 가족 전체에 대하여 올바르게 이해할 필요가 있다.

중독자의 역기능적 행동이나 역할은 가족에게 스트레스가 되고, 이는 가족의 부적절한 대처와 부정적인 태도로 이어진다. 그리고 가족의 부적절한 대처와 부정적인 태도는 다시 중독자의 스트레스를 유발한다. 특히 중독자 가족이 경험하는 경제적 · 사회적 · 정서적 스트레스는 가족의 거부적 태도에 영향을 주고 있음이 확인되었다(김희국, 현진희, 2007). 때로 중독자의 가족은 중독자로 인한 어려움에 대해 중독자에게 벌을 줌으로써 자신의 고통을 되돌려 주고자 하는 마음을 갖기도 한다(김규수, 2006). 이러한 마음은 중독자에 대한 비난이나 무시, 불신 등의 모습으로 나타난다. 중독자는 가족 내에서 일어난 모든 안 좋은 일에 대한 원인으로 지목되어 공격을 받을 수도 있고, 무시와 배척으로 따돌림을 당하기도 한다. 가족을 위한 어떠한 노력이나 시도도 그 의도를 의심받으며, 불안한 눈초리로 감시의 대상이 되기도 한다.

가족의 적극적인 거부나 부정적인 태도가 없다고 하더라도 가족 안에서 긍정적인 존재감을 느끼지 못하는 것만으로도 가족 내에서 중독자의 자리는 불편하다. 중독자는 중독 가족 안에서 가장 중심의 자리에 있는 동시에 가장 소외되어 있는 역설적인 존재다. 중독 가족은 중독자를 중심으로 가족 역동이 이루어지며, 가족 구성원이 중독자에게 모든 신경을 집중하고 있다. 하지만 동시에 중독이 진행되면서 가족 안에서의 역할 변화는 중독자를 한 사람의 자녀로서, 배우자로서, 부모로서의 자리에서 투명인간처럼 만들어 간다. 중독자는 자신의 자리와 역할이 다른 가족 구성원에 의해 채워지고, 어느 순간 자신의 자리가 없음을 느낀다. 중독자는 자녀도, 배우자도, 부모도 아닌 단지 중독자로서만 가족 내에 존재하는 것이다.

중독자라고 하더라도 좋은 아들이나 딸, 좋은 아내나 남편, 좋은 아빠나 엄마로서 가족의 사랑을 받고 싶고, 자신이 그 역할을 잘해 내고 있다는 긍정적인 존재감을 느끼고 싶은 마음은 다르지 않다. 그러기에 자신이 역할을 잘해 내지 못한다고 느끼는 것만으로도 이들의 수치심은 깊어 간다. 중독자의 다양한 역할 중 부모로서의 역할에 대한 연구(강향숙, 2019)에서는, 부모로서의 효과적인 역할 수행을 못하는 것이 중독자의 죄책감과 수치심으로 이어지고 이러한 죄책감과 수치감이 중독 행동과도 연관되고 있음을 보여 준다. 이는 중독자가 가족 안에서 긍정적인 존재감을 갖는 것이 자기 자신에 대한 긍정적인 감정으로 연결되고, 회복에 대한 동기부여는 물론이고 회복을 공고하게 하는 데에도 중요한 역할을 한다는 것을 보여 준다. 또한 중독자가 가족 구성원으로서 잘 자리잡는 것은 가족 전체의 회복을 위해서도 중요하다.

2. 가족에 대한 시선

1) 가족은 일방적인 관계가 아니다

중독이 악순환하듯이, 중독자와 가족 사이의 역기능적 상호작용 역시 악순환을 그린다. 중독자의 중독이 진행될수록 중독자에 대한 가족의 부정적인 대응은 심해지고, 가족 안에서의 갈등으로 중독자는 다시 중독 행동으로 도피하며 중독을 악화시킨다.

중독자와 가족을 만나면 흔히 마주하는 상황이 있다. 중독자로 인해 자신의 삶이 불행하다는 가족과 자신을 비난하고 외롭게 만드는 가족 때문에 중독으로 빠져든다는 중독자의 서로 다른 듯하면서도 닮은 불평이다. 이러한 상황에서 많은 사람은 가족의 불평에 더 공감하기 쉽다. 중독자와 가족과의 관계에서 중독 행동을 반복하는 중독자는 변해야 할 대상이자 가해자로 여겨지는 것이다. 중독자의 잘못으로 가족 모두가 불행을 겪고 있으며, 가족은 중독자의 잘못으로 인해 일방적으로 피해를 겪는 대상이라고 생각한다. 또한 중독자가 중독에서 벗어나기만 하면 가족의 문제가 모두 해결될 것이라고 생각한다. 이러한 생각은 중독자 가족의 주장과 크게 다르지 않다.

중독자의 중독 행동과 그로 인한 부정적인 결과는 모든 사람의 눈에 선명히 드러난다. 먼저 중독자의 모습이 눈에 두드러지기에 이에 대한 가족의 역기능적인 대응은 가족의 어쩔 수 없는 몸부림이거나 중독이라는 문제를 해결하기 위한 정당한 노력으로 용인되는 것이다. 그에 반해 가족의 역기능적인 대응과 부정적인 상호작용에서 나타나는 중독자의 중독 행동은 가족의 부정적인 대응의 부정적인 결과라기보다는 그저 중독자이기에 반복되는 중독 행동으로만 여긴다.

때로는 이와 반대로 가족의 부정적인 대처가 부각되어 제시되기도 한다. '조력자' 또는 '공동의존'이라는 이름으로 중독 행위를 돕는 가족의 모습이 병리적으로 규정된다. 부모의 잘못된 양육이 자녀의 중독문제를 일으키고, 배우자의 역기능적인 태도가 중독자의 중독 행동을 지속시키며, 그러한 행동을 바꾸지 않는 가족에 대하여 중독의 원인 제공자라도 되는 양 책임을 묻기도 한다.

하지만 누군가 한쪽을 가해자로, 다른 한쪽을 피해자로 규정짓는 이분법적 시각은 상황을 해결하는 데 도움이 되지 않는다. 가족은 일방적 관계가 아닌 순환적으로 상호작용하는 관계다. 중독자의 중독 행동이 자신의 상황을 술이나 약물을 통해 모면하고 돌파하고자 하는 잘못된 행동이듯, 가족의 부정적인 대응 역시 중독자와 함께하는 자신의 상황을 모면하고 돌파하는 잘못된 행동이라는 점에서 중독자와 가족이 보이는 양상은 동일하다. 그리고 중독 행동이 반복되듯, 가족의 잘못된 대처 역시 반복되며, 상호작용의 악순환을 심화시킨다.

이러한 악순환은 닭과 달걀의 문제라고 볼 수 있다. 누가 먼저인지, 누가 원인인지 따지는 것은 무의미하다. 가족을 체계로 바라보는 시선에서는 가족 내에서 발생하는 어떤 문제이든 누군가의 일방적인 잘못이 아니다. 누구의 일방적인 잘못이라고 초점화하는 것 자체가 희생양을 만드는 것이다. 다만 누군가 일방의 가해나 일방의 피해가 아니라 부정적인 상호작용에 의해 발생하는 악순환이라는 것을 이해하고, 이러한 관계를 긍정적 선순환으로 바꾸어 갈 수 있는 방법을 함께 찾아가야 한다.

2) 중독자와 함께 살고 있다고 해서 모두가 병리적인 것은 아니다

중독자와 함께 살아가는 가족이 부정적인 상호작용으로 점차 상황을 악화시키는 과정을 살펴보았다. 하지만 모든 가족이 그러한 모습으로 변해 가는 것은 아니다. 중독이 함께 살아가는 가족 모두에게 영향을 미치고, 그로 인한 가족의 역기능을 초래하는 경향을 보이지만, 중독자인 가족 구성원을 둔 모든 가족이 이러한 역기능을 발달시키는 것은 아니다.

중독 가족이란, 중독자의 음주가 가족 생활의 중심이 되고 이로 인해 가족 기능의 불균형이 유발되어 긴장과 역기능이 지속되는 가족이라고 정의할 수 있다(이솔지, 2012). 이는 가족 구성원 중 한 명이 중독자라고 해서 그 가족이 중독 가족인 것은 아니라는 의미다. 중독자의 중독 행동이 가족 생활의 중심이 되지 않고, 가족의 역기능이 이어지지 않는다면 중독 가족이라고 정의할 수 없다. 술을 마시는 모든 사람이 알코올 중독자인 것은 아닌 것처럼, 가족 구성원 중 중독자가 있다고 해서 모든 가족이 중독 가족이 되는 것은 아니다.

가족 구성원 중에 중독자가 있음에도 불구하고 가족의 삶이 중독자를 중심으로 돌아가지 않을 수도 있다. 가족 구성원 각자가 자신의 삶을 영위하면서 역할을 수행하고, 경계를 분명히 함으로써 중독으로 인한 부정적인 영향을 덜 받을 수 있다.

물론 순간순간 위기를 경험할 수 있다. 하지만 이를 새로운 삶의 도전으로 수용하고 잘 대처해 나감으로써 가족이 처한 상황에서 더욱 건강하고 적응적인 가족으로 성장해 나갈 수 있다. 월시(Walsh, 1996)에 의해 설명된 '가족탄력성'의 개념은 가족이 역경을 잘 대처함으로써 보다 강해지고 적응적인 가족의 모습으로 회복하는 능력이 있음을 보여 준다. 중독은 서서히 진행되어 가는 진행성 질병이며, 이러한 진행의 과정에서 일시적인 어려움을 경험하더라도 결국에는 건강한 대처 방법을 발견하고 적응해 나갈 수 있다. 위기나 역경을 단순히 극복해 내야 하는 사건으로만 보지 않고, 이를 극복해 나가는 동시에 성장과 변화의 시간으로 가질 수 있는 것이다.

가족 전체가 긍정적인 성장을 경험하지 못한다고 하더라도, 모든 가족 구성원이 병리적인 모습을 갖는 것은 아니다. 가족 구성원의 일부는 역기능의 상호작용에서 벗어나 자신의 삶을 건강하게 살아가기도 한다. 이러한 모습은 자녀의 삶에서 잘 확인된다. 중독 가정의 자녀의 경우에는 어린 시절 부모의 중독으로 인한 성장 과정에서의 어려움으로 성인기 이후까지 다양한 삶의 문제를 경험하게 되는 위기집단으로 여겨진다. 하지만 부모의 중독으로 인한 어려움을 잘 대처하고 극복해 나갈 경우에 이들은 보다 성숙한 모습으로 성장해 나갈 수 있다.

적응적인 중독 가정의 자녀의 특징을 살펴보면 가족과 함께 살기는 하지만 가족을 뒤에 내버려 두고 그 안에 매몰되지 않음으로써 가족의 영향에서 자유로워질 방법을 선택하고 있음을 볼 수 있다. 이들은 자신을 가족과 동일시하지 않는 대신에 자신에게 편안함과 소속감, 지지를 느끼게 해 주는 대안적인 자원을 찾는다(Rubin, 1996). 세대 간 전이된 중독을 경험한 회복자를 탐색한 강향숙(2015)의 연구에서도 원가족에서의 분리와 대안적인 부모 역할을 제공하는 건강한 관계망 형성을 통해 중독 가정 자녀가 건강하게 성장할 수 있음을 보여 주었다. 이러한 자녀의 개인적 특성을 살펴보면, 긍정적인 성격 특질을 갖고 있어 인생에서 받는 스트레스가 적거나(Capuzzi & Stauffer, 2013), 사회적 자원 활용에 대한 인식이 잘 되고, 어려운 상황을 잘 극복해 가며, 뛰어난 위기 대처 능력을 보인다(양혜진, 2007). 이들은 생활만족도가 높으며, 삶에 대한 적응도 뛰어나 탄력적인 방향으로 삶을 이끌어 갈 수 있다고 알려져 있다. 이는 중독 가정의 자녀라고 할지라도 충분히 건강하게 성장해 나갈 잠재력을 가지고 있으며, 이들이 역기능적인 부모나 가족과 건강한 경계를 만들고 독립적인 자신의 삶에 집중함으로써 건강한 성인으로 성장해 가고 있음을 보여 준다.

이는 가족 구성원 중에 중독자가 있다고 해서 그것만으로 그 가족을 병리적인 시선으로 바라봐서는 안 된다는 것을 말해 준다. 가족 구성원의 중독과는 별개로 어떤 가족 전체 또는 가족 구성원 누군가는 최선을 다해 자신의 삶을 건강하고 충실하게 살아가고 있음을 기억해야 한다.

3) 가족으로서의 여성

병원이나 각 기관에서 시행하는 가족교육이나 가족을 위한 자조집단에 참석하는 참여자의 성별을 살펴보면 압도적으로 여성이 많은 것을 알 수 있다. 어쩌다 참석하는 남성 가족이 낯설게 느껴질 정도로 이러한 현상은 극단적이다. 중독자의 보호자 역할을 담당하는 이들의 대부분은 중독자의 여성 배우자이거나 어머니인 경우가 많기 때문이다. 중독자의 가족을 대상으로 하는 연구 역시 여성 배우자를 대상으로 하는 경우가 많다. 남성 중독자가 많다는 통계적 설명만으로 이해하기에는 이러한 성별 불평등은 무척 극단적이다.

가족이라는 이름으로 이렇게 많은 여성이 있기에 중독 가족에 대해 이해하고자 할 때, 왜 이렇게 여성이 많은가에 대한 의문과 동시에 아내이거나 어머니인 여성의 경험에 주목할 필요가 있다. 이는 생물학적 성별로서의 여성이 아닌 사회적 성별로서의 여성에 대한 젠더 관점에서의 시선을 필요로 한다. 특히 중독 가족의 병리적 특성을 설명할 때 제시되는 공동의존의 특성이 한국 사회에서 여성에게 요구하는 사회적 역할과 어떻게 연결되는가를 살펴볼 필요가 있다.

중독 가족의 병리적 모습을 '공동의존'이라는 용어로 개념화하고 있다. 공동의존이라는 용어는 중독자인 남편이나 자녀에게 헌신적인 모습을 보이는 아내나 어머니의 모습을 쉽게 떠올리게 한다. 하지만 그에 반해 공동의존자인 남편의 모습은 쉽게 떠오르지 않는다. 이는 중독자의 남편은 중독자의 아내와 달리 공동의존의 성향을 갖지 않는 것인가에 대한 의문을 갖게 한다.

여성은 성장 과정에서 다른 누군가를 돌보는 역할로 사회화된다. 여성이 사회화되는 과정에서 듣게 되는 '여성스럽다'는 언어 속에 희생과 헌신을 포함한 얼마나 많은 특성과 행동 방식이 제시되는지 관심을 기울일 필요가 있다. '장한 어머니상'과 '효부상', 그리고 '살림 밑천인 맏딸'이라는 말을 통해 가족 내에서 여성에게 어떤 역할이 인정되고 격려되는지에 대해서도 생각해 볼 수 있다. 지금도 여전히 우리 사회는 끊임없이 희생하고 헌신하고 돌보는 여성(어머니, 아내, 딸)에게 긍정적인 피드백을 전하고 있으며, 심지어 그렇게 하지 않는 경우에 비난의 시선을 보내기도 한다. 이러한 문화에서 여성이 가족을 과도하게 돌보는 자신의 역할에 대해 문제의식을 갖지 않는 것은 어쩌면 당연한 것일 수 있다. 오히려 자신은 주어진 역할을 누구보다 열심히 잘 수행하고 있으며, 그럼에도 달라지지 않는 중독자가 문제라고 비난하는 태도를 보이는 것은 어쩌면 이러한 사회적인 분위기에 의해 지지된 것일 수도 있다.

이뿐 아니라 물리적인 힘의 차이가 존재하는 상황에서 폭력적인 성향을 보이는 남성(중독자인 남성 배우자 또는 아들)에게 외부의 도움 없이 적절한 대응을 하는 것은 쉽지 않다. 이혼에 대한 편견이 심하고 여성의 사회적 활동이 쉽지 않았던 시절을 살아왔던 여성이 배우자의 중독을 이유로 쉽게 이혼을 선택하는 것 역시 결코 쉬운 결정이 아닐 것이다.

이러한 사회적 상황을 고려할 때, 공동의존을 개인의 병리적 특성으로만 이해하는 것은 개인의 입장에서는 억울할 수 있다. 실제로 공동의존은 여성의 전통적인 성역할 사회화 과정에서 과다한 책임을 맡으려고 하는 행동으로 병리화된 것으로 설명하기도 한다(Babcock & McKay, 1995). 이렇게 공동의존의 형성과 유지에 영향을 주는 사회적 영향에 대해서 생각해 볼 필요가 있다. 술에 대한 접근성이 높고, 술에 관대한 문화를 가진 우리나라에서의 음주가 사회적인 요인의 영향을 받는 행위이듯, 공동의존 역시 마찬가지일 수 있다.

중독자의 가족인 여성뿐 아니라, 가족 안에서의 여성 중독자의 모습도 젠더 관점에서 살펴볼 수 있다. 여성 중독자는 중독문제뿐 아니라 가족 안에서 아내로서, 엄마로서의 역할에 실패했다는 점에서 받는 비난과 이로 인한 죄책감이 크다. 중독자 여성은 어머니로서 역할을 못하는 나쁜 어머니로 묘사되거나, 스스로에 대해 자녀를 잘 키우는 현명한 어머니의 역할을 하지 못했다는 부정적인 평가와 정서를 경험하는데, 이는 자신에게 내면화된 성역할 규범에 근거한 평가다(김성재, 2006; 박선욱, 2009). 모성에 대한 이상화는 자칫 좋은 어머니, 나쁜 어머니로 단순하고 극단적인 평가를 내림으로써 정상적인 규범에서 벗어난 여성에 대한 낙인으로 작용하기도 한다. 이는 중독자 여성에게 자신의 모습에 대해 더욱 자기혐오적이고 부정적인 평가를 내리게 할 수 있다.

3. 가족에게 필요한 것

1) 정확한 정보와 교육

중독 가족에게는 정확한 정보 제공을 통한 중독과 중독 가족에 대한 이해, 그리고 가족으로서의 건강한 대처에 대한 습득이 필요하다. 가족은 중독자와 함께 살아가며 가장 가까이에서 중독을 경험하면서도 오히려 중독에 대해 제대로 알지 못하는 경우가 많다. 이는 어린 시절부터 부모의 중독 행동에 노출되어 있었던 자녀뿐 아니라, 자신의 원가족에서 이미 중독을 경험하여 중독에 대한 왜곡된 기준이나 규범을 갖고 있는 배우자의 경우에 더욱 심각하다.

중독자 본인은 물론 가족도 중독에 대해 제대로 알지 못할 때, 이러한 무지는 중독에 대한 적절한 대처를 하지 못하게 하여 가족의 고통을 증가시키고, 중독을 장기화시키는 이유가 되기도 한다. 이들은 중독에 대한 병식을 갖지 못하고, 중독 행동의 부정적인 결과에 대한 불평과 비난에 머물러 중독 자체의 심각성을 과소평가하기도 한다. 때로 중독자가 핑계로 사용하는 여러 상황을 해결하려고 애쓰거나 중독 행동 자체를 통제하고자 하는 의미 없는 노력을 지속하기도 한다. 그러한 과정에서 자신의 뜻대로 되지 않는 중독자에 대하여 분노나 원망, 실망의 감정을 강화시키고, 결국 이는 가족의 어려움을 더욱 가중시킨다.

때문에 이들이 중독이라는 문제를 정확히 이해하고, 건강한 대처를 습득하는 것은 필수적이다. 적절한 치료와 회복의 과정을 수행해 나가기 위해 필요한 정보와 교육에는 다음의 내용이 포함된다.

(1) 중독과 중독 가족의 이해

우선 중독과 중독 가족에 대한 정확한 이해를 위한 교육이 필요하다. 중독은 질병이며, 이 질병은 어떠한 특성을 가지고 있고, 이러한 질병에 걸린 사람은 어떠한 모습을 가지는지에 대해 정확히 이해해야 한다. 이를 통해 중독자의 중독 행동이 가족 구성원의 잘못이 아니고, 중독자의 행동이 가족을 괴롭히기 위한 것이라기보다는 중독으로 인한 증상일 뿐임을 이해하고, 이를 통해 자신을 탓하거나 중독자를 비난함으로써 관계를 악화시키는 악순환을 피할 수 있다.

중독 가족의 체계와 역동을 이해하는 것도 필요하다. 이러한 이해는 가족 안에서의 자신의 모습을 온전히 이해하고 자신을 어떻게 변화시켜 나가야 하는가에 대한 계획을 세우는 것에도 도움이 된다.

(2) 변화에 대한 이해

인간의 변화에 대한 이해도 필요하다. 사람이 왜 변화하고, 어떻게 변화하는가를 알아야 한다. 또한 가족을 변화시키기 위한 최선의 대응은 무엇인가에 대한 이해도 필요하다. 이를 통해 사람을 변화시키는 동기가 잔소리나 간섭, 또는 헌신이나 무조건적인 뒷바라지가 아니라는 것과 가족이 중독자를 통제하려는 노력이 무의미하다는 것을 이해할 수 있다. 변화의 시작뿐 아니라 이후의 과정이 어떠한지를 이해함으로써 인간의 변화가 한 번의 이벤트로 한순간에 일어나는 것이 아니라, 지속적인 노력의 과정임을 알 수 있어야 한다. 이러한 이해는 회복의 과정에서 가족의 조급함이나 불안을 완화하고, 건강한 지지체계로서의 역할을 해 나가는 데 있어 필수적인 내용이다.

(3) 가족의 긍정적인 대처 방법

중독에 대한 가족의 건강하고 적절한 대처가 무엇인가에 대한 교육과 훈련도 중요한 부분이다. 중독이라는 상황에 직면하고, 이에 어떻게 대응해야 긍정적인 결과로 이어질 수 있는지에 대하여 교육뿐 아니라 구체적인 훈련을 병행해야 한다. 이를 위해 자신이 중독에 어떻게 대처하고 있는지 탐색하고, 상호작용의 과정 및 자신의 한계를 명확히 해야 한다. 가족이 경험할 수 있는 다양한 상황에 대한 실제적인 사례를 통해 구체적인 이해를 도모하는 것이 바람직하다.

(4) 중독의 치료 개입에 대한 다양한 정보 제공

중독자를 위한 적절한 치료 개입에 대하여 정보를 제공하고 치료의 과정이나 회복의 과정에 대한 정확한 정보가 제공되어야 한다. 중독자가 치료를 시작하고 유지하는 데 있어 가족의 역할은 중요하다. 그러기에 가족의 적절한 역할을 위해 중독에 대하여 도움을 받을 수 있는 어떠한 기관이나 전문가가 있는지, 어떠한 도움을 받을 수 있는지, 어떻게 도움을 받을 수 있는지에 대한 정보를 습득할 필요가 있다. 또한 병원에 입원하거나 치료 기관을 이용하기 시작한다고 해서 또는 단주나 단약을 시작한다고 해서 모든 문제가 해결되는 것이 아니라는 것, 중독에서의 회복이 계속해서 이어지는 과정이라는 것을 잘 이해해야 한다. 이 과정에서 여러 가지 문제가 드러날 수 있으며, 이를 적절하게 대처해야 함을 이해하고 있어야 한다. 그리고 치료자나 전문가와 어떻게 관계해야 하며, 가족으로서 어떻게 대처해야 하는가에 대해 알고 있어야 한다. 회복 과정에서 발생할 수 있는 재발과 가족이 경험하게 될 다양한 어려움에 대해서도 미리 알고 대처할 수 있어야 한다.

(5) 중독 물질에 대한 적절한 태도와 규범

음주나 약물 사용에 대한 적절한 태도나 규범에 대한 교육도 필요하다. 특히 중독 가정의 자녀에게는 중독 물질에 대한 정확한 이해, 그리고 음주나 약물 사용에 대한 태도나 행동 규범에 대한 교육이 중독의 세대 간 전이를 막는 데 있어 중요하다.

부모의 중독이라는 환경 속에서 성장하는 경우, 술이나 약물, 또는 중독이 만연한 환경에서 성장하면서도 이에 대한 올바른 지식과 이해가 오히려 부족하거나 왜곡되는 역설적인 상황을 경험할 수 있다. 이들은 부모의 중독을 싫어하면서도, 일상의 다양한 상황에서 술이나 약물을 대처 기제로 사용하는 부모를 보고 사람들과의 관계를 위해서나 외로움, 분노, 지루함과 같은 다양한 상황에서 음주나 약물 사용을 유일한 대처 기제로 여기게 된다. 또한 자신의 음주나 약물 사용이 심각함에도 불구하고 이미 더 심각한 중독 양상을 보이는 부모와 비교하여 자신은 아직 부모보다는 괜찮으니 별문제 없다고 생각한다. 이렇게 자신의 중독문제를 부정 또는 축소함으로써 중독에 대한 정확한 인식을 못하기도 한다.

때로는 자녀의 음주나 약물 사용에 대한 중독자 부모의 훈육이 전혀 권위를 갖지 못하는 경우도 있다. 이미 음주나 약물 사용의 역할모델로서 실패한 부모에 의한 훈육은 오히려 자녀의 반발을 가져오거나 무시되기 쉽다. 또는 중독의 세대 간 전이에 대한 불안으로 중독 가정의 부모가 자녀의 음주나 약물 사용에 대해 지나친 통제를 하거나, 자녀에게 과도한 죄책감을 갖게 함으로써 오히려 부정적인 역효과를 가져올 수 있다.

이러한 이유로 중독에 대한 올바른 규범이나 기준을 학습할 기회가 없었던 자녀에게 중독 물질이나 중독 행동에 대한 적절한 지식과 규범 등을 새롭고 정확하게 교육하는 과정이 필요하다.

2) 자기 자신에 대한 성찰

가족 역시 중독 가족의 체계 안에서 일정한 역할을 담당하고 있다. 그러기에 중독자에게 초점이 맞추어진 시선을 자기 자신에게 돌려 자신이 그 체계 안에서 어떠한 역할을 하고 있는가를 정확히 인식할 필요가 있다. 그동안 중독자에게 관심과 시선이 집중되었기 때문에 오히려 가족 구성원이 자기 자신에 대하여 잘 알지 못할 수 있다.

중독자는 자신을 이해해 주지 않는 세상과 자신을 인정해 주지 않는 가족, 그리고 뜻대로 되지 않는 일을 핑계로 삼아, 자신의 음주나 약물 사용이 어쩔 수 없는 것이라고 주장한다. 가족 역시 이와 마찬가지로 자신의 역기능적인 대처가 중독자의 행위 때문에 어쩔 수 없는 것이라고만 생각한다면 중독자와 가족 사이에서 벌어지는 악순환은 끝나지 않는다. 중독자가 회복되기 위해서 자신의 중독을 있는 그대로 인정하고 수용하는 과정이 필요한 것처럼, 가족 구성원 역시 자신이 어떻게 하고 있고 무엇을 바꾸어야 하는지, 자신의 이러한 모습이 자신의 삶은 물론이고 가족 전체의 삶에 어떠한 결과를 남기는지 살펴야 한다. 이러한 자기성찰의 필요성은 가족을 위한 자조집단의 12단계 프로그램에서도 제시하고 있다.

자신에 대한 성찰을 바탕으로 변화의 가능성을 발견할 수 있다. 중독자만을 바라보며 그 사람의 행동을 바꾸고자 노력했지만, 가족이 중독자를 변화시킬 수 없다는 것은 중독의 진행 과정 내내 확인되었다. 중독자를 바꿀 수 있는 것은 오직 중독자 자신뿐이다. 다만 가족 구성원이 중독자 대신 자기 자신을 변화시킴으로써 비로소 하나의 체계로 연결되어 있는 중독자의 변화에 어떠한 역할을 할 수 있다. 이러한 변화의 바탕에는 자신의 모습에 대한 진지한 성찰이 필요하다.

3) 경계 설정과 자기 자신으로의 삶

중독 가족이 가장 중요하게 생각해야 할 것은 다름 아닌 자기 자신이다. 이들은 오랜 기간 중독자의 중독문제에만 초점을 맞추어 살아오면서 자신의 삶을 잃어버렸다. 자신의 기분이 어떠하고, 무엇을 원하는지보다 중독자의 기분에 예민하고 중독자가 원하는 것을 채워 주는 데 더 민감하다. 하지만 그러한 노력에도 불구하고, 수시로 돌변하는 중독자의 기분과 채워지지 않는 욕구는 가족을 당황시킨다. 사실 중독자의 기분과 욕구를 좌우하는 것은 술이나 약물의 사용과 가장 크게 관련될 것이다. 하지만 자신이 노력하면 중독자의 중독 행위를 멈출 수 있을 것이라고 기대하여 최선을 다해 자신을 희생했다고 생각하는 가족의 피해의식은 중독자에게 더욱 몰두함으로써 자신의 희생을 보답 받고자 한다. 이렇게 중독자에 대한 몰두가 깊어질수록 중독자와의 경계는 사라지고, 자기 자신은 완전히 소외되고 방치된다.

가족의 회복은 중독자에게 집중된 초점을 자기 자신에게 돌리는 순간 시작된다. 자신의 감정과 욕구에 집중하고, 자신의 삶을 온전히 자신이 책임질 때 가족 구성원 개인의 회복은 물론이고 가족 전체의 회복이 시작된다.

이러한 경계 설정과 자기 자신으로의 삶은 중독자의 배우자나 자녀의 회복에 대한 연구들을 통해 중요성이 제시되었다. 적응 유연성을 가진 자녀는 가족과 자신을 동일시하지 않음으로써 부모나 가족과 건강한 경계를 만들고(Rubin, 1996), '부모의 알코올 문제로부터 자신을 분리하여 자아를 재정립함'이 중독 가정 자녀의 적응 과정에서 중심 현상이었다(주소희, 2008). 중독자 배우자의 회복에서도 '정체감 혼란을 극복하며 다시 살아가기'(류보순, 2014)가 핵심 범주로 나타났다.

가족은 자신이 중독자를 변화시킬 수 없다는 한계를 인정해야 한다. 동시에 중독자가 자신의 삶의 행복을 가져다줄 수 없다는 것을 인정하며, 자기 자신이 주체적으로 자신의 삶을 책임지는 노력을 해 나가야 할 것이다.

4) 지지체계의 발견과 유지

중독자의 가족에게는 내 편이 필요하다. 내 편은 그 어떤 비난이나 판단을 염려하지 않고, 가족이 속시원히 하고 싶은 이야기를 하고, 필요한 정보를 제공하거나 지지를 해 줄 수 있는 존재다. 이는 어른의 보호가 필요한 어린 자녀에게만 해당하는 것이 아니라 가족 구성원 모두에게 해당하는 필요성이다.

하지만 중독이 고립의 특성을 보이듯, 중독자 가족 역시 고립되는 모습을 보인다. 중독과 관련된 비밀을 유지하기 위해, 그리고 거부당할지도 모른다는 자신만의 두려움과 수치심으로 인해 중독 가족은 사회로부터 멀어진다. 알코올 중독자의 여성 배우자에 대한 연구에서는 중독자의 배우자가 이웃이나 친구, 친정, 시댁에게서 소외 및 고립되고 있으며, 대부분의 시간을 배우자나 자녀와 보내고 있음을 밝혔다(심정은, 2016). 이들은 중독의 문제를 가진 배우자에 대한 수치심과 중독에 대한 사회적 낙인에 대한 두려움으로 자신을 돌보지 못하고, 고립되며, 자존감이 저하되어 있었다. 이들은 원가족은 물론 주변 이웃 등 누구와도 마음 편하게 자신의 상황을 터놓고 공유하지 못하는 모습을 보인다. 원가족이나 이웃뿐 아니라, 함께 살고 있는 가족과의 관계에서도 서로의 편이 되어 주지 못하는 경우가 많다. 중독자의 가족은 서로 밀착되어 있지만 그렇다고 친밀한 관계는 아니며, 미숙한 의사소통으로 서로의 욕구와 감정을 알지 못하는 상황이다. 때문에 중독 가족은 건강한 지지체계를 갖지 못하는 경우가 많다.

건강한 지지체계는 다양한 측면에서 도움이 된다. 우선 가족이 자신에 대한 성찰과 교육을 잘 수행해 나가기 위해서는 정서적 해소와 안정이 선행되어야 한다. 여러 감정으로 가득한 상황에서는 어떠한 이야기도 들리지 않고, 자신을 성찰하는 것도 쉽지 않기 때문이다. 중독의 문제를 함께 겪어 가며 가족의 정서적 고통이 큰 것은 당연하다. 충분한 공감과 수용을 통해 고립에서 벗어나고, 정서적 해소와 안정을 경험하는 것이 선행되어야 한다. 이를 위해 어떠한 비난이나 성급한 조언 없이, 그저 수용 받고 지지 받는 관계 내에서 자신을 있는 그대로 드러낼 수 있어야 한다.

또한 중독 가족의 역기능적 관계에서 벗어나 건강한 경계를 만들어 가는 것이 필요한데, 이러한 과정에서 중요한 것이 건강한 부모 역할 또는 가족 역할을 대신할 수 있는 자원과의 연결이다. 역기능적 모습을 보이는 가족과의 분리는 중요하다. 하지만 가족의 지지나 가족 안에서의 소속감 없이 혼자만의 삶을 살아가는 것은 힘겹다. 특히 중독 가정의 어린 자녀가 건강하지 못한 부모와의 거리두기에 성공한다고 할지라도, 대안적 부모나 가족의 역할을 해 줄 수 있는 건강한 환경이 조성되지 않는다면 오히려 적절한 보호 없이 방치된 채 성장해 가야 한다. 때문에 건강한 분리는 대안적 부모 역할을 제공하는 역할모델의 존재를 전제로 하며, 이는 건강한 지지체계를 통해 충족될 수 있다.

이러한 건강한 지지체계는 학교나 종교공동체 또는 중독관련 회복공동체 등이 될 수도 있다. 그중 지지체계가 되어 줄 수 있는 중요한 자원으로 가족을 위한 자조집단이 있다. 자조집단은 가족에 대한 중요한 지지체계의 역할을 해 준다. 알아넌(Al-Anon)에 참여하는 알코올 중독 배우자의 회복 경험에 대한 연구를 보면, 자조집단 참여자들은 집단 구성원과 공통된 경험을 나누면서 공감과 위로를 받고, 실질적인 도움을 주고받으면서 사회적 지지체계를 형성한다(박영순, 2018). 또한 이 속에서 긍정적 대처와 변화를 위한 새로운 길을 발견해 나간다.

5) 삶의 구체적 기술

인간의 삶에는 다양한 영역에서의 구체적 기술이 필요하다. 이러한 삶의 기술 부족은 중독의 진행 과정과 중독 가족의 역기능을 악화시키는 데 기여하기도 하고, 회복 과정을 방해하기도 한다. 그러기에 건강한 삶의 기술을 습득하는 것은 중독자 본인은 물론이고 가족 전체의 회복을 위하여 반드시 필요하며, 이는 저절로 이루어지는 것이 아니라 적극적으로 학습하고 훈련함으로써 습득할 수 있다.

가족에게 필요한 삶의 기술은 다양하겠지만 이 장에서는 의사소통 및 대인관계,

자기 돌보기, 그리고 부모로서의 역할을 긍정적으로 수행할 수 있게 하는 양육 기술을 중심으로 살펴보고자 한다.

(1) 의사소통 및 대인관계

중독 가족의 대표적인 특성 중 하나가 부정적인 의사소통 양상이다. 중독을 중심으로 돌아가는 가족 역동 속에서는 대화의 소재가 빈곤해지고, 낮은 자존감과 거부에 대한 두려움은 솔직한 의사소통을 방해하고 의사소통 방식마저 경직시킨다(이현주, 2004). 이러한 의사소통의 문제는 가족 간의 갈등과 중독문제 악화에 기여한다. 긍정적인 의사소통의 기술을 갖지 못한 채 문제를 해결하고자 시도하는 대화는 문제해결과는 상관없는 서로에 대한 비난과 공격, 또는 침묵으로 이어짐으로써 감정의 골을 깊게 만든다. 부모의 의사소통의 어려움과 이로 인한 부정적 관계를 보고 자란 자녀 역시 긍정적인 의사소통과 대인관계 기술을 습득하고 훈련하지 못한 채 성장한다.

긍정적인 의사소통은 긍정적 관계를 만들어 가는 데 있어 필수적인 기술이다. 특히 중독과 회복의 과정에서 발생할 수 있는 다양한 문제를 해결해 가는 데 가장 중요한 기술이다. 긍정적인 의사소통을 통해 자신이 원하는 결과를 가져올 가능성이 높아진다. 하지만 이러한 의사소통 기술은 자연적으로 주어지는 것이 아니라 습득하고 훈련되어야 하는 기술이다. 만일 이미 왜곡된 의사소통 기술을 사용하고 있다면 고착된 습관을 바꾸어 가는 데는 더 많은 노력이 필요하다. 때문에 중독문제의 해결과 긍정적 회복을 위해, 그리고 가족관계의 변화를 위해 의도적이고 적극적으로 의사소통에 대한 훈련이 이루어져야 한다.

(2) 자기 돌보기

중독 가정의 구성원은 중독자에게 신경을 집중하고, 중독자를 돌보는 것에 익숙해 있기에 자기 자신에 관심을 갖고 돌보는 것에는 미숙하다. 그러기에 중독자와 함께 살아가면서 중독자의 회복 여부와 상관없이 자신을 돌보고 피해를 최소화시킬 수 있는 방법을 익혀 나갈 필요가 있다. 어린 시절부터 자신의 욕구와 감정을 살피고 돌보는 것이 익숙하다면 다행이지만, 누군가를 돌보는 역할에 익숙한 채 성장한 경우에는 자신을 돌보는 것은 새롭게 배워야 하는 기술이 된다.

자기 자신을 돌보는 것에는 자신의 한계를 정확히 알고, 이를 벗어나지 않도록 하는 것도 포함된다. 가족으로서 자신이 해야 하고, 할 수 있는 것의 한계를 정하고, 이를 벗어나지 않도록 자신을 보호하는 것이 자신이 무너지지 않고 버틸 수 있는 방법이 된다. 이 외에도 자신을 돌보는 것에는 건강하고 균형 잡힌 식사, 적절한 수면과 충분한 휴식, 운동, 자신의 신체적 · 정신적 건강문제에 대한 적절한 치료, 스트레스를 풀고 기분이 나아지게 하는 건강한 취미 활동 등이 포함된다. 새로운 인생의 의미를 찾아가고 고립된 환경에서 벗어나 사회적 연결을 만들어 나가는 과정도 필요하다.

(3) 긍정적인 자녀 양육 기술

좋은 부모가 된다는 것은 중독 가정이 아니라고 할지라도 결코 쉬운 문제가 아니다. 하지만 이는 중독 가정에서 더 어려운 문제가 되는 경우가 많다. 중독자는 물론이고 비중독자인 배우자 모두 긍정적인 부모 역할의 어려움을 경험한다고 알려져 있다(강향숙, 2017, 2019). 중독은 뇌의 쾌락과 보상회로를 변화시키는데, 이는 중독자가 자녀의 욕구에 대한 반응이나 애착 행동을 덜하게 만들고, 자녀를 돌보는 능력을 악화시키며, 다양한 부정적인 양육 행동의 가능성을 높인다(Pajulo et al., 2006: Söderström & Skårderud, 2013). 또한 중독으로 정상적인 성장 과정에서 배워야 할 많은 것을 놓친 대부분의 중독자는 효과적인 자녀 양육 기술 역시 갖추지 못한 경우가 많다(Nelsen et al., 2018). 비중독자인 배우자도 부모 역할 수행에 있어 어떤 지지망보다 큰 영향력을 가지는 배우자의 협조가 부족한 상태이며(김정주, 김용미, 2007), 이 외에도 중독 가정의 경제적 어려움이나 우울, 고립 등이 부모 역할 수행에 어려움을 준다. 자녀에 대한 집착과 통제, 자녀 양육 기술의 미숙, 권위의 실패와 의사소통의 부족 등이 나타나며, 이러한 상황에서 비중독자인 배우자는 부모로서의 자신의 모습에 부정적인 자기인식과 함께 수치심과 죄책감을 호소한다(강향숙, 2017).

다양한 정보, 여유로운 시간과 에너지, 폭넓은 조력과 자원, 신체적 · 정서적 안정 등 여러 여건이 충족되지 않는 상황에서 좋은 부모가 되는 것은 결코 쉽지 않다. 그에 비해 좋은 부모라는 사회적 기대는 당연시되고, 배우지 않아도 마음만 있으면 좋은 부모는 얼마든지 될 수 있다는 믿음은 지나치게 일반적이다. 더 나아가 부모로서의 역할을 잘 수행하고 있다는 긍정적인 자존감을 가지는 것은 중독자는 물론이고 배우자에게도 꼭 필요하다. 분명한 것은 부모 역할 역시 학습되고 훈련되어야 하며, 중독 가정의 경우에는 부모의 역할에 어려움이 드러나는 만큼 이러한 학습과 훈련의 필요성이 더욱 크다.

이를 위해 일반적인 부모교육의 내용 외에 중독 가정에서 부모 역할을 하면서의 경험을 함께 공유하고, 정서적 지지와 구체적인 기술 교육 및 훈련에 특화된 프로그램의 개발과 제공이 필요하다.

중독 가족에 관심을 갖고, 중독문제를 가진 개인뿐 아니라 가족 전체에 개입해야 한다는 것에 대해서는 이미 어느 정도 공감대가 형성되고 있다. 다만 현장의 여건이나 예산의 부족 등 다양한 현실적 어려움으로 중독 가족에 대한 적극적인 개입이 충분하지 못하는 것이 현실이다. 하지만 중독자 개인에 대한 개입만 이루어진 채 가족에 대해 아무런 변화를 이루어 낼 수 없다면, 그 영향은 결국 다시 중독자에게 돌아올 수밖에 없다. 이는 교통사고로 두 다리를 다쳤을 때, 시간과 돈이 없다는 이유로 한쪽 다리만 치료하고 돌아온다면, 치료를 받지 못한 다리로 인한 불균형으로 결과적으로 치료된 다리마저 다시 안 좋아지는 것과 마찬가지다. 중독 가족에 대한 개입은 중독자를 치료하면서 이루어지는 부수적인 과정이 아닌 중독에서의 회복을 위한 필수적이고 적극적인 과정이어야 할 것이다.

사례관리

중독 치료와 회복 유지를 위해서는 내담자의 다양하고 복합적인 욕구를 확인하고 충족시킬 뿐만 아니라 장기적으로는 성장, 발달 및 그 과정에서 드러나는 새로운 욕구에 대응하도록 원조하는 포괄적 개입이 필요하다. 중독은 재발이 발생하는 만성적인 질병이다. 많은 중독 치료 전문가는 내담자의 재발율이 감소하고 안정적인 회복을 하는 데 사례관리가 중요한 역할을 한다고 인식하고 있다. 사례관리자는 내담자 개인이 자신의 문제를 해결하기 위한 자원을 사용하도록 돕는다. 사례관리는 특히 중독문제 이외에 HIV/AIDS, 정신질환, 만성 및 급성의 건강문제, 빈곤, 노숙, 어린 자녀를 양육하는 부모, 청소년 및 노인, 발달적 및 사회적 불법 행위, 신체 질병, 성지향성 등과 같은 특성을 갖고 있는 사람들에게 필요하다.

1. 사례관리의 정의

사례관리(case management)는 내담자를 돕는 대인 서비스를 발굴하고, 사정, 계획, 연계, 실행하고 관리하는 것이다. 내담자에게 치료, 보호, 기회 제공 등의 서비스를 적절히 제공하고, 자원에 대한 조정과 적정한 할당을 통해 내담자의 욕구를 충족시키기 위해 고안된 서비스 전달 방식이다. 여러 분야에서 사례관리를 통해 서비스를 효율적이고 효과적으로 제공하는 실천적 전략으로 채택하고 있다(National

Association of Social Workers, 1992).

적절한 관리 체계가 없는 서비스들의 단편적인 나열은 서비스의 중복이나 차이를 가져온다. 일반적으로 사례관리는 각각의 서비스 전달체계를 통합 및 조정하여 개인과 사회 환경 간의 상호작용을 촉진 및 조화를 이루기 위해 서비스 중복 및 공백의 예방을 목적으로 한다.

2. 사례관리와 치료의 차이

약물 중독 치료와 사례관리의 기능은 다르다. 사례관리는 자원의 획득을 강조하고, 치료는 자신 및 관계의 변화에 초점을 둔다. 하지만 사례관리와 치료는 대립하는 것이 아니고, 둘 다 약물 사용 문제가 있는 내담자의 욕구를 다루는 데 필요하다. 치료는 내담자가 자신의 문제를 인지하고 변화 동기를 갖고 회복할 수 있는 도구를 지원하는 활동으로 이루어져 있다면, 사례관리는 회복의 전 과정을 밟는 내담자를 지원하는 역할을 한다.

3. 사례관리의 기대 효과

중독 치료 영역의 높은 재발율은 중독자의 특성으로 치부되어 왔다. 연구에 의하면, 내담자의 약물문제와 동시에 중독 이외에 내담자가 당면한 문제(법적 지원, 기초생활, 가족 서비스 등)를 다룰 때 서비스 유지율 및 치료 참여율이 높다. 중독 치료 및 재활 서비스 유지율과 치료 참여율은 회복 가능성과 높은 관련이 있다. 내담자가 가진 심리적 · 정서적 · 사회적 문제는 외래 프로그램에서 충분히 다뤄지지 않기 때문에 중독 영역에서 사례관리의 주요 목표는 내담자의 치료 참여를 돕고 회복에 필요한 지원을 하는 것이다. 사례관리는 중독 및 중독으로 인한 문제를 다룰 뿐만 아니라 종합적인 사정, 서비스 계획 및 조정을 통해 내담자의 삶의 다면적 영역에서 필요한 원조를 한다.

4. 지속적 돌봄 체계 내에서의 사례관리

종합적인 중독 치료는 내담자에게 지속적인 돌봄을 제공하여야 한다. 단계별 치료의 지속적 돌봄 체계(continuum of care) 내에서 지속 돌보기(continuing care)를 하는 것이 중독 영역에서의 사례관리다. 단계별 치료의 지속적 돌봄 체계는 종종 입원 시설이나 집중치료를 받고 퇴원한 이후의 회복 유지 지원 및 관리 체계를 지칭한다.

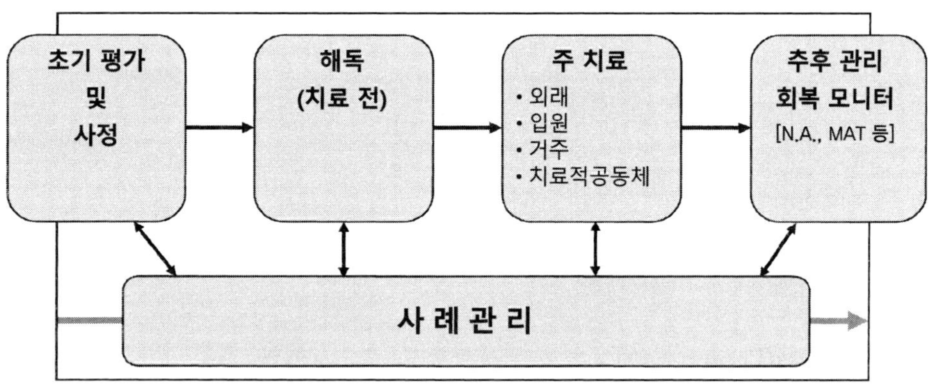

[그림 9-1] 사례관리 단계

약물 중독 치료의 연속선은 사례 발굴 및 치료 전 단계에서 주 치료 및 추후 관리로 이루어진다. 지속적 돌봄 체계의 모든 단계에는 욕구에 맞춘 목표와 치료 활동이 존재한다. 사례관리는 내담자의 욕구와 각 프로그램의 구조 사이를 잇는 역할을 한다. 사례관리는 개인 전체에 초점을 두고 상세한 사정, 서비스 계획 및 협력을 통해 내담자의 삶의 모든 영역을 대상으로 삼는다.

초기 평가 및 사정을 하고 중독 치료가 필요한 경우에는 해독 단계에서부터 회복 모니터까지의 단계별 치료의 연속선상에 사례관리가 존재해야 한다. 만성적인 질병인 중독을 효과적으로 치료 및 관리하기 위하여 단계별 치료의 지속적 돌봄 체계를 도입하는 것이 중요하다. 이것은 일정 기간 동안 입원/입소를 통해 주 치료를 제공하고, 치료 종결 이후에 12단계를 기반으로 한 자조집단 참석을 추천하는 기존 패러다임에서의 전환을 요구한다. 단계별 치료의 지속적 돌봄 체계 내에서는 주 치료를 위한 입 · 퇴원뿐만 아니라 약물 중독 치료에 사용되는 대체 약물을 이용한 치료(Medically Assisted Treatment: MAT), 대안적 치료 접근 및 기타 지원 서비스를 제공한다.

만성적으로 재발하는 약물 중독 질병의 경향 때문에 사례관리는 광범위하고 지속적인 방식을 채택해야 한다. 추후 관리-지속 돌보기는 내담자가 주 치료 기간에 마련되는 집중 단계의 서비스가 더 이상 필요하지 않을 때 제공된다. 내담자가 사회에 통합되고 회복되는 삶에 익숙해지면 상담은 모니터링 기능과 같은 역할을 한다.

중독의 심각도, 약물 사용 기간의 정도, 사회적 안전망이나 지지체계 보유 여부, 특정 치료에 반응하는지의 여부, 일상생활에서 약물 접근의 용이도, 치료 예후에 영향을 미치는 위험 요인 존재 여부 등에 따라 치료 분류를 다음과 같이 할 수 있다.

〈표 9-1〉 단계별 치료 분류 수준

단계별 개입 수준	돌봄 수준	서비스
초기 개입	0.5	사정, 정보 제공
외래 서비스	1	주당 9시간 이내 동기강화적 치료 및 회복 전략
집중 외래/부분 병원 입원 서비스	2	
집중 외래 서비스	2.1	주당 9시간 이내 서비스 제공 다차원적 문제 혹은 공존장애 치료 서비스 제공
부분 병원 입원 서비스	2.5	주당 20시간 이내 서비스 제공 다차원적 불안 요인을 갖고 있지만 24시간 돌봄을 요하지 않는 경우
거주/입원 서비스	3	
임상적으로 관리되는 낮은 강도의 거주 서비스	3.1	전문가가 있는 구조로, 24시간 거주 지원과 적어도 주 5시간의 임상 서비스 제공

임상적으로 관리되는 인구별 고강도 거주 서비스	3.3	전문가가 24시간 근무하여 다차원적인 위험을 즉각적으로 안정화 가능. 중독 및 정신건강, 일반적 의료 서비스 제공
임상적으로 관리되는 높은 강도의 거주 서비스	3.5	전문가가 24시간 근무하여 다차원적인 위험을 즉각적으로 안정화하고 외래치료를 준비시킴. 내담자는 환경 또는 치료적 공동체를 받아들임. 중독 및 정신건강, 일반적 의료 서비스를 24시간 제공
의료적으로 관찰되는 집중 입원 서비스	3.7	금단 관리를 위한 서비스. 의료진이 24시간 근무하며 간호적 돌봄 제공. 금단 관리를 위한 약물 사용
의료적으로 관리되는 집중 입원 서비스	4	24시간 간호 필요. 심각하고 불안정한 문제의 해결을 위해 의료진이 24시간 상주

출처: ASAM crieteria: Treatment criteria for addictive, substance-related, and co-occurring conditions (2013)

1) 사례관리 내용

- 사례관리는 내담자가 치료받을 수 있는 환경 조성을 통해 치료 참여율을 향상시킨다.
- 내담자가 사는 실제 세계에 대한 사례관리자의 이해를 통해 회복 초기에 필요한 지원을 제공함으로써 치료 유지율을 향상시킨다.
- 사례관리자는 중독의 신체적 부분만을 다루지 않고 내담자가 자신의 문제에 대해 도움을 받거나 해결할 수 있도록 지원 및 관리한다.
- 주 치료 프로그램에서 퇴원한 이후의 기간이야말로 재발의 위험이 큰 기간이다. 낮아진 내성으로 인해 과복용의 위험이 있다. 이러한 고위험 기간 동안에 사례관리를 통해 적극적으로 모니터링함으로써 과복용의 위험을 줄인다.
- 사례관리는 공존장애 문제를 적극적으로 다룬다.
- 지속 돌보기: 지속 돌보기 개념은 '추후 관리' 개념에서 발전하였다. 지속 돌봄 체계 내에서 지속적 돌보기는 주 치료 단계인 입원/거주 또는 집중 외래치료 이후의 단계를 지칭한다. 주 치료 프로그램을 종료했더라도 회복을 유지하고 자신의 삶의

다양한 영역에서 문제를 해결해 나가는 기술(구직, 거주지 안정 등)을 습득하는 것이 필요하다. 지속 돌보기는 집단상담, 개별상담, 전화상담, 간략 면담, 자조집단 등 매우 다양한 모습으로 원조하는 것이다.

2) 사례관리 서비스 단계별 주요 활동

〈표 9-2〉 단계별 주요 활동 내용

	사례관리 단계별 기능	주요 사례관리 활동
초기 면접	• 제공 서비스 소개 • 서비스의 필요 여부 결정	• 서비스의 목적과 과정에 대한 설명 • 주 호소에 대한 정보 습득
사정	• 사례관리 확정 및 등록 • 내담자의 욕구, 강점, 한계점 및 회복 자원과 장애 파악 • 가족력 및 욕구 파악	• 내담자 및 그 가족의 신체적 · 정신적 건강 상태에 대한 전반적인 정보 수집 • 정기적인 재평가 및 재사정 수행
계획	• 각 영역별로 구체적인 계획 수립 • 명확한 목적, 목표 설정 및 항목별 계획 수립 • 집행/내담자, 집행 원조/시간 결정 • 기대 효과	• 욕구 사정 도구를 이용한 관리 • 내담자의 능력 및 기술의 개선을 위한 목표의 우선순위와 장단기 구분 • 관리 구분에 따른 구체적인 계획 작성
개입	• 직접 서비스(개별/가족상담, 집단상담, 자원 조정 등) • 간접 서비스(중독교육, 행사, 캠페인)	• 관리 구분에 따른 직간접적인 사례관리 서비스 제공 • 내담자의 기본 자원을 점검 및 활용
점검	• 계획, 수행 결과에 대한 질적 · 양적 점검	• 내담자의 사회적 기능에 대한 평가 • 사례관리 계획의 이행 정도 점검
평가	• 계획에 대한 평가 • 서비스 목적 달성 평가 • 효과성 평가 • 만족도 평가	• 내담자의 기능 수준 및 삶의 만족도 개선 여부 • 성공 요인 분석 및 강화 • 장애 요인 분석 • 정기적인 재평가와 재사정 실시 후 계획 재수립

출처: Global Social Service Workforce Alliane (2018).

5. 사례관리 모델

주요 사례관리에는 다음과 같은 네 가지 모델이 있다(Walsh, 2000).

- 브로커/일반 전문가 모델
- 강점 기반 관점 모델
- 지역사회 중점 치료 모델
- 임상/재활 모델

이러한 모델들은 각각 확연히 구별되지 않고 많은 부분에서 중복되거나 보완된다. 각각의 사례관리 프로그램은 내담자의 욕구와 지역사회에 어떤 자원을 가용할 수 있는가에 따라서 어느 모델을 채용할 것인지(혹은 특정 모델의 변용)를 결정한다.

6. 사례관리의 원칙

사례관리의 기능으로는 사정, 계획/사례 계획, 서비스 연계, 모니터링, 옹호 및 지지가 있다. 사례관리의 기능을 제대로 하기 위해서는 기능과 지속적 중독 치료 사이의 관계에서 필요한 원칙과 역량이 있다(Substance Abuse and Mental Health Service Administration, 1998).

- 사례관리는 내담자에게 건강과 사회 서비스 시스템의 단일 접촉점(single point of contact)을 제공한다. 특히 복수의 서비스 기관을 이용하는 경우에 내담자에게 단일 접촉점을 제공하는 것은 매우 중요하다. 서비스 간의 의뢰 체계 내에서 사례관리자는 내담자뿐만 아니라 시스템 내의 구성원에게도 반응할 책무가 있다.
- 사례관리는 내담자 주도로 내담자의 상황에 맞게 이루어진다. 내담자의 자기결정권이 존중되어야 하고, 사례관리는 내담자에게 필요한 자원을 알아내는 것을 돕

고, 그것을 어떻게 구하는지에 대해 전문성을 갖고 원조하는 것이다. 중독 영역의 사례관리는 내담자의 독특한 세계(중독과 그것으로 인해 야기된 문제, 그리고 그 이외의 문제)를 이해하는 것에서 시작된다. 이러한 이해로 내담자를 원조할 때 '자유 제한의 최소화'를 염두에 두어야 한다.

- 사례관리는 옹호를 포함한다. 중독 영역에서의 서비스 수혜 조건 중에는 서로 상반된 조건을 내세우는 경우가 있다. 가족, 서비스 제공 기관, 법률제도 등에 대한 교육을 통해 내담자를 옹호해야 한다. 때로 내담자를 위해 기관의 규정이나 규칙을 수정하도록 요구해야 할 때도 있다.
- 사례관리는 지역사회를 기반으로 한다. 모든 사례관리의 접근은 지역사회를 기반으로 해야 하는데, 이러한 접근은 내담자로 하여금 통합된 공식 서비스뿐만 아니라 비공식 돌봄 자원(가족, 친구, 자조집단, 교회 등)을 활용하도록 한다. 법 규정에 따라 강제로 치료를 받는 경우에도 재발과 재범을 낮추는 제도를 활용하려면 궁극적으로 어떠한 치료를 받고, 또한 치료 종료 이후에 어떻게 복귀할 것인가에 대해 계획을 세울 수 있는 사례관리제도를 갖추는 것이 필요하다.
- 사례관리는 실제적이다. 사례관리는 내담자의 현상태에서부터 시작해야 한다. 내담자의 의식주, 교통 및 자녀 양육과 같은 실제적이고 급박한 상황에 반응하는 것으로 시작된다. 이러한 목적을 이루기 위해서 필요한 것은 내담자와 관계를 맺는 것이다. 사례관리사는 내담자가 중독에서 벗어나 일상의 생활을 영위하기 위해 사회 기술 훈련이나 일상에서 필요한 여러 기술을 습득하도록 원조하여야 한다. 이러한 기술은 사례관리사와 상호작용하는 과정 중에 교육을 통해서나 모델링을 통해서 가능하다.
- 사례관리는 예기적이다. 중독 영역에서 사례관리는 중독과 회복의 자연스런 과정임을 이해하고, 그러한 과정 중에 일어날 수 있는 문제와 그 문제를 해결하거나 관리할 수 있는 조건에 대한 이해 및 적절한 행동을 취할 수 있는 역량이 필요하다. 내담자의 퇴원이나 퇴소가 예정되었을 때, 그 이후를 예기하고 준비할 수 있도록 치료팀과 협업하여 치료 이후 단계의 기초를 놓아야 한다.
- 사례관리는 유연한 접근을 하여야 한다. 중독문제를 갖고 있는 내담자를 사례관리

할 때에는 다양한 공존장애, 기타 신체 및 정신적 질환, 기관의 구조, 자원의 가용성 여부, 자율성의 정도, 사례관리자에게 부여된 권한 등의 요인을 다룰 때는 유연하게 대처하여야 한다. 유연성의 필요는 사례관리의 다양한 모델에서 강조하고 있다.

7. 사례관리사의 역량

사례관리사를 포함해서 중독문제가 있는 사람에게 서비스를 제공하는 모든 전문가는 적절한 치료 서비스를 제공하기 위하여 특정한 지식, 기술 및 태도를 가져야 한다.

- 구조의 이해: 중독 치료에 있어서 사례관리사에게 필요한 기술 중에는 우선 행동 및 정신보건 영역의 치료뿐만 아니라 기존의 일반 보건 영역의 구조를 이해하여야 한다.
- 내담자와의 관계: 기본적으로 가져야 하는 역량은 라포 형성을 하는 것이고, 유연한 사례관리 관계에서 적절한 경계를 유지해야 함을 인지하고 공감력과 끈기를 갖고 비심판적인 태도를 가져야 한다.
- 중독의 이해: 질병으로서 중독의 본질로 인해 파생되는 다양한 문제를 이해하여야 한다.
- 가족과 지역사회 자원의 가치 이해: 문화적 가치 및 지역사회 내의 자원을 발굴하여 내담자가 공동체의 돌봄 체계 내에서 회복을 지속할 수 있도록 한다.
- 의뢰를 위한 교섭, 옹호 능력: 서비스 간의 틈을 발견하고 지역사회 자원을 확장하여 필수적인 서비스를 제공하여야 한다. 사례관리사는 내담자를 옹호하면서 의뢰와 서비스를 조정하여야 한다. 사례관리사는 약물 상담가와 같은 전문가와 동일한 역량을 가져야 할 뿐만 아니라 기관 간의 교섭 및 옹호의 역량을 가져야 한다.
- 초학제 기반 서비스 제공 및 조정: 통합적인 사정을 통해 얻어진 정보에 근거하여 내담자에게 필요한 서비스를 제공하기 위한 서비스 연계가 되었는지와 서비스 제공 연계의 적절성을 확인 및 조정하고, 필요한 정보가 치료 및 재활 전문가와 공유되

도록 하여야 한다. 치료 계획을 실행하기 위해 관련 치료 계획, 정보의 사정 및 자료 해석을 하고, 각 단계별 치료 영역(해독, 거주 프로그램, 입원치료, 장기 집중 외래 치료 프로그램, 전통적인 외래 서비스, 정신보건, 가족상담, 주거, 사후관리 및 추후관리)에 적절한 치료 계획을 수립하는 데 조력하며, 초학제 기반 접근을 하여야 한다.

- 자문 및 슈퍼비전: 내담자의 개인적 · 문화적 배경 및 치료 계획, 회복에 방해가 되거나 필요한 서비스를 달성하는 데 방해가 되는 문제 및 윤리적 딜레마 등을 지역사회 내의 전문가 및 기관과 논의하여야 한다.

제 10 장

마약류 중독에서의 윤리적 고려

1. 왜 윤리를 고려해야 하는가

선의의 원칙과 악행 금지 원칙은 중독상담에 꼭 필요하다. 중독 상담가는 내담자에게 가장 좋은 것을 염두에 둔 행동을 해야 한다. 이러한 것을 내담자의 안녕을 '위탁'받은 관계라고 한다. 원조 전문가(helping profession)는 내담자의 안녕하지 못함에 대해 '위탁'적 관계를 맺기로 하고 내담자의 안녕을 위한 다양한 서비스를 제공하는 사람이다. 원조 행위는 그 자체로 칭송받을 수 있다고 생각되지만, 실제로 원조 행위에서 기대했던 것과는 반대의 결과를 보게 되는 경우도 종종 있다. 히포크라테스의 선서에 '적어도 해를 끼치지 말라'는 맹세처럼 어떻게 해를 끼치지 않고 더 나아가 원래 의도했던 '원조'를 할 수 있을지에 대한 고민이 필요하다.

1) 내담자 돌봄의 원칙

- 내담자의 안녕 도모: 현재 내담자의 상태가 어떠하든지 인간으로서의 존엄성을 존중하는 것이다. 중독 상담가는 내담자의 정서적 · 지적 · 신체적 · 문화적 · 영적 능력 안에서 긍정적인 성장과 발전을 하도록 함께한다.
- 내담자의 독립성: 내담자로 하여금 전문가에게 의존하는 대신에 자기결정권에 의한 삶을 영위하도록 돕는다.

- 돌봄의 체계적 접근: 내담자의 환경에 대한 체계적 접근을 하고 개인, 공동체, 조직 및 중요한 타인과 치료적 동맹관계를 도모한다. 궁극적으로 내담자가 자신이 선택한 공동체 안에서 자립적인 생활을 하도록 돕는다.
- 상이한 가치관: 어떤 중독 상담가도 자신의 인생관을 모든 사람이 가져야 하는 옳고 유일한 것이라고 가정할 수 없다. 중독 상담가가 자신의 개인적 가치를 내담자에게 드러내어 이야기하지 않는다고 해서 자신의 가치를 강요하지 않다고 생각할 수는 없다. 편견이 논의되지 않는다고 해서 그 영향력이 줄지는 않는다. 사실 논의를 하지 않을수록 변화하기는 더욱 어렵다. 내담자의 가치를 존중하기 위하여 열린 자세로 다양한 가능성에 대해 논의하는 것이 윤리적이다(Tjeltveit, 2004).
- 일반적인 오해: 모든 상담가는 교육을 받는 과정에서 윤리적 상황에 대한 해결 방법을 교육받았을 것이고, 각자 도덕성과 기준이 있어 그것에 기반하여 윤리적으로 행동할 것이라고 여긴다. 이렇듯 상담가들은 상식을 갖고 있고 또한 행동도 상식적으로 할 것이라는 기대가 있으나, 실천 현장에서는 종종 그렇지 않은 것이 현실이다. 실천 현장에서 상식적이거나 도덕적이지 않으며 비윤리적인 일이 벌어지는 경우에 어떻게 다루어야 하는지를 이 장에서 논하고자 한다.
- 힘의 불균형: 다양한 개인적 및 문화적 관점의 독특한 조합에 의해 개인의 세계관과 가치관이 형성된다. 그렇기 때문에 상담가와 내담자는 매우 다른 견해를 가지는 것은 피할 수 없는 사실이다. 종종 상담관계에서 내담자와 상담가의 힘의 불균형이 초래되기가 쉽다. 이 힘의 불균형으로 말미암아 상담 과정에서 취약한 상태에서 벗어나기 위해 상담을 받는 내담자는 상담가의 가치관을 강요당할 수 있다. 의도하지는 않았지만 해를 끼칠 수 있다는 인식으로 중독 상담가의 윤리가 더욱 중요하고 주목받게 되었다.

2) 윤리란 무엇인가

단순히 말해서 윤리는 인간으로서 우리가 다양한 상황에서 친구로서, 부모로서, 자녀로서, 시민으로서, 상인으로서, 선생으로서, 전문가로서 어떻게 행동해야 하는

지를 가르쳐 주는 행동의 표준을 의미한다. 윤리는 우리로 하여금 한 개인뿐만 아니라 상담가의 역할을 함에 있어 행동의 기준과 관련이 있다. 개인적 감정, 종교적 신념, 법, 문화적 규범, 과학 등은 윤리적 사고를 가능하게 하지만 윤리와 같지는 않다.

- 윤리와 도덕은 '옳음'과 '틀린' 행위와 관련이 있다. 때로 혼용해서 사용되기도 하지만 도덕과 윤리는 다르다. 윤리는 직장 또는 종교적 원칙에 따라 만들어진 강령과 같은 외부 자원에 의해 정해진 규칙을 의미한다. 도덕은 옳고 그름에 관한 개인적인 원칙을 의미한다(Ellemers, 2019).
- 도덕은 옳고 그름에 대한 개인적 태도와 좀더 밀접한 관련이 있는 것에 비해 윤리는 부과되는 것이기 때문에 중독 상담가로서 특정 자격증이나 면허를 위한 교육과정을 수용하기 위해서는 윤리에 동의해야 한다.

3) 법과 윤리의 구별

중독 상담가가 해야 할 일을 하지 못했을 때에는 많은 비판이 따른다. 부도덕, 비윤리, 전문적으로 부적절, 불법의 용어가 쓰이게 된다. 이러한 용어들은 각자의 준거틀에 따라 파생된 단어들이다.

이상적으로는 윤리적인 행동과 법적인 행동의 기준이 일치하여야 한다. 하지만 윤리와 법의 관계는 사뭇 복잡하다. 다음과 같은 상황이 있다(Thompson, 1990).

- 윤리적인데 불법: 불공정한 법을 위반하는 것
- 비윤리적인데 합법: 불공정한 법에 응함
- 윤리적이거나 비윤리적이 법적으로 규명이 되지 않은 경우: 법이 다루지 않는 영역

4) 윤리적 관점과 법적 관점

법은 모든 시민에게 적용되며 사회 질서를 유지하기 위하여 준수되어야 한다. 법

은 지역사회의 혼돈을 피하는 데 필요하고 개인을 보호하고 지역을 보호한다. 모든 법이 윤리적인 것은 아니다. 그러므로 윤리와 법이 때로 부딪힐 때가 있다.

- **윤리적**: 업무에 있어서 최고의 윤리적 기준을 달성하기 위해 통제력을 발휘하고 이상적인 결정 과정을 하도록 도와줌
- **법적**: 업무에 있어서 용납될 수준의 정도가 되도록 최소한의 통제력을 발휘하고 전문적 영역에서 최소한의 기준 제공

무엇이 윤리적이냐 비윤리적이냐 하는 질문은 무엇이 법적이냐 불법이냐 하는 질문보다 더 복잡하다. 합법적인가의 질문은 윤리적 복잡성을 법적 해석의 영역으로 단순화시키는 법적 환원주의를 야기한다. 윤리적 의사결정의 가장 좋은 모델은 그 의사결정 내에 윤리와 법의 질문을 통합하는 것이다.

5) 전문가의 품행이 윤리적인지를 판단하기 위한 준거

- **치료자발 폐해**(iatrogenic): 의료 용어로서 의사에 의해 야기된, 치료에 의해 야기된 폐해 또는 부상을 의미한다. 이 용어가 제시하는 것은 좋고 선한 의도로 상담가가 취한 행동이 의도치 않은 해악의 결과를 가져올 수 있다는 것이다.
- **위탁관계**: 중독 상담가는 내담자와 그 가족에게 서비스를 제공함에 있어 특별한 의무를 지게 됨을 의미한다. 이러한 관계는 높은 역량과 객관적 기준이 요구된다. 위탁관계는 여느 가족이나 사회적 관계에서 보이는 힘의 균형이 동등하거나 상호 호혜적이지 않다. 상담가로서 하는 모든 행동은 내담자의 이익을 염두에 두어야 하는 의무와 책임감에 의해서 행해져야 한다.
- **경계**: 경계를 유지한다는 것은 친밀감의 진행 속도나 정도를 반영하는 것이다. 내담자와 상담가 사이의 관계 내에서 친밀감의 지속선상을 구성한다면 다음과 같은 구역이 설정될 수 있다(Milgrom, 1992).
  - 상담가와 내담자 둘 다 안전하게 느끼는 구역(어떤 행동이든 다 괜찮은 구역)

– 증가된 애착이나 분리(때에 따라 괜찮기도 하고 그렇지 않기도 한 행동)로 취약한 구역

– 위해한 친밀감이나 무관심으로 인한 학대의 구역(용납될 수 없는 행동)

이러한 구역 간의 경계는 정확히 구획화되지 않고 각각의 내담자에 따라 다를 수 있으며, 같은 내담자라도 상담관계 내에서 다른 단계에 있는 경우에는 다를 수 있다.

6) 무엇이 윤리가 아닌가

- **윤리는 감정과 다르다.** 느낌은 우리의 윤리적 선택에 중요한 정보를 제공해 준다. 많은 사람은 옳지 않은 행동을 했을 때 기분이 나쁜 느낌을 받는 습관을 만들었지만, 나쁜 일을 하더라도 그렇지 않은 사람들도 많이 있다. 그래서 종종 우리의 감정은 옳은 일을 하는 것이 힘들 때 불편함을 느끼게 한다.
- **윤리는 종교가 아니다.** 종교적이지 않은 사람도 많지만 윤리는 모든 사람에게 적용된다. 대부분의 종교는 높은 윤리적 기준을 제시하지만 때때로 우리가 당면한 문제 유형을 전혀 다루지 않는 경우도 있다.
- **윤리는 법을 따르는 것이 아니다.** 올바른 체계 내의 법은 윤리적 기준을 포함하지만 법 또한 윤리적인 것에서 벗어날 수 있다. 전체주의적 체제에서 법은 윤리적으로 부패할 수도 있다. 법은 그 자체로 권력의 기능을 할 수 있고, 소수 집단의 이익을 담보하도록 만들어질 수도 있다. 법은 중요한 영역에서 기준을 만들어 내고, 집행하기 어려울 수 있고, 새로운 문제에 대한 해결 대응이 느릴 수 있다.
- **윤리는 문화적으로 용인되는 규범을 따르는 것이 아니다.** 어떤 문화는 윤리적이기도 하지만 어떤 윤리적 문제에 관해서는 맹점을 갖고 부패한 모습을 갖기도 한다(예: 노예 제도). '로마에 가면 로마의 법을 따르라'는 말은 윤리적 기준으로는 적합하지 않다.
- **윤리는 과학이 아니다.** 사회 및 자연과학은 우리로 하여금 보다 나은 윤리적인 선택을 할 수 있는 중요한 자료를 제공해 준다. 하지만 과학 그 자체는 우리가 무엇을

해야 하는지를 말해 주지 않는다. 과학은 인간이란 무엇과 같은가라는 설명을 제공한다. 하지만 윤리는 인간이 어떻게 행동해야 하는 이유를 제공해 준다. 단지 과학적이거나 기술적으로 가능하다고 해서 어떤 것을 하는 것이 윤리적이지 않을 수 있다.

7) 윤리의 유용성

윤리는 시각과 안목의 변화를 가져온다. 또한 도그마에 빠지는 것을 방지하고 좀 더 나은 판단과 결정을 내릴 수 있도록 한다.

8) 윤리적으로 취약한 중요 영역

중독 치료 영역에 있어서의 윤리적 쟁점을 다룬 주요 도서를 살펴봄으로써 7개의 취약한 영역을 제시할 수 있다(Bissell & Royce, 1987; White & Popovits, 2001).

- 사적 품행
- 사업 관련 행위
- 임상적 서비스와 무관한 전문적 행위
- 내담자 및 그 가족과의 관계에서의 행위
- 전문가적 동료관계에서의 품행
- 안전과 위협 관련 행위
- 특별한 역할 및 기능과 관련된 윤리적 쟁점(예방, 조기 개입, 훈련, 연구)

9) 전문가 윤리의 필요

- 전문가 자신의 가치관과 다른 사람의 가치관 사이의 공통점과 차이점에 대한 체계적인 확인을 위해 필요하다.

- 윤리적 딜레마의 실태 이해 및 대처 능력 향상을 위해 필요하다.
- 다수의 상이한 가치 사이의 관계 정립 또는 위계 설정을 위해 필요하다.
- 사회 복지의 현행 주류 가치가 얼마나 정당한가를 반성하고, 시대적 조류에 맞는 가치 정립을 위해 필요하다.
- 실천 방법 개발 및 전문가의 전문 경력을 발전시키기 위해 필요하다.

10) 중독 상담가의 상담윤리 핵심 규범 가치

- 서비스: 중독 상담가들은 자기 이익보다 다른 사람을 돕는 것을 가장 우선시한다.
- 사회정의: 중독 상담가들은 중독으로 인해 취약한 개인과 가족을 위해 편견 및 차별적 문화를 바꾸는 데 힘쓴다.
- 인간의 존엄성과 가치 존중: 중독 상담가들은 인간의 존엄성 존중에 높은 가치를 부여한다.
- 인간관계의 중요성: 중독 상담가들은 인간관계의 중요성에 높은 가치를 둔다.
- 진실: 정직은 실천의 핵심 가치 중 하나다.
- 능력 또는 역량: 중독 상담가들은 역량을 중요한 가치로 인식한다.

2. 윤리강령

윤리강령은 전문 영역에서 동의된 일련의 도덕, 가치 및 기준이다. 윤리강령은 전문가가 지켜야 할 전문적 행동 기준과 원칙의 지침을 제시한다. 전문가들이 공통으로 합의한 내용은 행동과 상담 과정에서 적절성 판단의 기준이 된다.

도덕적 추론에 의해 인도되는 윤리적 행동을 하기 위해서 우리는 윤리강령과 같은 지침서를 가져야 한다. 전문가는 개인일 뿐만 아니라 전문가로서 타인에게 임상 환경에서 원조 행위를 하는 사람이다. 만일 전문가 각자가 자신이 가진 개인적인 가치에 의해 원조 행위를 할 경우, 자칫하면 의도와는 달리 내담자의 안녕뿐만 아니라 그 전문가가 속한 기관 및 전문 영역에 부정적인 영향을 미칠 수 있다. 그러므로 다양한 원조 전문가가 서비스를 받는 내담자와 임상가, 기관, 전문 영역 및 공공의 안녕 혹은 보호를 위해 윤리강령을 만들었다.

1) 윤리강령의 기능

- 전문가들에게 윤리적 쟁점뿐만 아니라 윤리적 딜레마 상황에서 자신의 전문직 가치 기준에 맞게 실천할 수 있도록 전문적 행동 기준과 원칙, 판단 기준을 제시한다.
- 전문직의 비윤리적 행위에 대해 판단하는 기준을 제시하여 정직하지 않고 무능력한 실천가로부터 사회를 보호한다.
- 해당 전문직 실천 대상자에게 그 전문직에서 지켜야 할 기본 윤리 행위를 알린다. 전문직의 자기규제는 정부의 규제보다 우선된다.
- 전문가들이 공통적으로 합의한 것으로, 전문직의 내부 갈등에서 초래되는 자기파멸을 예방하여 전문가들이 조화롭게 일하도록 한다.
- 소송으로부터 전문가를 보호한다.

2) 윤리강령의 기초

대부분의 윤리강령은 전문직에 따라 그 전문직의 기본 신념에 실천하기 위해 가져야 할 가치체계를 포함하여 만든다. 간과하지 말아야 할 것은 윤리강령에는 그 전문직의 발달 기간이 반영되어 있다는 것이다. 윤리강령은 윤리적 행동으로 이끌지만 또한 현장에서 일어나는 일에 대해 반응적으로 조항이 더해지는 경우가 대부분이다. 그렇기 때문에 발달 기간이 반영되었다고 보는 것이다.

기본 신념＋가치체계＋발달 기간*＝윤리

*개인, 조직 및 국가의 발달 기간에 대한 고려가 필요

(1) 윤리강령의 종류

- 전문직 협회의 윤리강령: 윤리강령은 그 전문직이 지향하는 사명과 가치에 기반하여 일반적 안내자의 역할을 한다. 윤리강령에 따르겠다고 동의하는 서명을 한 이후에 위반을 하면 제재가 있을 수 있다.
- 기관의 윤리강령: 많은 기관은 기관 내 윤리강령을 갖는다. 그것은 종사자의 행동을 규정하여 바람직한 행동과 용납되지 않는 행동을 적시하고, 위반 시에는 징계 및 퇴사를 적시한다. 해를 지속적으로 야기하는 시스템을 예방함으로써 윤리적인 실천을 할 수 있다.
- 중독상담을 하는 데 영향을 주는 여러 전문직의 윤리강령: 중독 상담가는 교육, 훈련, 시험을 통해 받은 자격 수여 기관의 윤리강령을 준수해야 한다. 예를 들면, 심리·사회복지·의료·간호 영역에는 윤리강령이 있다. 또한 중독 상담가로서의 업무를 위해 별도로 교육 및 훈련을 받고 자격증을 취득하여 업무를 수행하는 경우에 중독 상담가의 윤리강령이 존재한다. 업무를 수행하는 기관에도 윤리강령이 있을 수 있다. 이렇듯 다양한 윤리강령을 준수해야 하는 경우, 특정 상황에서 어느 윤리강령을 고려해야 할지에 대한 의문을 갖게 된다. 만일 그러한 적용이 중독 상담가에게 자신 및 가족의 안녕을 수탁한 내담자와 그 가족에게 해가 되지 않는다면 내담자 및 자기 자신, 고용 기관, 중독상담 전문직 및 공공의 보호를 담보하기 위해 가장 정밀하고 꼼꼼한 기준을 채택하여야 한다.
- 개인의 도덕적 확신이 윤리적 의무와 갈등을 일으킬 수 있다(Teo, 2015). 예를 들어, 상담가로서 자격증을 갖게 되면 NAADAC(National Association for Alcoholism and Drug Abuse Counselors) 윤리강령에 있는 인종, 민족, 피부색, 종교, 영적 신념, 나이, 성별, 출신 국가, 성적 지향이나 표현, 혼인 유무, 정치적 성향, 신체 및 정신적 장애, 건강 상태, 주거 상태, 군 상태 및 경제적 상태로 인한 어떠한 차별을 하지 않고, 동의하지 않으며, 묵인하거나 용납하지 않겠다는 윤리조항을 따라야 한다(NAADAC, 2016, p. 2). 하지만 상담가가 동성애, 성전환, 동성결혼 등을 도덕적으로 수용할 수 없다고 생각하면 윤리와 도덕 간의 잠재적 갈등이 생기게 된다.

(2) 윤리강령의 요소

- 전문가의 전문 영역을 구별하여 내담자를 보호 규정
- 내담자에게 해를 끼치지 않고 보호하는 책임 규정
- 내담자, 전문가 및 조직의 비밀보장과 사생활 보호 규정
- 전문직으로서의 진정성 유지를 위한 제반 규정

3) 윤리의 기준

(1) 기관에 대한 윤리 기준 제시

- 소속 기관의 정책이 목표를 달성할 수 있도록 노력
- 부당한 정책이나 요구에 적절히 대응
- 소속 기관의 성장과 발전을 위해 노력

(2) 전문적 태도와 역할

- 개인의 전문적인 품위와 자질 유지
- 책임성 있는 업무 수행 태도
- 내담자의 다양성을 인정하고 수용

(3) 취약층에 대한 헌신

- 전문성 개발
- 새로운 관점과 기법에 대하여 적극적인 학습
- 질적인 서비스를 제공하기 위한 노력
- 서비스 제공 의무 및 부당 이득 금지

(4) 사회에 대한 기준

- 자신의 업무뿐만 아니라 사회의 총체적 복지 증진을 위한 사회 활동 수행
- 인권 존중과 인간 평등을 위한 노력

- 사회적 약자를 위한 활동
- 사회 정책의 수립과 집행을 요구
- 지역사회의 문제해결에 참여

(5) 내담자와의 관계

- 권익 옹호 우선
- 존엄성 존중
- 자기결정권 및 사생활 존중
- 알 권리 보호
- 정보 제공에 대한 동의
- 부적절한 성관계 금지
- 내담자를 동반자로 인정

(6) 동료에 대한 윤리 기준

- 존중하고 신뢰해야 하며, 전문직의 권익을 위해 협력
- 구성원이 행한 비윤리적 행위에 대해서는 적절한 조치
- 슈퍼바이저의 지위 남용 금지

(7) 동료의 내담자와의 관계

- 동료/타 기관의 내담자와 전문적 관계 금지

4) 윤리강령의 제반 쟁점

- 명확하지 않고 현장 활동성이 저조하다. 세부적인 지침 제공이 필요할 수도 있지만 법률과 달리 임상 현장의 모든 사항을 규정하기가 어렵다. 윤리강령은 일정 기간마다 사회 변화 상황에서 요구하는 윤리적인 지침을 담기 위해 개정을 할 필요가 있다. 윤리강령이 명확하게 규정되어 있지 않을 경우에는 올바르게 의사결정

모델을 사용하여 윤리적인 결정을 할 수 있어야 한다.

- 한 강령이 다른 강령, 개인적 가치, 조직의 관행, 법 및 규정과 충돌될 수 있다. 이러한 충돌은 법령에 대한 자문, 조직의 규정에 대한 숙고 및 개인적 가치의 자기점검 및 슈퍼비전을 통해서 지속적으로 해결해 나가야 한다.
- 윤리강령에 대한 이해 수준이 상이하기 때문에 지속적인 윤리교육을 하여야 한다.
- 윤리 기준이 현장의 실천과 구체적으로 연결되지 못한다. 윤리강령은 대부분 일어난 상황에 대한 반응 조치의 일환으로 생겼기 때문에 예방적이지 않다.
- 윤리강령은 특정 문화권의 상황을 반영하기 때문에 다른 문화권에서 다 받아들이기 어렵다.
- 실천 현장의 윤리적 딜레마 해결을 위해 윤리위원회의 역할이 활성화되어야 한다. 중독 영역에서 지침이 되는 윤리강령은 의료, 심리 및 사회복지의 윤리 기준의 초기 전통에서 따왔다. 다음의 9개 항목에 대한 원칙이 있다(NAADAC, 2016).
  - 상담관계
  - 비밀보장 및 절대(조건부) 비밀정보
  - 전문적 책무 및 직장 기준
  - 다문화 역량
  - 사정, 평가, 해석
  - 사이버 치료, 사이버 슈퍼비전, 소셜 미디어
  - 슈퍼비전 및 자문
  - 윤리문제의 해결
  - 연구 및 출판

5) 윤리 위반

미국의 경우 2010~2014년까지의 윤리 위반 중 그 빈도수가 가장 높은 것은 적절한 보수교육을 받지 않는 것, (성적 및 비성적) 이중관계, 부정확한 자격증 게시다(Wilkinson, 2019).

3. 윤리 기준의 원칙: 상담관계

1) 내담자의 안녕

내담자라는 용어와 관련하여 여러 가지의 관점이 존재한다. 그중 하나는 한번 내담자는 영원히 내담자라는 것이다. 이 입장은 상담가는 상담 과정에서 잠재적으로 착취를 할 수 있는 권력을 절대로 잃지 않는다는 것이다. 이 입장을 취하는 것은 중독의 만성적이고 재발적인 특성을 염두에 둔 것이다. 내담자로서 위기가 언제 시작되고 언제 끝나는가? 한번 내담자이면 영원히 내담자인가? '내담자'라는 용어에는 상담받은 내담자의 가족 구성원도 포함하는가? 이러한 질문에 중독 상담가는 내담자의 안녕을 최우선으로 두고 행동해야 한다. 일반적으로 받아들이는 윤리적 상담의 다섯 가지 원칙은 자율성 존중, 비유해성, 선의, 정의, 충실이다(Kitchner, 1984).

- 내담자의 복지와 이익 우선: 상담가는 내담자의 복지와 이익을 증진시키는 방식으로 성장과 발달을 도모해야 한다. 상담가는 내담자의 이익을 해치거나 불리한 입장에 놓이게 해서는 안 되며, 내담자를 희생하여 자신의 이익을 추구해서도 안 된다.
- 내담자의 차별 금지: 상담가는 내담자의 인종, 성별, 종교, 나이, 문화 등에 따라 차별을 하지 않아야 하며, 내담자의 다양한 문화적 · 정서적 배경을 이해하려고 노력해야 한다(Welfel, 2012).
- 내담자의 권리와 자유 존중: 내담자는 상담 계획에 참여할 권리가 있고, 상담 서비스를 거부할 수 있으며, 어떠한 상담가를 선택할 것인지를 결정할 자유가 있다. 상담가는 이러한 전반적인 사항에 대해 충분히 설명을 해 주어야 하며, 자신의 가치를 내담자에게 강요해서는 안 된다(Patterson & Welfel, 1999).

2) 자기결정권과 고지된 동의

자기결정권은 자신의 운명을 자신이 결정할 수 있는 자유를 의미한다. 자신에게 일어날 수 있는 일에 대해 수탁관계를 맺을 상담가에게서 설명을 듣고 그것에 대한 동의를 선택하는 것이 고지된 동의다. 이에 고지된 동의에서 자기결정권에 대한 존중과 고려가 없으면 형식적이고 최소화를 지향하는 과정이 불과하다. 고지된 동의는 내담자가 문제를 갖고 있다고, 해도 한 인간으로써 자신의 운명에 대해 결정할 고유의 권한에 대한 존중이 있을 때 그 의미를 살린 과정과 절차 및 내용이 윤리적일 수 있다.

고지된 동의는 내담자가 중독 상담가에게서 앞으로 어떠한 치료 과정이 있을 것인지에 대한 충분한 설명을 듣고, 그 내용을 이해한 상태에서 선택하는 것이 자기결정권을 활용하여 동의하는 것을 의미한다. 내담자는 중독 상담가에게서 치료적 쟁점에 관한 중요한 정보를 들어야 한다. 전체 과정과 상담의 방향에 영향을 주는 내담자의 자율성을 담보하도록 돕기 때문에 고지된 동의는 윤리적 실천의 기초다.

고지된 동의는 한 번의 사건이 아니라 내담자와 상담가의 역할, 권리, 책임뿐만 아니라 상담 전략 및 목표를 세우고 모니터링하기 위해 내담자와 상담가 사이에 지속적으로 협력적 노력을 하기 위한 것이다(Tjeltveit, 1999). 이와 같이 고지된 동의에는 자기결정권의 행사가 중요한데, 이것은 두 가지 원칙 사이에서 윤리적인 딜레마가 존재한다.

(1) 자기결정권의 딜레마

- 결정에 의해 가장 영향을 받는 사람이 그 결정을 내려야 한다고 말하는 자기결정 혹은 자율성 원칙
- 상담가는 최상의 결과를 만들어 내는 데 필요한 지식과 기술로 현재 내담자의 자기결정이 내담자에게 최적의 혜택이 되도록 책임지는 원칙

(2) 고지된 동의의 목적

고지된 동의의 목적은 모든 사람이 치료를 받는 과정에서 얻을 수 있는 잠재적 이익과 위험에 대해 알고, 치료의 정확한 내용을 이해하고 치료에 참여하거나 거절할 자유를 확보하기 위함이다.

(3) 고지된 동의에서 윤리적 선행 조건

- 내담자가 고지된 동의를 할 수 있는 능력이 있어야 한다(예를 들어, 발달 성숙, 인지 장애 유무).
- 고지된 동의를 하도록 강요당하지 않아야 한다.
- 치료 및 치료 대안의 잠재적 위해와 이익에 대해 객관적인 정보를 받아야 한다.
- 자신이 동의한 것을 치료 중 어느 때라도 취소할 자유가 있다는 것을 알고 있어야 한다.

(4) 고지된 동의의 내용에 포함해야 하는 것(Houston-Vega & Nuehring, 1997).

- 고지된 동의는 예상 치료 기관과 관련한 정보를 포함해야 한다.
- 어떤 상황에서 상담가가 서비스를 종결할 수 있는 상황도 포함해야 한다.
- 상담관계의 금전적 영역을 적시해야 한다.
- 어떻게 갈등을 해결할 수 있는지를 적시해야 한다.
- 상담가는 자신의 전문적 영역과 이론적 지향에 대해 논의해야 한다.
- 내담자가 언제든지 동의한 것을 취소할 수 있다는 조항을 포함해야 한다.

(5) 고지된 동의 시기

치료 초기부터 고지된 동의서를 확보해야 한다.

(6) 고지된 동의와 윤리적 논의

- 고지된 동의를 할 역량이 없는 내담자(정신질환 또는 만취)인 경우: 고지된 동의는 기본적으로 상담 초기에 시행하므로 정신질환이 심한 경우나 만취 상태여서 고지된

동의를 할 수 없는 경우에는 상담관계를 맺기가 어렵다.

- 형식만 갖춘 고지된 동의: 내담자의 고지된 동의만으로는 상담가의 행동이 윤리적이었는지를 결정하는 데 충분하지 않다. 내담자가 윤리적으로 부적절한 행동을 용인할 수 있기 때문에 상담가가 윤리적 의사결정 과정에 핵심 원칙을 갖고 있어야 한다.
- 내담자의 알 권리: 내담자는 집단, 부부치료, 가족치료, 처방약, 지지집단 참석 여부 등과 같이 중독 상담가가 전형적으로 추천하는 치료 양식에 대해 알 권리가 있다. 상담가는 종종 그들이 제공하는 서비스의 장점과 잠재적인 위험뿐만 아니라, 기타 내담자가 사용할 수 있는 대안적 치료 접근에 대해 논의하지 않아서 내담자가 자신에게 주어진 선택권을 알지 못하는 상태에 있다면 고지된 동의 정신이 지켜지지 않은 것이다.
- 윤리적 문제 예방: 남편의 약물문제로 인해 부부상담을 받는 과정에서 남편과의 개인상담 중에 상담가에게 재발했다는 고백을 하였으나 부인에게는 알리지 않겠다고 했을 경우, 상담가가 부인에게 알리지 않으면 정직한 환경을 만들어 가지 못하고 비밀을 간직하게 된다. 한편, 상담가가 내담자의 비밀을 알릴 경우에는 내담자의 신뢰에 손상을 가져올 수 있다. 재발을 알리지 않으면 치료를 종결해야 한다고 위협할 경우에는 강압적이고 잠재적인 유기의 형태가 될 수도 있다. 이러한 이유로 고지된 동의의 필요성이 강조된다. 중독 상담가가 어떠한 치료 접근 방법을 취하든 상담관계 초기에 자세히 논의하여 모든 내담자가 비밀 노출의 결과에 대해 인지하고 있어야 한다(Corey, Corey, & Callanan, 2014).

3) 사생활 보호와 비밀보장 및 한계

모든 국민은 사생활의 비밀과 자유를 침해받지 아니한다(헌법 17조). 이 조항 이외에 중독 상담가들은 자신의 전문직 업무 수행에 관련된 법 조항에 따라 사생활 보호 및 비밀보장을 준수해야 하는 의무를 갖고 있다.

비밀보장이란 내담자가 고지된 서면 동의서를 통해 정보를 제공하지 않으면 마약 및 알코올 문제로 치료받고 있는 내담자의 정보를 비밀로 유지하는 것이다. 이러한 비밀보장을 받을 권리는 기관에 서비스를 받기 위해 처음 연락을 할 때부터 적용된다.

임상 환경에서 비밀보장에 대한 설명이 필요한데, 비밀보장의 한계를 내담자가 알도록 하는 가장 적절한 시간은 상담관계의 초기다.

(1) 비밀보장이 일반적으로 위반될 수 있는 모호한 영역들

- 내부적 비밀보장: 기관 내부에서도 '알 필요'가 있는 상황에서만 정보를 공유하고 역할/지위에 적절한 정보만을 공유해야 한다. 이러한 경계를 넘는 의사소통은 사생활 보호를 규정한 윤리 원칙에 어긋난다. 전문가는 임상 정보, 자문 및 관찰 관계를 통해 얻은 정보를 내담자를 위해 전문성을 담보하는 적절한 장소에서만 수행해야 한다.
- 우연한 기관 간 조우: 복합적인 문제를 가진 내담자와 그 가족이 여러 기관에서 다양한 서비스를 받았을 경우에 이러한 가족에 대한 경험을 나누는 과정에서 비공식적 의사소통으로 인해 기관 간의 경계가 의도치 않게 비밀보장의 원칙을 위반할 수 있다. 그러한 위반을 피하기 위해서는 훈련과 적극적인 자기검증이 필요하다.
- 내담자를 우연히 공중의 장소에서 만남: 내담자를 외부에서 우연히 만났을 경우에는 잠재적으로 비밀보장 영역이 위반될 수 있다. 상담가는 내담자와 이러한 가능성에 대해 상호 동의하는 범위에서 태도를 어떻게 할 것인가를 정하는 것이 바람직하다.

(2) 승인의 종류

어떠한 종류의 정보를 누구에게 알릴 것인지(의료보험 기관, 응급실, 소환장, 법정 명령, 알릴 의무)에 대해 숙지하여야 한다.

(3) 비밀보장의 한계

일반적으로 내담자가 한 말을 보호하는 것은 상담관계에서 매우 중요한 부분인 동시에 상담가의 가장 중요한 임무다. 상담가는 내담자에게 상담 내용의 비밀이 유지된다고 말해 줄 때, 앞에서 다룬 비밀 유지의 한계에 대해서도 반드시 이야기해 주어야 한다.

(4) 비밀보장 특권의 적용이 불가능한 상황

상담가는 내담자의 정보가 적법하지 않게 노출될 가능성을 적극적으로 막아야 하는 윤리적 기본 원칙이 있다. 비밀보장은 근본적으로 지켜져야 하는 것이지만 절대적인 것은 아니다. 중독 치료 영역에서 일반적으로 비밀보장과 관련된 몇 가지 윤리적 딜레마가 있다.

- 내담자가 위험에 빠져 있거나 입원할 필요가 있다고 판단될 때
- 자신이나 타인(상담가 포함)을 해치고자 할 때
- 법원의 명령이 있을 때
- 내담자가 상담가의 실천 오류로 고소했을 때
- 아동의 이익을 최우선적으로 고려해야 하는 아동 보호 사례일 때
- 내담자가 이미 법정에서 비밀 정보를 밝혔을 때
- 내담자가 자신의 기록을 자신이나 제3자에게 공개해 달라고 요구할 때

(5) 주의 보호 의무(duty to warn/protect)

일반적으로 상담가는 내담자가 가해를 하려는 사람에게 주의를 주고 보호해야 하는 의무가 있다고 여겨진다(Tarasoff 판례).

- 비밀보장을 해야 하는 의무는 타인의 안녕을 확보하는 의무와 균형을 맞추어야 한다.
- 예상되는 피해자에게 경고를 하거나 경찰에게 알리는 등 합리적인 조치를 취해야 한다.

(6) 비밀보장과 공공 보호

내담자가 주사나 약물을 사용한 후 위험한 성적 활동을 하여 타인을 HIV 감염의 위험에 빠뜨리기도 한다. 하지만 법은 이러한 상황에서 상담가에게 고지의 의무를 적용하지 않는다(Houston-Vega & Nuehring, 1997). 상담관계와 일반인을 보호하는 것

의 균형은 매우 복잡하고 정서적으로 신경을 써야 하는 상황이다. 상담가는 내담자에게 HIV 관련 비밀보장의 쟁점에 대한 정책을 알리고, 내담자에게 마약 사용을 동반한 성행위의 위험에 대한 교육을 하며, 치료 기간 동안 갖는 염려에 대해 의사소통을 하고, 그의 파트너와 의사소통하는 것을 원조하며, 적절한 경우에 동료와 의견 교환을 해야 한다.

(7) 비밀보장 위반으로 인한 위험

전문적 도움을 필요로 하는 사람들이 아예 도움을 요청하지 않을 수 있다. 또한 이미 상담관계를 맺기 시작한 사람들도 충분히 이야기하지 않을 수 있다. 자신의 비밀 정보가 노출된 내담자는 믿었던 전문가에게 배신감을 느낄 수 있다.

4) 이중관계, 경계, 선물

이중관계는 상담가가 내담자에게 두 가지 혹은 그 이상의 역할을 동시에 수행할 때 발생한다. 이중관계의 예로는 슈퍼바이저와 상담가의 역할, 친구와 상담가의 역할, 친인척과 상담가의 역할 등을 동시에 수행하는 경우를 들 수 있다. 이중관계는 상담가가 내담자와 객관성이나 내담자의 평정에 영향을 줄 수 있는 어떤 관계나 연관을 갖고 있는 상태에서 상담하는 것을 동의하였을 때 발생한다.

대부분의 전문가 협회 또는 자격증이나 면허 기관은 이미 존재하는 비임상적인 관계나 연관이 있는 사람과 상담관계가 시작되는 것을 금지하거나 강하게 반대하고 있다. 또한 먼저 상담관계를 맺고 이후에 사회적 관계나 친밀한 관계를 형성하는 경우도 있다. 중독 영역에서는 이러한 경우도 타 영역보다 엄격한 잣대로 금하고 있다. 그 이유는 중독의 특징 중 만성적 및 재발 경향으로 말미암아 상담가 및 내담자로서의 역할이 한정적이지 않는 것이 현실이기 때문이다. 상담가와 내담자 사이에 친밀한 관계가 형성되다 보면 상담관계를 떠나 개인적인 친분관계를 가지게 된다. 이러한 관계는 상담에 영향을 줄 수 있다. NAADAC에서는 상담가가 자신의 가족, 예전 또는 현재 연인, 친구, 가까운 지인 및 '기타 이중관계로 안녕에 해를 입을 수 있는

자'와의 상담을 금지하고 있다.

(1) 이중관계를 다루는 방식

- 기존에 존재하는 관계: 기존에 관계가 있었던 사람을 상담 장면에서 맞으면 슈퍼바이저에게 고지하고 내담자를 다른 상담가나 기관으로 의뢰할 것인지를 결정하는 슈퍼비전을 갖는다. 그러한 사례의 이전이 불가능하다면 이중관계임에도 불구하고 행해질 수 있다. 그럴 때에는 잠재적 폐해를 감수하고 고지된 동의(예를 들어, 기존 관계에 대한 논의 및 그것이 상담에 미칠 영향), 슈퍼비전의 횟수 증가 및 상담 과정에 대한 좀 더 정확한 기록이 요구된다.
- 사회적/업무적 관계: 중독 상담가가 자신과 사회적 · 업무적 관계를 갖는 사람들과 상담하는 것은 바람직하지 않으며, 내담자와도 사회적 · 업무적 관계를 시작하지 않아야 한다. 그러한 관계는 상담관계가 갖는 위탁적 관계성(내담자의 최선을 염두에 둔 결정)을 상호적 관계(양방에 최선의 이익이 되도록 하는 결정)로 이전시킨다. 이러한 이중관계는 필연적으로 임상적 자료를 사회적 관계에 드러내게 하고 사회적 상호작용이 임상관계에 영향을 미쳐, 상담가와 내담자 두 사람이 그 당시에 어떠한 역할을 해야 하는지 혼란을 줄 수 있다. 그러한 혼란은 결과적으로 관계나 상담에 좋지 않은 영향을 미친다.
- 회복 동료 관계: 중독상담의 영역에서 가장 빈번한 이중관계 문제는 회복 중인 상담가와 그의 내담자가 기관의 외부에서 이루어지는 회복 활동에 참여할 때 발생한다. 이때 가장 많이 하는 질문은 다음과 같다. 회복 모임에서 만난 내담자와 어떻게 교류할 것인가? 현재 혹은 과거의 내담자가 나에게 동행하자고 하거나 후원자가 되어 달라고 하면 어떻게 답변할 것인가? 현재 혹은 과거의 내담자가 속한 모임에서 나는 나의 회복 이야기를 어떻게 할 것인가?

(2) 이중관계의 역사적 교훈

상담관계의 진실성과 상담가의 회복을 보호하기 위하여 오랫동안 상식적인 지혜가 만들어졌다. 그러한 상식적인 지혜는 'AA 구성원이 알코올 분야에 고용되어 일할 때의 안내서'에 기록되어 있다. 이 안내서에서는 중독 상담가와 AA 구성원의 역할 분리의 중요성을 강조하고 있다. 그렇게 하기 위해서는 AA 구성원은 AA 모임에서 전문적 용어를 사용하는 것을 피해야 하고, 전문가의 역할로 AA에 대해 설명하는 것을 피해야 하며, 자신과 상담관계를 갖고 있는 사람과 후원관계를 피해야 한다고 강조하고 있다.

- 두 개의 모자: 상담가가 회복자인 경우에 자신이 상담가로 동료와 이야기할 때와 AA 구성원으로 이야기할 때를 동료와 내담자에게 명확히 하여야 한다.
- 한 개의 방식에 고착 지양: AA나 NA 혹은 기타 상호 원조집단을 통해 회복한 사람들은 상담가로서 자신이 경험한 집단의 효과성에 대해 알릴 수 있는 장점이 있지만 동시에 맹점과 편견도 가질 수 있다. 회복 중인 상담가는 모든 내담자가 자신과 같은 회복의 경로를 밟아야 한다고 강요해서는 안 된다. 그런 태도를 가지려면 회복에 대한 지식과 함께 다양한 회복의 형태에 대한 용납과 존중이 필요하다.

(3) 이중관계와 윤리적 쟁점

- 성적 관계: 상담가와 내담자 간의 성적 관계는 조건적으로 일어날 수 있다. 상담가의 개인적인 삶에서의 불만, 상담가가 그러한 자신의 욕망을 위해 업무 환경을 조작, 약하거나 전무한 임상 슈퍼비전, '폐쇄적이고 혼미한 가족 같은 조직'이 상담가와 내담자 간의 경계를 흐리게 한다(White, 2001, 2007). 상담가와 내담자 사이의 성적 친밀함은 사건보다는 과정으로 바라보고 서비스 관계 내에서 친밀한 경계를 점진적으로 침해하여 마지막 단계에서 일어나는 행위로 보아야 한다. 이러한 이해는 경계으로 표류단계에서 자기감시(self-monitoring)의 기회를 가질 수 있다.
- 일반적으로 중독 영역 이외의 기타 원조 전문가의 윤리강령에서는 종결 이후 특정 기간(일반적으로 2년) 이내에 일어나는 내담자와의 성적 접촉을 금지하고 있다.

다음의 태도와 행동은 상담 과정에서 경계 쟁점이 될 수 있다는 경고 사인이다.

- 경계 표류에 대한 경고 사인(과도한 개입)
- 내담자에 대한 과몰입이나 소유욕
- 임상적으로 필요한 의뢰 거부
- 상담 회기의 횟수나 시간 증가
- 상담 회기가 성적 내용으로 변질됨
- 과도한 자기개방
- 접촉의 증가
- 내담자의 의존이 증명됨
- 슈퍼비전에 대한 저항
- 전문 영역 외부에서 연락
- 사귀는 행동(예를 들어, 전화 연락 증가, 약속을 한 후 옷차림에 신경을 씀, 개인적 선물)

(4) 윤리적 쟁점: 접촉

중독문제가 있는 내담자의 대부분이 어린 시절에 트라우마 경험이 있으므로(Briere, 1992), 짧은 접촉이라도 다양한 종류의 윤리적으로 모호한 메시지를 줄 수 있다. 내담자와 접촉을 하는 상담가는 경계에 대한 민감함을 가져야 하고, 이러한 행동의 임상적 영향에 대해 예민하게 알아챌 수 있어야 한다. 특히 치료관계 초기단계에서 내담자가 상담가의 접촉에 대해 불편한 감정을 가질 경우에는 안전하게 논의할 수 있는 환경을 마련해 주어야 한다(Hunter & Struve, 1998).

(5) 내담자와의 개인적 관계 금지

상담 회기 이외에 내담자와 개인적 관계를 갖지 않아야 한다. 이는 상담을 하는 과정에서 상담가와 내담자 사이에 친밀한 관계가 형성되다 보면 상담관계를 떠나 상담가와 내담자 간에 돈을 빌리거나, 상대방을 사업 대상으로 삼는 등과 같은 금전적 · 사업적 거래관계 혹은 내담자와 감정적으로 접촉하기 등과 같은 개인적 친분관계를 갖지 않아야 한다는 것을 의미한다.

(6) 선물

중독 상담가는 원칙적으로 개인적인 선물을 받지 않아야 한다. 선물에 대해서는 기관의 규정이나 법 규정을 따르거나 슈퍼비전 및 자문을 통해 결정하는 것이 좋다.

4. 윤리 기준의 원칙: 전문가 책임

1) 기록의 목적

내담자의 치료 과정을 기록하는 것은 상담가 자신은 물론이고, 다중의 당사자와 소통하기 위함이다. 바람직하지는 않지만 담당 상담가의 변동을 피할 수 없는 사정일 경우에는 내담자와의 상담 기록은 상담 과정의 일관성을 유지하고, 불필요한 절차나 과정을 생략할 수 있다. '쓰이지 않은 것은 일어난 일이 아니다.'라는 말처럼 상담 기록은 매우 중요하다.

기록의 내용과 유지, 보관, 처리 방식에 대한 태도는 자율성, 비밀보장권, 고지된 동의 원칙이 제대로 운영되는지를 반영한다. 내담자와 관련된 기록은 내담자가 요청할 경우에 보여 주어야 한다. 과소 기록, 과대 기록 및 내담자에 대한 불필요한 정보의 기록은 상담가의 역량을 반영하기 때문에 슈퍼비전을 통하여 교정하여야 한다.

- 사례에 대해 논리적으로 생각할 수 있도록 도와서 내담자의 관리를 향상시킬 수 있다.
- 서비스 제공자의 역량을 반영할 수 있다.
- 치료비를 담당하는 기관에 실제로 치료가 일어나고 있다는 것을 확인해 줄 수 있다.
- 치료 활동의 법적 기록으로 활용될 수 있다.

2) 유지 및 보관

- 상담의 적절한 기록도 중요하지만 상담 기록을 어떻게 관리하고 보관하는지, 또한 보관 연도에 대한 정책 규정이 있어야 한다.
- 서류의 형태, 전자 서류, 음성 녹음/화상 녹음 및 사진, 기타 자료에 대한 보관 및 파기 규정이 있어야 한다.
- 서류 작성 시 타인이 볼 수 없는 컴퓨터 화면이나 잠시 자리를 비우면 로그아웃되는 시스템이 있거나, 서류 캐비닛에 보관할 경우의 관리 감독 체제가 있어야 한다.
- 서류의 외부 유출이 금지되어야 한다.

3) 기록과 윤리

- 기록은 일정한 기간 내에 이루어져야 한다.
- 모든 기록은 개별화되고 다른 내담자와 구별되어야 한다.
- 시간과 내용면에서 치료 장면이 정확하게 기록되어야 하기에 분별 있게 쓰여야 한다.
- 치료 계획은 사정 정보와 관련이 있어야 하고, 과정 기록은 치료 계획과 관련이 있어야 한다.
- 기록을 허위로 기재하는 것을 피한다(예를 들어, 소급 일자 적기, 추측하기).
- 서비스 활동에 대한 과소 및 과대 기록을 피한다.
- 기록 자료 보관의 부적절성으로 비밀보장 위반(약속장부, 내담자 정보가 포함된 가방이나 컴퓨터 분실)을 하지 않도록 규정을 정하고 실행한다.
- 임상적으로 관련성이 없는 정보를 기록하여 내담자에게 잠재적으로 해를 끼치는 행위를 피해야 한다(예를 들어, 범죄 활동 기록).
- 비윤리적이고 사기적인 서비스 기록/청구를 하지 않는다.

4) 자기개방

상담가의 자기개방은 내담자에게 자신에 대해 드러내는 것을 의미한다. 자신의 호불호뿐만 아니라 생각, 감정, 열망, 목표, 실패, 성공, 두려움, 꿈 등에 대한 것을 묘사적이거나 평가적으로 정보화하여 드러내는 것이다.

(1) 자기개방의 폐해

- 상담 회기의 초점을 내담자에게서 자신에게로 옮김으로써 위탁관계의 약속을 깰 때
- 상담가의 자기개방 내용이나 개방했던 순간의 부적절함으로 서비스 관계가 손상을 입을 때

(2) 자기개방의 원칙

자기개방은 간단하게, 또 내담자의 발달단계와 상담관계의 수준에 적절하게 해야 한다. 역할을 명료하게 유지하기 위해 상담가는 내담자의 치료 목표에 명확히 관련이 있는 경우에만, 내담자에게 자신의 경험을 나누는 것이 어떤 영향을 미치는지에 조심하면서, 상담가 스스로 감정적으로 정리된 사항에 대하여 드러내야 한다(Bloomgarden, 2009). 또한 내담자로 하여금 개방된 사실을 자신의 경험과 연결할 수 있도록 해야 한다.

(3) 자기개방의 위험성

비밀보장은 상호적이지 않기 때문에 상담가의 개방으로 인해 상담가 자신과 기관에 잠재적으로 위협이 될 수 있다는 것을 이해해야 한다. 내담자는 상담가가 개방한 사실에 대해 비밀을 유지할 의무가 없으며, 자신이 들은 정보를 재해석하고 노출하여 상담가나 기관의 명성에 예기치 않은 해를 끼칠 수 있다.

(4) 회복 경험에 대한 개방

상담가들은 자신의 개인적인 중독 경험을 드러낼 때 임상적 필요가 명확하다고 생

각된다면 적절한 수준으로 드러내야 한다. 자신이 회복 중임을 알리는 상담가는 중독으로 인한 내담자의 수치심을 감소시키고 희망을 줄 수 있다. 그렇지만 너무 많은 노출은 침입적이고, 내담자의 마음을 산란하게 하며, 비현실적인 기대를 만들어 내거나 자신의 부족함을 느끼게 한다(Bloomgarden, 2000).

(5) 회복 경계

중독에서 회복의 성공적 경험이 있는 상담가는 심도 있는 이해, 공감 및 명확한 태도로 내담자와 관련을 맺는다. 하지만 개인적으로 발견한 성공적 치료 접근에 과도하게 헌신하기도 한다(Johnson, 2000). 예를 들면, 12단계 위주로 회복한 상담가는 한 개의 방법만이 있다고 생각하여 다른 내담자에게 폐해감소 모델과 같은 것을 폄하하기도 한다.

(6) 슈퍼비전을 통한 점검

동료 및 슈퍼바이저와의 자문으로 자신의 정보를 노출하려는 목표가 상담가의 정서적 욕구보다는 내담자의 정서적 필요에 부응하는 것임을 확인하여야 한다(Hunter & Struve, 1998).

5) 역량과 이론

상담가의 윤리적 책임은 자신의 전문적 역량 범위 내에서 실천하는 것이다. 전형적으로 인정되는 역량의 지표는 교육, 경험, 훈련 및 자격증이다(Pope & Vasquez, 1998).

상담가는 자신의 능력과 훈련을 통한 자격을 바탕으로 실천적 활동을 하는 전문가다. 따라서 상담가는 전문적 책임감과 기술을 가지고 내담자를 조력할 것이 요구된다. 그러나 자신의 능력과 전문가로서 자격 이상의 부적절한 조력 활동을 해서는 안 된다. 상담가는 자신의 전문적 한계를 인정하고, 내담자에게 적절한 조력을 할 수 없는 경우에 기꺼이 내담자를 다른 상담가에게 의뢰해야 한다(노안영, 2005)

(1) 임상 역량의 한계

- 임상 영역: 한 임상 영역에서 기능하는 역량이 반드시 다른 영역에서도 기능하는 것은 아니다. 일반 정신과 질환을 치료한 경험이 많은 상담가라도 중독 환자의 특정한 욕구에 부응할 역량이 있다고는 볼 수는 없다. 이는 전문적 훈련을 받지 않은 중독 상담가가 정신질환의 표식을 적절하게 인지하는 것은 아닌 것과 같다. 이러한 이유 때문에 전문가 사이의 교차 의뢰가 필요하다.
- 이론적 기초: 상담가는 특정한 임상 서비스를 제공하는 데 이론적 기초가 무엇인지를 명확하게 묘사할 수 있어야 한다. 내담자의 사례 개입 결과가 좋았다고 해도 상담가의 적절한 이론적 기반이 결여되었다면 상담가의 행동을 정당화할 수 없다.

(2) 임상 훈련의 중요성

명확한 이론에 근거하지 않고 상담하는 상담가는 직관, 버릇, 동조 및 개인 선호의 조합에 지나치게 많이 의존할 가능성이 높다(Corey, Corey, & Callanan, 2014). 중독 상담가는 자신의 역량을 지속적으로 향상할 책무가 있다. 많은 자격증 관리 기관에서는 자격증 유지를 위해 보수교육을 의무적으로 규정하고 있다.

(3) 실험적 기법 사용

경험적 연구 기반으로 증명되지 않은 채 칭송받고 유행 중인 새로운 기술을 사용할 때는 다음과 같은 두 가지 문제가 발생할 수 있다.

- 실험적 기법의 숙달 역량만큼의 경계 내에서 사용하는가의 여부를 모니터하기 어렵다.
- 이러한 기법을 역량에 맞게 사용한 경우라도 잠재적인 해를 가져올 수 있다. 상담 영역에서 유행하는 기법에 대해 항상 임상적인 의심을 유지하여야 한다. 지난 200여년 동안 중독 치료에 있어서 획기적이라고 했던 기법 중에는 결과적으로 해로운 기법이 많았다(White, 1998).

(4) 전문가의 자격 및 역량과 관련된 윤리적 쟁점

- 교육 수준, 훈련 및 경험에 대한 부정확한 자가 보고, 이력서에 허위로 기재 및 타인에 의해 실수로 부풀려진 경력의 교정 포기
- 자신의 교육, 훈련 및 경험의 경계를 넘어선 실천 행위
- 기관 자원의 유용
- 업무 결과물에 대한 소유권 갈등
- 이차 구직으로 인한 이해 갈등

(5) 상담가가 역량이 있음에도 역량을 사용하지 않는 경우

상담가와 내담자 사이의 지나치게 얽힌 관계로 인한 문제가 윤리적으로 많은 주목을 받지만 상담관계에서 상담가의 과소관계 맺음에도 주목하여야 한다.

과소관계 경고 사인은 다음과 같다.

- 상담에 임하는 준비 부재
- 상담가가 상담 과정에서 건성으로 존재
- 특정 내담자를 보는 것을 싫어함
- 내담자의 전화에 응대하는 것을 하지 않거나 연기
- 상담 회기의 빈도와 길이의 감소
- 상담 회기 내용이 초점이 없고 표면적임
- 내담자를 묘사할 때 무시하거나 불경한 언사
- 내담자와의 껄끄러운 관계
- 내담자에 대한 비인간화(분류표를 사용하거나 낙인적인 언어 사용)
- 경솔하고 적절한 논의 과정이 없는 종결

내담자와 관련을 맺는 데 실패하거나, 원조관계의 부적절한 종결(임상적 유기)로 인해서 내담자에게 큰 해를 끼칠 수 있다. 이러한 행위는 위탁관계에 부적절한 행위로서 비윤리적이다. 상담가가 개인적으로 고갈되는 등 여러 이유로 업무를 수행하

기에 부적절하거나 불가할 때뿐만 아니라 과도한 사례 수로 인해서 과소관계를 맺을 수 있고, 또한 부정적인 역전이로 인해서도 과소관계를 맺을 수 있다. 중독 상담가는 슈퍼비전과 동료 자문을 통해 이러한 문제를 해결하도록 노력하여야 한다.

6) 개인적 삶과 전문가적 삶의 통합

- 중독 상담가의 전문적 동료 간의 관계에서 윤리적 쟁점: 동료의 비윤리적인 행동 고발, 전문적 동료의 손상, 기관 내 비밀보장, 기관 간 또는 기관 내 갈등 관리, 보상 행위(의뢰로 인한 금전적 보상이나 인센티브), 슈퍼비전 관계에서의 권력 남용, 이중관계, 슈퍼바이저와 슈퍼바이지 사이의 이중관계, 내부 고발자 문제에 어떻게 반응하는가다. NAADAC의 윤리강령에 의하면, 중독 상담가는 다른 전문가의 비윤리적인 품행을 관찰했을 경우에 적절한 기관에 보고하여야 한다.
- 중독 상담가의 업무 시간 이외의 책무: 중독 상담가의 사생활도 내담자의 사생활과 마찬가지의 원칙으로 보호되어야 한다. 문제는 중독 상담가의 사생활을 보호 받을 권리와 전문적인 의무 및 책임 사이에 어떻게 선을 그을 것인가에 있다.
- 중독 상담가가 개인의 삶에서 무엇을 하든지 그것은 개인의 일이지만 개인적 행동과 전문적 업무 수행 사이의 연결점이 불가피하게 존재한다. 이 분야에 전문가로서 입문하였을 때, 암묵적으로 중독 상담가로서의 역할을 할 기능을 파괴하는 사생활을 하지 않겠다는 서약을 한 것이다. 예를 들면, 부도덕한 행동으로 자신이나 고용 기관의 명성을 위협하는 품행을 피하는 것을 말한다(예를 들어, 결과적으로 내담자와 그 가족이 전문가 혹은 기관을 통해 서비스를 받는 것을 꺼리게 되는 것). 이러한 원칙은 개인의 삶에서 발생한 어떤 쟁점이 전문가로서의 업무 수행에 영향을 미칠 때 슈퍼바이저에게 알리도록 요구하고 있다(예를 들어, 서비스를 받고자 하는 사람과 과거에 관계가 있었거나 이해 상충한 관계가 있었을 경우).

7) 슈퍼비전의 법적 및 윤리적 쟁점

오늘날의 슈퍼비전 환경은 더 다양하고 복잡해졌다. 임상 슈퍼바이저는 법을 실제에 적용하는 것에 대해 숙지하여 슈퍼바이지가 이러한 법 적용을 이해하도록 하여야 한다. 슈퍼바이저는 슈퍼바이지의 사례가 적절하게 상담되었는지에 대해 지도 및 감독을 해야 하고, 슈퍼바이저가 적절한 알림과 보호의 의무를 다하지 못하는 것에 대해 책임을 지는 법적 문제가 있다(Powell & Brodsky, 2004).

- 슈퍼바이저는 슈퍼바이지와 사회적 · 금전적 · 사업적 이중관계를 가질 수 없고, 성적이거나 친밀한 상호작용이 금지된다.
- 경계 침범은 이중관계의 일종이다. 이러한 침범은 구조화된 슈퍼비전 관계에서 드러나거나(예를 들어, 슈퍼비전 회기를 개인의 집이나 식당에서 저녁식사를 하며 진행하는 경우) 슈퍼비전 회기 과정(선물 제공, 신체 접촉) 중에 나타날 수 있다.
- 상담가는 내담자에게 자신이 슈퍼바이저와 사례를 논의한다는 정보를 제공하고 고지된 동의를 획득해야 한다(Bernard & Goodyear, 2004).
  - 고지된 동의의 3단계, 즉 치료에 대한 동의, 슈퍼비전에 대한 동의, 슈퍼지전을 받는 슈퍼바이저의 동의가 발생해야 한다.
  - 슈퍼비전을 하는 데 있어 계약이나 동의서를 작성해야 한다. 동의서 내에 슈퍼비전에 대한 기본적인 내용을 기술하는 것 이외에 쌍방의 책임과 의무, 슈퍼비전 회기의 빈도, 회기의 시간 및 슈퍼비전 과정의 기간, 사용할 슈퍼비전의 양태와 접근 방식을 규정한 동의 등을 포함하여야 한다.
- 슈퍼바이저의 비밀보장은 그 상황과 비밀보장의 한계가 상담가의 비밀보장과 유사하다.
- 다음은 슈퍼비전 관계에서 가장 많이 보고되는 윤리적 위반(Ladany et al., 1999)이다. 이러한 위반은 슈퍼비전 관계를 약화시키고 낮은 만족도를 야기한다.
  - 부적절한 수행 평가
  - 비밀보장의 위반

-타 관점 수용 부족

8) 최근의 쟁점: 사이버 상담

전 세계적으로 사이버 상담, 또는 가상공간 내 상담의 빈도가 점점 높아지고 있다. 그 편리성 및 익명성으로 인해 많은 사람이 사용하고 있고, 기관에서도 게시판이나 Q&A를 통해서 정보 제공을 하고 있으며, 실제로 상담의 형태를 유지하면서 진행되고 있으나 윤리적인 고려에 대한 논의는 활발하지 않다.

(1) 사이버 상담이란

가상공간 내 상담(e-therapy)은 내담자와 상담가 간에 지속적으로 사이버 공간에서 상호작용을 지칭하는 공식 용어가 되었다(Ainsworth, 2000). 대면 상담과 대조적으로 상담가와 내담자는 비디오를 통한 대화, 이메일, VR 테크닉을 사용하거나, 또는 이러한 것들을 혼합하여 의사소통하며 내담자의 어려움을 극복하도록 돕는다. 다른 용어로는 통신심리(telepsychology) 혹은 통신치료(teletherapy)라고 부르기도 한다.

(2) 사이버 상담의 양태

사이버 공간 내에서의 상담은 다음과 같은 모습을 가진다.

- 동시적: 동시에 이루어지는 경우(예를 들어, 라이브챗). 가상 공간이고 비대면이지만 대화가 즉시적으로 이루어짐
- 비동시적: 서로 주고받는 기간이 있는 경우(예를 들어, 이메일)
- 혼합: 두 개를 혼합해서 사용
- 문자 사용: 동시적이나 비동시적인 상담에 대부분 문자 사용이 많음

(3) 사이버 상담 시 고려할 점

- 기술적 측면: 중독 상담가는 테크놀로지에 대한 충분한 이해를 갖고 있어야 한다.
  - 암호화: 자료의 암호화 및 암호화된 폴더에 저장
  - 백업: 자료를 안전하게 보관하는 시스템 구축
  - 암호 보호: 치료적 의사소통과 기타 임상 자료에 대한 비밀보장을 위한 암호 사용
  - 방화벽: 웹 기반 프로그램의 보호 기제 이해
  - 바이러스로부터의 보호 및 백신의 사용
  - 하드웨어 및 소프트웨어에 대한 충분한 지식
  - 제3자 서비스: 앞서 언급한 안전 장치를 잘 활용할 곳을 선정
- 초기 면접 및 사정 과정: 내담자의 테크놀로지 기술 사정에 대한 질문을 통해서 다음과 같은 것을 살펴야 한다.
  - 내담자의 언어 구사력 및 타이핑 능력
  - 제시된 쟁점, 내담자의 신상, 임상적 쟁점
  - 자신의 역량 범위 안에 있는 쟁점
  - 자살, 타살 및 즉각적 위기 사정

(4) 윤리적 쟁점

- 적절한 자격증 보유 여부: 웹사이트에 자신의 자격증을 게시하고, 상담의 범위를 적시하여야 한다. 또한 상담가는 자신의 역량 범위 내에서 상담하고, 내담자와의 경계와 한계를 정확히 준수하며, 자신의 학제에 관련된 법 및 윤리, 내담자 거주 지역의 법 규정을 이해해야 한다.
- 고지된 동의: 사이버 상담에서 고지된 동의는 다음과 같다.
  - 내담자는 상담가의 웹사이트를 통해 명확한 정보에 접할 수 있다. 고지된 동의 과정은 내담자가 상담가로 정식으로 인정하는 것을 포함한 과정이다. 이러한 인정은 암호화된 채널을 통해서 받는다.
  - 고지된 동의는 상담 과정 중에 필요하고, 편의에 따라 재작성할 수 있다. 여기에는 치료의 한계(온라인 접촉으로 인한 비언어적 사인을 보지 못하는 한계) 및 기술로

인한 비밀보장의 한계, 일정, 시간 비용 등을 기술한다. 내담자의 나이, 언급된 내용에 대한 오해 여부, 상담 과정에서 일어날 수 있는 잠재적 위험에 대하여 내담자가 확실히 인식하고 있는지에 대해 상담가는 정확히 알기 어렵다. 그러므로 내담자의 정확한 신상(이름, 나이, 주소, 응급 연락처)을 알고 있어야 한다. 미성년자는 부모에게 동의를 얻어야 한다. 또한 만일 신상을 알리지 않으면 서비스가 제한될 수 있음을 알려야 한다.

–법적으로 가상공간 내 상담을 인정하여 보험이나 기타 비용을 어떻게 할 것인가에 대한 규정이 미비할 경우에는 미리 고지해서 동의를 얻어야 한다.

–경계 쟁점: 내담자의 문자에 대해 얼마나 자주 반응을 할 것인가를 규정한다.

–이중관계: 관계를 형성하는 데 기대하는 관계 및 경계에 대한 이해가 논의되어야 한다. SNS 연결 등에 대한 규정을 명확히 기록하여 혼동을 막는다.

- 면대면 상담과 가상공간 내 상담을 혼합할 경우에는 고지된 동의에 기록해야 한다.
- 비밀보장, 자료 유출에 대한 위험성에 대해 고지된 동의에 기록해야 한다.
- 잠재적 위해와 위험을 사정하기 어렵다. 위기 개입 방법으로 특정 웹사이트를 제공할 수 있다.
- 자료의 소유: 자료는 상담을 제공한 곳에서 소유하며, 내담자는 상담가와의 상호작용에 대해 포스팅할 수 없다.
- 슈퍼비전 쟁점: 상담가가 가상공간을 통해 슈퍼비전을 받는 경우에도 한계와 장점에 대해 내담자와 동일한 경험을 할 수 있다.

5. 윤리적 딜레마 해결 모델

중독 영역에서 중독 상담가는 종종 윤리적 딜레마를 경험하는데, 이를 해결하기 위해서는 윤리적 사고 능력이 필요하다. 윤리적 사고 능력은 윤리적 결정이 요구되는 상황을 올바르게 인식하고, 어떠한 결정이 올바른 행위인지 스스로 생각하고 판단하여 자신의 행위를 바르게 선택할 수 있는 능력이다. '해를 끼치지 말라'는 윤리적 명령을 따름으로써 내담자, 동료 및 자신을 존중하기 위해 윤리적으로 사고하고 결정하여야 한다. 그러한 과제를 해결하기 위해 다양한 문제해결 모델이 제안되었으나, 현재는 대부분의 중독 영역에서 화이트(White)와 포포비츠(Popovits)의 모델을 이용한 윤리적 딜레마 해결 모델을 채택하고 있다. 윤리적 딜레마를 해결하려고 할 때 고려해야 할 점은 다음과 같다(White & Popovits, 2001).

1) 문제해결 모델 3단계

(1) 1단계

관련자는 누구인가? 누가 잠재적으로 해를 입을 것인지 상황을 분석한다. 이때 복수의 당사자가 있을 수 있다. 첫 번째로는 누구의 이익이 상충되는가(예를 들어, 내담자에게 가장 최선인 어떤 것이 상담가나 그 기관에는 최선이 아닐 수 있다.)를 생각해 볼 수 있다.

〈표 10-1〉 내담자 관련자의 관련 정도

관련자 및 관련 기관	관련 정도		
	매우 많음	보통	경미
내담자			
내담자 가족			
중독 상담가			
프로그램/서비스			
기관장(들)			
지원 기관			
전문직 영역			
지역사회			
공중의 안녕			

(2) 2단계

어떤 보편적이거나 문화적으로 관련이 있는 가치가 적용될 수 있는가? 그 가치에 의해 어떤 행동을 해야 하는가? 여기서 문화적으로 관련이 있는 가치와 문화적 맥락에 따라 윤리적 기준이 다르다(예를 들어, 한 문화권에서 바람직한 행동이 다른 문화권에서는 해가 되는 경우를 들 수 있다).

〈표 10-2〉 윤리적 의사결정 모델에서 고려할 보편적 가치

해당	보편적 가치	가치가 지향하는 행동
	자율성(자신의 운명을 선택할 자유)	
	복종(법적이고 윤리적인 지시에 복종)	
	양심적 거절(불법적 또는 비윤리적 지시에 불복종)	
	선의(좋은 의도로 타인을 돕는 것)	
	감사(외부로부터 온 좋은 것을 인정하고 표현함)	
	역량(지식과 기술의 습득)	
	정의(공정, 덕으로 분배)	
	충직(자원의 지혜로운 사용)	
	정직/솔직(진실을 말함)	
	충실(약속을 지키는 것)	
	충성(배반하지 않음)	
	근면(일을 열심히 함)	
	신중(사생활 및 신뢰 존중)	
	자기 향상(최선의 자기 되기)	
	비유해성(타인을 해치지 않는 것)	
	보속(잘못한 것을 고치고 보상)	
	자기보호	
	기타 특정 문화의 가치	

(3) 3단계

현재의 상황에 어떤 법 조항, 윤리강령, 법률, 기준, 규정 및 조직 내규, 관행 등이 자신의 행동에 영향을 미치는지를 탐색한다.

- 행위를 가능하게 하는 것
- 행위를 가능하지 않게 하는 것

(4) 4단계: 기록

- 어떤 선택권을 고려하였는가?
- 누구에게 자문을 하였는가?
  - 가능하다고 한 사람
  - 가능하지 않다고 한 사람
- 어떤 결정에 근거하여 스크립트를 만들었고, 연습을 하기 위해 무엇을 하였다.
- 내려진 결정과 취해진 행동

이 모델은 개인의 의사결정의 틀을 마련해 주기도 하면서 윤리적 딜레마에 대한 자문의 필요성도 강조하고 있다.

2) 윤리적 의사결정의 지침

- 인간 활동의 전제 조건인 기본재(생명, 건강, 음식, 주거, 정신적 균형 등)에 대한 위해를 막는 규칙을 우선한다.
- 생존에 필수적인 권리는 타인의 자기결정권에 우선한다.
- 개인의 자기결정권은 자신의 가본적인 생존권에 우선한다.
- 자신이 자발적으로 동의한 법률, 규칙, 규정을 준수해야 하는 의무는 이들의 규정과 상충되는 방식으로 행동할 수 있는 개인의 권리보다 우선한다.
- 개인의 안녕은 그와 상충되는 법률, 규칙, 규정 및 자발적 계약보다 우선한다.

6. 정리

중독 상담가가 윤리적으로 전문직을 수행하고 개인 및 전문가로 통합되어 살아가기 위해서는 다음과 같은 것을 제안한다. 내담자와의 관계에서 윤리적인 갈등이 생길 경우, 우선 중독 상담가는 내담자와 자신 간에 가치적 갈등이 있음을 인식하고 그것을 드러내어 내담자의 의견을 경청하여야 한다. 내담자의 가치와 중독 상담가의 개인적인 가치 사이에서 갈등이 있는 경우, 중독 상담가는 개인의 가치보다는 전문가의 가치에 충실하여야 한다. 이렇듯 내담자와 함께 가치를 탐색하고, 그 가치체계에 부합되는 행동을 하도록 하는 것이 윤리적이다.

상담가 자신에 대한 책무는 효과적인 자기 돌보기를 윤리적으로 행동하는 데 필수적인 전제 조건이다. 신체적 · 정서적 · 영적으로 고갈 상태에 있는 상담가는 자신의 만족되지 않은 욕구를 충족하기 위해 내담자를 이용하는 데 취약할 수 있다(White et al., 2007).

- **교육의 필요성**: 윤리교육을 받아야 한다. 윤리적 의사결정은 내용도 내용이지만 기술이기도 하다. 기본적으로 윤리적 의사결정 기술을 연습하고 향상시키기 위한 안전한 환경을 만드는 훈련을 받고 관련 문서를 읽어야 한다.
- **멘토의 존재**: 자문을 줄 수 있고, 어려운 윤리적 딜레마에 대해 객관적인 조언을 줄 수 있는 소집단을 만들어야 한다.
- **자기이해**: 자신을 알아야 한다. 개인적으로 취약한 시기를 지날 때와 내담자와 윤리적으로 취약한 관계의 영역으로 들어갈 때를 알아채기 위해 확실한 자기감시를 실천해야 한다.
- **전문 영역의 자문 필요**: 자신의 위치가 취약한 상태에 있을 때와 정상적으로 윤리적 해결책에 적용되지 않는 예외적인 상황으로 보일 때 전문 영역의 자문을 구해야 한다.
- **자기보호**: 임상적으로 예견된 취약한 상황에 놓이면 취약한 영역 내에서 윤리적 의사결정 과정이나 자문의 내용 및 그 결정에 대해 기록해야 한다.

윤리적인 행동을 하기 위해 노력하는 것은 선행의 가장 바람직한 단계다. 윤리적인 행동은 상담 과정에 관련이 있는 모든 당사자의 안녕을 증진시키고자 하는 것이다. 안녕을 증진시키는 목적의 가장 근간에는 내담자와 가족, 상담가 자신, 몸담은 기관, 나의 전문 영역, 나의 지역사회에 피해를 주지 않는 것이다. 중독 상담가는 개인과 전문가적 정체성을 통합하여 전문 영역에서의 역량과 전문적 이상(의무, 가치, 정의, 덕, 정직 등의 원칙을 지키는 문화)을 함양하는 전문가로 향상되어야 한다. 진정한 전문가가 되는 것은 단지 수료증이나 자격증 이상을 요구하는 것으로, 전문적 이상에 대한 헌신과 전문가적 덕목이 자신에게 통합되었는지를 점검하는 자기반성 능력을 요구한다(Knapp et al., 2017).

마약 중독 치료 기관 및 회복/재활 모임

치료보호 지정병원

국가에서 무료로 제공하는 치료보호제도를 활용하면 1개월 이내의 판별 기간을 거쳐 12개월 이내에서 비밀보장하에 무료로 입원 및 외래 치료를 받을 수 있다. 이전에는 치료보호 규정에 입원치료 절차만 있어서 외래치료가 이루어지지 않았으나 2014년 7월부터 외래치료 절차도 마련되어서 입원치료뿐만 아니라 외래치료도 무료로 받을 수 있다. 검찰이 치료보호조건부 기소유예 적용 여부를 판단하여 치료보호 기관에 입원 및 외래 치료를 의뢰하는 경우나 마약 투약자나 보호자가 지정병원에 치료보호를 신청하면 판별검사를 실시한 후, 치료보호 지정병원에서 무료로 치료를 받을 수 있다. 현재 국공립 의료 기관이 13곳, 민간 의료 기관 8곳이 치료보호 지정병원으로 운영되고 있다.

교육이수조건부 기소유예, 선도조건부 기소유예, 수강명령, 치료명령

교육이수조건부 기소유예란, 한국마약퇴치운동본부에서 시행하는 40시간의 단약 프로그램에 참여하는 조건으로 검찰에서 기소를 유예하는 제도다. 한편 선도조건부 기소유예란, 40시간의 단약교육과 6개월간 보호관찰을 받으면서 치료를 받는 조건으로 검찰에서 기소를 유예하는 제도다. 수강명령은 집행유예를 선고받은 경우에 40~80시간의 단약교육을 받도록 하는 제도이며, 치료명령은 집행유예를 받은 경우에 보호관찰을 통하여 치료를 받도록 하는 제도다.

치료감호

치료감호제도는 마약류 중독자에게 치료가 필요한 경우에 검사의 청구에 의하여 판사가 치료감호를 선고할 수 있다. 치료감호가 선고되면 공주에 있는 법무부 치료감호소(국립법무병원)에서 최대 2년까지 치료를 받을 수 있다.

단약자조집단

한국에서는 2004년에 공식적으로 단약자조집단(Narcotics Anonymous: NA)이 창립되었으며, 다음과 같은 모임이 운영되고 있다.

압구정 NA(서울영동교회, 매주 화요일 오후 7시)
당산동 NA(한국마약퇴치운동본부 재활센터, 매주 목요일 오후 7시)
남양주 NA(경기도 다르크, 매주 토요일 오후 6시)
인천 NA(참사랑병원, 매주 금요일 오후 7시)
부산 NA(전포동 원광디지털대학교, 매주 목요일 오후 7시)

다르크(DARC) 마약 (약물) 중독 재활센터

다르크(DARC)란, Drug Addiction Rehabilitation Center의 줄임말로 약물 중독자가 직접 운영하는 치료재활센터다. 1985년 일본 도쿄에서 처음 운영된 이래로 현재 일본 전역에 95개의 센터가 운영되고 있다. 현재 한국 다르크의 경우에는 성인 남성 약물류 사용자를 대상으로 함께 거주하며 낮 시간 단약 프로그램을 통해 단약교육, 직업재활, 사회복귀를 지원하고 있다.

서울 다르크(서울 목동, 070-7363-2878)
경기도 다르크(경기도 남양주, 031-528-6762)

한국마약퇴치운동본부 중독재활/예방센터

한국마약퇴치운동본부 중독재활센터는 서울시 당산역에 위치해 있으며, 단약을 하기 원하는 사람에게 비밀보장하에 전화상담, 개인상담, 집단상담 등의 프로그램을 무료로 제공하고 있다. 전국에 한국마약퇴치운동본부 예방상담소가 12군데(서울, 대구, 전남 광주, 경기, 충남, 경북, 부산, 인천, 대전, 강원, 전북, 경남) 존재하고 있으며, 예방교육과 전화상담, 연계 서비스 등을 제공하고 있다.

홈페이지: drugfree.or.kr
중독재활센터 Tel: 02-2677-2344
예방상담소 대표전화: 1899-0893

참고문헌

강은실(1995). 근거이론 접근방법을 적용한 알코올 중독자 부인의 경험. 부산대학교 대학원 박사학위논문.

강은영, 신성만(2012). 마약류사범 재활센터 치료 & 재활교육 프로그램 개발 연구. 서울: 한국형사정책연구원.

강철원, 안아람, 손현성, 김현빈(2019). **중독인생**. 서울: 북콤마.

강향숙(2015). 알코올 중독으로부터 회복 중인 알코올중독자 자녀의 생애 경험: 상처 입은 영웅의 모험과 귀환. **한국가족복지학회지**, 20(4), 651-672.

강향숙(2017). 알코올중독자 여성배우자의 자녀양육 경험. **한국청소년학회지**, 24(5), 277-310.

강향숙(2019). 회복 중인 남성 알코올중독자의 부모역할 경험. **알코올과 건강행동연구**, 20(1), 39-54.

김경빈(1997). 약물사용 및 약물중독 청소년의 조기발견에 대한 연구. **청소년학 연구**, 4, 209-223.

김규수(2006). 알코올중독자의 가족기능과 대처행동이 알코올중독자의 병력에 미친 영향. **사회복지개발연구**, 12(1), 1-24.

김성재(2006). 알코올중독 여성의 음주경험: 여성주의적 접근. **정신간호학회지**, 15(4), 362-374.

김성재, 강향숙, 신행호, 이주영(2012). 미혼 남성 도박 독자의 어머니 경험, **스트레스연구**, 20(4), 331-345.

김연실, 김석선(2017). 약물중독자를 위한 자기초월증진 프로그램의 효과: 혼합설계연구

적용. 정신간호학회지, 26(1), 1-13.

김용석(2014). 한국판 약물남용 선별 검사-10(DAST-10) 검증. 사회봉사 연구, 40(2), 232-241.

김용태(2010). 사회-심리적 특성으로서 수치심의 이해와 해결. 상담학 연구, 11(1), 59-73.

김재영, 신성만(2018). 중독 이해의 패러다임으로서 재기(Recovery) 모델의 함의와 적용 가능성에 대한 고찰. 재활심리연구, 25(4), 717-736.

김재환(2019). 메스암페타민 중독 남성의 회복 과정에 관한 생애사 연구: 양자 변화를 중심으로. 한국기독교상담학회지, 30(1), 43-81.

김정주, 김용미(2007). 아버지의 역할수행, 결혼만족도와 어머니의 양육효능감과의 관계. 한국영유아보육학, 50(1), 113-137.

김주은(2020). 마약중독의 근거기반 치료. *Korean Journal of Clinical Psychology*, *39*(2), 186-201.

김혜신(2003). 알코올 중독자 가족을 위한 가족 친목 모임에 관한 연구. 명지대학교 대학원 석사학위논문.

김희경(2014). 알코올 의존자 배우자의 용서치료 경험과정. 정신간호학회지, 23(2), 70-81.

김희국, 현진희(2007). 알코올중독자 가족이 경험하는 스트레스가 가족의 거부적 태도에 미치는 영향, 한국가족복지학, 19, 97-119.

노안영(2005). 상담심리학의 이론과 실제. 서울: 학지사.

대검찰청(2019). 2018 마약류범죄백서.

류보순(2014). 알코올중독자 배우자의 공동의존으로부터 회복경험 연구: 근거이론 접근. 조선대학교 대학원 박사학위논문.

문봉규, 강향숙, 박상규(2019). 알코올 중독자 내 안의 또 다른 나. 서울: 학지사.

박규희, 김석선(2019). 알코올사용장애자의 회복에 관한 개념분석: 혼종모형. Health & Nursing, 31(1), 33-42.

박상규(2016). 중독과 마음챙김. 서울: 학지사.

박상규(2018a). 중독자의 회복유지를 위한 새로운 패러다임: 한국적 상담모형. 한국심리학회지: 건강, 23(2), 293-326.

박상규(2018b). 행복은 청소년의 중독 예방에 기여할 수 있는가? 한국심리학회지: 중독,

3(2), 1-11.

박상규(2019). **스마트폰에 빠진 우리 아이 구출하기**. 서울: 학지사.

박상규, 강성군, 김교헌, 서경현, 신성만, 이형초, 전영민(2017). **중독의 이해와 상담실제(2판)**. 서울: 학지사.

박선욱(2009). 자녀와의 관계를 통해 본 재활과정 알코올중독 여성의 어머니 경험. 고려대학교 대학원 박사학위논문.

박성익(1998). 사이버 세계에서의 의사소통 특성을 활용한 새로운 상담기법의 고찰. **사대논총**, 57, 1-18.

박승현(2015). 맹자의 마음공부-인간의 자존감 회복의 길. **철학탐구**, 40, 35-70.

박영순(2018). 알아넌에 참여하는 알코올중독 배우자의 회복 경험 연구. 백석대학교 기독교전문대학원 박사학위논문.

보건복지부(2020). 중독정신건강 표준 사례관리 매뉴얼. 서울: 국립정신건강센터.

신성만(2017). 중독행동의 이해를 위한 동기균형이론. **한국심리학회지: 중독**, 2(1), 1-12.

신성만, 권정옥(2008). 알코올 중독자를 위한 동기강화 상담. **한국알코올과학회지**, 9(1), 69-94.

신성만, 김병진, 이도형, 박명준(2015). 청소년용 인터넷 중독 변화동기 척도(SOCRATES-I) 개발을 위한 예비연구. **한국심리학회지: 건강**, 20(4), 803-819.

신성만, 박명준(2018). 행동중독의 이해를 위한 생리 · 심리적 균형 관점: 다미주이론 (Polyvagal Theory)과 동기균형이론(Motivational Balancing Theory)을 중심으로. **한국심리학회지: 일반**, 37(4), 503-530.

신성만, 이자명, 권선중, 권정옥, 김선민, 김주은, 라영안, 박상규, 서경현, 송원영, 이영순, 이은경, 장문선, 조현섭, 최승해, 최정헌(2018). **중독상담학개론**. 서울: 학지사.

심상용(2016). **사회복지 윤리와 철학**. 서울: 학지사.

심정은(2016). 가족친목모임(Al-Anon)을 이용하는 알코올 중독자의 배우자 삶의 경험. 한양대학교 대학원 석사학위논문.

안경란(2020). 자기결정성이론 기반 동기강화 프로그램이 과체중 여대생의 음식중독에 미치는 효과. 계명대학교 대학원 박사학위논문.

안희진(2011). 알코올중독자 아내의 결혼생활 경험. 백석대학교 대학원 박사학위논문.

양연선(2001). 여성의 공동의존에 대한 페미니즘 접근-정신분석 페미니즘과 포스트모던 페미니즘 시각 비교. 한림대학교 대학원 석사학위논문.

양혜진(2007). 문제음주부모를 둔 청소년의 성인아이 성향과 심리사회적 특성. **한국가정관리학회지**, 25(2), 1-12.

위은영(2015). 알코올중독자 여성 배우자의 수치심 경험에 대한 내러티브 탐구. 평택대학교 대학원 박사학위논문.

윤성호, 이미라, 손지현(2016). **인권과 함께 살펴보는 사회복지 윤리와 철학**. 서울: 학지사

이광복, 서동우, 소용섭(1995). 주정중독환자 가족의 스트레스 지각 및 대응전략에 관한 연구. **신경정신의학**, 34(2), 443-453.

이다운, 김성재(2017). 집단 동기강화 순응치료가 정신질환자의 약물에 대한 태도와 약물복용 자기효능감 및 약물복용 이행에 미치는 효과. **정신간호학회**, 26(4), 391-401.

이명윤, 김병석(2015). 알코올중독자의 장기간 단주과정에 관한 질적 연구. **상담학연구**, 16(3), 23-37.

이상규(2019). 알코올사용장애의 동기강화치료와 인지행동치료. **신경정신의학**, 58(3), 173-181.

이솔지(2012). 회복중인 알코올 중독자의 배우자로 사는 삶의 경험에 관한 연구. 부산대학교 대학원 박사학위논문.

이재호(2017). **중독치료를 위한 치료공동체 운영매뉴얼**. 서울: 신정.

이현주(2004). 회복중인 알코올의존자 부부를 위한 집단상담 프로그램 개발. 성균관대학교 대학원 박사학위논문.

이현주, 김순옥(2005). 회복중인 알코올의존자 부부를 위한 프로그램 요구도 조사 연구. **한국가정관리학회지**, 23(2), 93-106.

이현진, 조정화, 송영신(2018). 제2형 당뇨병 환자의 심리적 인슐린 저항성 극복을 위한 동기강화상담 분석. **한국융합학회논문지**, 9(12), 485-493.

익명의 약물중독자들 (1998). 익명의 약물중독자. N.A. 연합단체 한국지부.

임해영, 김학주, 윤현준(2018). 회복기 마약중독자의 직업 활동 경험에 관한 연구. **생명연구**, 48, 207-265

임혜영, 김학주(2018). 회복기 마약중독자의 영성 체험에 관한 연구. **한국콘텐츠학회논문지**,

18(11), 98-112.

장경오, 강정화(2018). 금연동기강화상담 프로그램이 중학교 남학생의 흡연지식, 자기효능감 및 일일 흡연량에 미치는 영향. 한국산하기술학회논문지, 19(12), 393-403.

정선영(2005). 알코올중독자 가족의 스트레스, 사회적 지지, 공동의존 및 건강상태. 정신간호학회지, 14(4), 400-416.

조근호, 권도훈, 김대진, 김선민, 김한오(2011). 중독재활총론. 서울: 학지사.

주소희(2008). 알코올 중독자 가정 자녀의 적응과정에 관한 근거이론 접근. 한국가족사회복지학회, 23, 225-262.

주영준(2009). 사회적 지지와 연결망이 건강에 미치는 영향. 한국사회학회 사회학대회논문집, 1003-1011.

최경화, 탁진국(2017). 경력단절여성 대상 강점 중심 그룹코칭 프로그램이 자존감, 구직효능감, 회복탄력성에 미치는 영향. 한국심리학회지: 코칭, 1(1), 73-97.

최승희(2002). 알코올중독자 자녀들의 4가지 유형에 따른 특성 및 개입지침. 평택대학교 논문집, 16, 93-116.

하지연, 신성만(2016). 청소년 인터넷중독 집단상담 프로그램 효과에 관한 메타분석: 적용이론과 구성요소를 중심으로. 한국심리학회지: 일반, 35(1), 191-216.

한국마약퇴치운동본부(2019). 집단상담 프로그램 표준안. 서울: 한국마약퇴치운동본부.

한국과학기술한림원(2019). 마약류남용의 실태와 대책보고서. 정기: 한국과학기술한림원.

한국중독정신의학회(2009). 중독정신의학. 서울: 엠엘커뮤니케이션.

허근, 김지연(2011). 술, 술, 술 더 이상 문제가 아니어요. 경기: 공동체.

AA연합단체 한국지부(2017). 12단계와 12전통. 서울: 한국 AA GSO.

A.A. *Guidelines for A.A. Members Employed in the Alcoholism Field.* (ND). New York: General Service Office.

Ainsworth, M. (2000). Metanoia: *The ABC's of internet counseling.* [Online] http://www.metanoia.org/imhs (January 26, 2001).

Zgierska, A. & Marcus, M. T. (2010) *Mindfulness-based therapies for substance use disorders: Part 2. Substance abuse,* 31(2), 77-78, DOI: 10.1080/08897071003641248

American Society of Addiction Medicine. (2013). Crieteria: *Treatment criteria for addictive, substance-related, and co-occurring conditions, 2013, American Society of Addiction Medicine*

American Psychiatric Association. (2015). **정신질환의 진단 및 통계 편람**(제5판). [*Diagnostic and Statistical Manual of Mental Disorders* (5th ed.)]. (권준수 외 공역). 서울: 학지사.

Andrews, J., Guyatt, G., Brozek, J., Schünemann, H. J., Oxman, A. D., Vist, G., … & Akl, E. A. (2013). *GRADE guidelines: 14. Going from evidence to recommendations: The significance and presentation of recommendations. Journal of Clinical Epidemiology, 66, 719-725.*

Ashare, R. L., Sinha, R., Lampert, R., Weinberger, A. H., Anderson, G. M., Lavery, M. E., … & McKee, S. A. (2012). *Blunted vagal reactivity predicts stress: Precipitated tobacco smoking. Psychopharmacology, 220*(2), 259-268.

Babcock, M., & McKay, C. (1995). *Challenging Codependency: Feminist Critiques.* Toronto: University of Toronto Press.

Babor, T. F., Stenius, K., Pates, R., Miovský, M., O'Reilly, J., & Candon, P. (Eds.). *Publishing Addiction Science: A Guide for the Perplexed* (pp. 299-321). London: Ubiquity Press. DOI: https://doi.org/10.5334/bbd.o.License:CC-BY 4.0

Bantz, J. L. (2003). *The impact of attachment on the romantic relationship of adult daughter of alcoholic mothers*. Unpublished doctoral dissertation, Alliant International University, California.

Bao, Y., Liu, Z., Epstein, D. H., Du, C., Shi, J., & Lu, L. (2009). A meta-analysis of retention in methadone maintenance by dose and dosing strategy. *American Journal of Drug & Alcohol Abuse, 35,* 28-33.

Baumeister, R. F., & Vonasch, A. J. (2015). Uses of self-regulation to facilitate and restrain addictive behavior. *Addictive behaviors, 44,* 3-8.

Benishek, L. A., Dugosh, K. L., Kirby, K. C., Matejkowski, J., Clements, N. T., Seymour, B. L., & Festinger, D. S. (2014). Prize-based contingency management for the treatment of substance abusers: A meta-analysis. *Addiction, 109,* 1426-1436.

Bennett, A. S., Elliott, L., & Golub, A. (2013). Opioid and other substance misuse, overdose risk, and the potential for prevention among a sample of OEF/OIF veterans in New York City. *Substance use & misuse, 48*(10), 894-907. https://doi.org/10.3109/10826084.2013.796991

Bernard, J. M., & Goodyear, R. G. (1998). *Fundamentals of clinical supervision* (2nd ed.). Needham Heights: Allyn & Bacon.

Bissell, L., & Royce, J. (1987). *Ethics for addiction professionals* (2nd ed.). Center City, MN: Hazelden.

Bloomgarden, A. (2000). Self-disclosure: Is it worth the risk? *The Renfrew Center Foundation Perspective,* 5(2), 8-9.

Bloomgarden, A. H., & Mennuti, R. B. (2009). *Therapist self-disclosure: Beyond the taboo. Psychotherapist revealed: Therapists speak about self-disclosure in psychotherapy.* RoutledgeTaylor & Francis Group.

Briere, J. (1992). *Child abuse trauma: Theory and treatment of the lasting effects.* Newbury Park, CA: Sage.

Capuzzi, D. C. & Stauffer, M. D. (2013). 중독 상담(*Foundations of addictions counseling*). (신성만 외 공역). 서울: 박학사.

Carpenter, K. M., McDowell, D., Brooks, D. J., Cheng, W. Y., & Levin, F. R. (2009). A preliminary trial: Double-blind comparison of nefazodone, bupropion-SR, and placebo in the treatment of cannabis dependence. *American Journal on Addictions, 18*, 53-64.

Carroll, K. M., Fenton, L. R., Ball, S. A., Nich, C., Frankforter, T. L., Shi, J., & Rounsaville, B. J. (2004). Efficacy of disulfiram and cognitive behavior therapy in cocaine-dependent outpatients: A randomized placebo-controlled trial. *Archives of General Psychiatry, 61*, 264-272.

Carroll, K. M., Rounsaville, B. J., Bisighini, R. M., Jatlow, P., Gordon, L. T., Nich, C., & Gawin, F. H. (1994). Psychotherapy and pharmacotherapy for ambulatory cocaine abusers. *Archives of General Psychiatry, 51*, 177-187.

Carroll, K. M., Rounsaville, B. J., Nich, C., Gordon, L. T., Wirtz, P. W., & Gawin, F. (1994). One-year follow-up of psychotherapy and pharmacotherapy for cocaine dependence: Delayed emergence of psychotherapy effects. *Archives of General Psychiatry, 51*, 989–997.

Chang, J. K. (2001). A study on effectiveness of the relapse prevention program for adult substances abusers. *Journal of Korean Home Management Association, 19*, 33–52.

Chermack, S. T., Bonar, E. E., Goldstick, J. E., Winters, J., Blow, F. C., Friday, S., … & Walton, M. A. (2019). A randomized controlled trial for aggression and substance use involvement among Veterans: Impact of combining motivational interviewing, cognitive behavioral treatment and telephone-based continuing care. *Journal of substance abuse treatment, 98*, 78–88.

Childress, A. R., et al. (1999). Limbic activation during cue–induced cocaine craving. *American Journal of psychiatry, 156*(1), 11–18.

Coale, H. (1998). The vulnerable therapist: Practicing psychotherapy in an age of anxiety. New York: Haworth.

Compton, W. M., Thomas, Y. F., Stinson, F. S., & Grant, B. F. (2007). Prevalence, correlates, disability, and comorbidity of DSM-IV drug abuse and dependence in the United States: Results from the national epidemiologic survey on alcohol and related conditions. Arch Gen Psychiatry, 64(5), 566–576. http://doi:10.1001/archpsyc.64.5.566

Compton, D. R., Harris, L. S., Lichtman, A. H., & Martin, B. R. (1996). *Pharmacological aspects of drug dependence: Toward an integrated neurobehavioral approach* (pp. 83–158). Berlin: Springer-Verlag.

Confidentiality of Alcohol and Drug Abuse Patient Records, 42 CFR 2.14 (1998)

Corey, G., Corey, M. S., & Callanan, P. (2014). *Issues and ethics in the helping professions* (9th ed.). Pacific Grove, CA: Brooks Cole Publishing

Cornelius, J. R., Bukstein, O. G., Douaihy, A. B., Clark, D. B., Chung, T. A., Daley, D.

C., … & Brown, S. J. (2010). Double-blind fluoxetine trial in comorbid MDD-CUD youth and young adults. *Drug and Alcohol Dependence, 112*, 39–45.

Crescenzo, F. D., Ciabattini, M., D'Alo, G. L., Giorgi, R. D., Giovane, C. D., Cassar, C., … & Cipriani, A. (2018). Comparative efficacy and acceptability of psychosocial interventions for individuals with cocaine and amphetamine addiction: A systematic review and network meta-analysis. *PLoS Medicine, 15,* e1002715.

Cruse, S. W., & Cruse, J. R. (2008). **중독의 덫 이해하기** (*Understanding co-dependency*). (김영희 역). 서울: 이레서원.

D'Amico, E. J., Houck, J. M., Tucker, J. S., Ewing, B. A., & Pedersen, E. R. (2017). Group motivational interviewing for homeless young adults: Associations of change talk with substance use and sexual risk behavior. *Psychology of Addictive Behaviors, 31*(6), 688.

D'Amico, E. J., Parast, L., Shadel, W. G., Meredith, L. S., Seelam, R., & Stein, B. D. (2018). Brief motivational interviewing intervention to reduce alcohol and marijuana use for at-risk adolescents in primary care. *Journal of consulting and clinical psychology, 86*(9), 775–786.

Davis, M. L., Powers, M. B., Handelsman, P., Medina, J. L., Zvolensky, M., & Smits, J. A. J. (2015). Behavioral therapies for treatment-seeking cannabis users: A meta-analysis of randomized controlled trials. *Evaluation & The Health Professions, 38,* 94–114.

Dutra, L., Stathopoulou, G., Basden, S. L., Leyro, T. M., Pwers, M. B., & Otto, M. W. (2008). A meta-analytic review of psychosocial interventions for substance use disorders. *The American Journal of Psychiatry, 165*, 179–187.

Ellemers, N., van der Toorn, J., Paunov, Y., & van Leeuwen, T. (2019). The psychology of morality: A review and analysis of empirical studies publiched from 1940 through 2017. *Personality and Social Psychology Review, 23*(4), 332–366.

Fareed, A., Vayalapalli, S., Casarella, J., & Drexler, K. (2012). Effect of buprenorphine dose on treatment outcome. *Journal of Addictive Diseases, 31*, 8–18.

Finney, J. W., & Monahan, S. C. (1996). The cost-effectiveness of treatment for alcoholism: A second approximation. *Journal of Studies on Alcohol, 57*, 229-243.

Fisher, G. L., & Harrison, T. C. (2005). *Substance abuse*. Boston. MA: Pearson Education.

Forester-Miller, A. (1996). *A practitioner's guide to ethical decision making*. ACA.

Galanter, M., & Kleber, H. D. (2008). Textbook of substance abuse treatment.

Glasner-Edwards, S., & Mooney, L. J. (2014). Methamphetamine psychosis: Epidemiology and management. *CNS drugs, 28*(12), 1115-1126. https://doi.org/10.1007/s40263-014-0209-8

Global Social Service Workforce Alliance. (2018). Core concepts and principles of effective case management: Approaches for the social service workforce. Global Social Service Workforce Alliance Case Management Interest Group (1st ed.).

Gilder, D. A., Geisler, J. R., Luna, J. A., Calac, D., Monti, P. M., Spillane, N. S., … & Ehlers, C. L. (2017). A pilot randomized trial of motivational interviewing compared to psycho-education for reducing and preventing underage drinking in American indian adolescents. *Journal of substance abuse treatment, 82*, 74-81.

Gowing, L., Ali, R., & White, J. M. (2009). Buprenorphine for the management of opioid withdrawal. *Cochrane Database of Systematic Reviews*, 8(3), CD002025. http://doi.org/10.1002/14651858.CD002025.pub4.

Graeber, D. A., Moyers, T. B., Griffith, G., Guajardo, E., & Tonigan, S. (2000). Comparison of motivational interviewing and educational intervention in patients with schizophrenia and alcoholism. Paper presented at the scientific meeting of the Research Society on Alcoholism, Denver.

Hamilton, H. (Ed.). (2015). The handbook of discourse analysis (pp. 612-634). Oxford: Blackwell.

Herring, S. C. (2001). Grammar and electronic communication. 'Inc. 'Chapelle'(Ed.), *Encyclopedia of applied linguistics*, Wiley-Blackwell.

Herring, B. (2001). Ethical guidelines in the treatment of compulsive sexual behavior.

Sexual Addiction & Compulsivity: *The Journal of Treatment and Prevention, 8,* 13–22.

Heyman, G. M. (2010). *Addiction: A disorder of choice*. Cambridge, MA: Harvard University Press.

Heymann, P. B., & Brownsberger, W. N. (Eds.). (2001). *Drug addiction and drug policy: The struggle to control dependence.* Cambridge: Harvard University Press.

Hides, L., Quinn, C., Chan, G., Cotton, S., Pocuca, N., Connor, J. P., … & Kavanagh, D. J. (2019). Quik fix: A randomized controlled trial of telephone-based motivational interviewing enhanced with individualised personality-Targeted coping skills training for young people with alcohol-related injuries and illnesses accessing emergency services. *Annals of Emergnecy Medicine, 67*(2), 263–275.

Higgins, S. T., Budney, A. J., Bickel, W. K., Badger, G. J., Foerg, F. E., & Ogden, D. (1995). Outpatient behavioral treatment for cocaine dependence: One-year outcome. *Experimental and Clinical Psychopharmacology, 3,* 205–212.

Higgins, S. T., Budney, A. J., Bickel, W. K., Hughes, J. R., Foerg, F., & Badger, G. (1993). Achieving cocaine abstinence with a behavioral approach. *American Journal of Psychiatry, 150,* 763–769.

Higgins, S. T., Delaney, D. D., Budney, A. J., Bickel, W. K., Hughes, J. R., Foerg, F., & Fenwick, J. W. (1991). A behavioral approach to achieving initial cocaine abstinence. *American Journal of Psychiatry, 148,* 1218–1224.

Hjorthoj, C. R., Baker, A., Fohlmann, A., & Nordentoft, M. (2014). Intervention efficacy in trials targeting cannabis use disorders in patients with comorbid psychosis systematic review and meta-analysis. *Current Pharmaceutical Design, 20,* 2205–2211.

Hodgins, D., & Diskin, K. M. (2008). *Motivational interviewing in the treatment of problem and pathological gambling.* New York: Guilford.

Holder, H., Longabaugh, R., Miller, W., & Rubonis, A. (1991). The cost-effectiveness of treatment for alcoholism-A 1st approximation. *Journal of Studies on Alcohol, 52,*

517–540.

Houston-Vega, M., & Nuehring, E. (1997). *Prudent practice: A guide for managing malpractice risk.* Washington, DC: National Association of Social Workers Press.

Hunter, M., & Struve, J. (1998). *The ethical use of touch in psychotherapy.* New York: Sage. https://doi.org/10.4135/9781483328102

Hunter, M., & Struve, I. (1998). The ethical use of touch in psychotherapy, thousand Oaks, Sage.

Ingjaldsson, J. T., Laberg, J. C., & Thayer, J. F. (2003). Reduced heart rate variability in chronic alcohol abuse: Relationship with negative mood, chronic thought suppression, and compulsive drinking. *Biological Psychiatry, 54*(12), 1427–1436.

Jiang, S., Wu, L., & Gao, X. (2017). Beyond face-to-face individual counseling: A systematic review on alternative modes of motivational interviewing in substance abuse treatment and prevention. *Addictive behaviors, 73,* 216–235.

Jinger G., DiPasquale, T., Hernandes, J. M., & Roberts, L. W. (2008). Ethics and Culture in Mental Health Care. *Ethics & Behavior, 18*(4), 353–372.

Johnson, C. (2000). Been there, done that: The use of clinicians with personal recovery in the treatment of eating disorders. *The Renfrew Center Foundation Perspective, 5*(2), 1–4.

Johnson, J. F. (2000). Ethics in the humanities: Findings from focus groups. *Journal of Academic Ethics, 8*(4), 285–300.

Jones, R. T. (1980). Human effects: An overview. In R. C. Peterson (Ed.), National institute of drug abuse research monograph No. 31 marijuana research findings: 1980 (pp. 54–80). Washington, DC: U.S. Government Printing Office.

Kang, S. (2005). A study on the effectiveness of the therapeutic community approach to substance abusers in prison. *Mental Health & Social Work, 21*, 35–59.

Kang, S., & Yoon, H. J. (2004). The Study on Effects of Rehabilitation Program for Substance Abusers in Prison. *Korean Society for Correction Service*, 21, 85–115.

Kennedy, D. P., Osilla, K. C., Hunter, S. B., Golinelli, D., Hernandez, E. M., & Tucker,

J. S. (2018). A pilot test of a motivational interviewing social network intervention to reduce substance use among housing first residents. *Journal of substance abuse treatment, 86*, 36–44.

Kim, K. H., & In, H. J. (2002). Effects of self-disclosure on negative emotion, physical symptoms, and attitudes toward drug for drug-abuser. *The Korean Journal of Health Psychology, 7,* 111–124.

Kim, Y. J. (2000). A study on the effectiveness of short-term group activity pro for relapse prevention of substance abusers. *Mental Health & Social Work, 9,* 25–53.

Kitchener, K. S. (1984). Intuition, critical evaluation and ethical principles: The foundation for ethical decisions in counseling psychology. *The counseling Psychologist,* 12(3), 43–55. https://doi.org/10.1177/0011000084123005

Knapp, S., Gottlieb, M., & Handelsman, M. (2017). Enhancing professionalism through self-reflection. *Professional Psychology Research and Practice, 48*(3), 167–174.

Korea Correctional Office (Internal data). (2019). *Investigation result of recidivism rate.* Retrieved from index.go.kr/potal/main/EachDtlPageDetail.do?idx_cd=2818

Ladany, N., Lehrman-Waterman, D., Molinaro, M., & Wolgast, B. (1999). Psychotherapy supervisor ethical practices: Adherence to guidelines, the supervisory working alliance, and supervisee satisfaction. *The Counseling Psychologist, 27*(3), 443–475.

Lee, D., Hong, S. J., Jung, Y. C., Park, J., Kim, I. Y., & Namkoong, K. (2018). Altered heart rate variability during gaming in internet gaming disorder. *Cyberpsychology, Behavior, and Social Networking, 21*(4), 259–267.

Lee, M., Kim, D., & Choi, D. (2006). Effects of therapeutic recreation on self-esteem of adult substance abusers in the penitentiary. *The Korean Journal of Physical Education, 45*, 231–241.

Lee, Y. S., Cheon, S. M., & Kim, J. H. (2001). The effect of life skill training program for the drug abusing delinquent adolescents. *The Korean Journal of Counseling and Psychotherapy, 13*, 161–185.

Li, L., Zhu, S., Tse, N., Tse, S., & Wong, P. (2016). Effectiveness of motivational interviewing to reduce illicit drug use in adolescents: A systematic review and meta-analysis. *Addiction, 111*, 795–805.

Ling, W., Hillhouse, M., Ang, A., Jenkins, J., & Fahey, J. (2013). Comparison of behavioral treatment conditions in buprenorphine maintenance. *Addiction, 108*, 1788–1798.

Lundahl, B. W., Kunz, C., Brownell, C., Tollefson, D., & Burke, B. L. (2010). A meta-analysis of motivational interviewing: Twenty-five years of empirical studies. *Research on Social Work Practice, 20*, 137–160.

Lussier, J. P., Heil, S. H., Mongeon, J. A., Badger, G. J., & Higgins, S. T. (2006). A meta-analysis of voucher-based reinforcement therapy for substance use disorders. *Addiction, 101*, 192–203.

Magill, M., & Ray, L. A. (2009). Cognitive-behavioral treatment with adult alcohol and illicit drug users: A meta-analysis of randomized controlled trials. *Journal of Studies on Alcohol and Drugs, 70*, 516–527.

Manhal-Baugus, M. (2001). E-therapy: Practical, ethical, and legal issues. *CyberPsychology & Behavior, 4*(5), 551–563.

Mattick, R. P., Breen, C., Kimber, J., & Davoli, M. (2009). Methadone maintenance therapy versus no opioid replacement therapy for opioid dependence. *Cochrane Database of Systematic Reviews*, doi: 10.1002/14651858.CD002209.pub2.

McDonell, M. G., Srebnik, D., Angelo, F., McPherson, S., Lowe, J. M., Sugar, A., … & Ries, R. K. (2013). Randomized controlled trial of contingency management for stimulant use in community mental health patients with serious mental illness. *American Journal of Psychiatry, 170*, 94–101.

McGovern, T., Babor, T. F., & Stenius, K. (2017). The road to paradise: Moral reasoning in addiction publishing.

McRae-Clark, A. L., Carter, R. E., Killeen, T. K., Carpenter, M. J., Wahlquist, A. E., Simpson, S. A., & Brady, K. T. (2009). A placebo-controlled trial of buspirone for the treatment of marijuana dependence. *Drug and Alcohol Dependence, 105*,

132-138.

McRae-Clark, A. L., Carter, R. E., Killeen, T. K., Carpenter, M. J., White, K. G., & Brady, K. T. (2010). A placebo-controlled trial of atomoxetine in marijuana-dependent individuals with attention deficit hyperactivity disorder. *American Journal on Addictions, 19*, 481-489.

Milgrom, J. H. (1992). Boundaries in professional relationships: A training manual. Minneapolis, MN Walk-In Counseling Center.

Miller, W. R., Andrews, N. R., Wilbourne, P., & Bennett, M. E. (1998). A wealth of alternatives: Effective treatments for alcohol problems. In W. R. Miller & N. Heather (Eds.), *Applied clinical psychology. Treating addictive behaviors* (pp. 203-216). Plenum Press.

Miller, W. R., & Rollnick, S. (2002). Motivational interviewing: Preparing people for change. New York: Guilford.

Miller, W. R., & Rollnick, S. (2006). **동기강화상담 제2판: 변화준비시키기** (신성만 외 공역). 서울: 시그마프레스.

Miller, W. R., & Rollnick, S. (2015). **동기강화상담 제3판: 변화 함께하기** (신성만 외 공역). 서울: 시그마프레스.

Miller, W. R., Wilbourne, P. L., & Hettema, J. E. (2003). What works? A summary of alcohol treatment outcome research. In R. K. Hester & W. R. Miller (Eds.), *Handbook of alcoholism treatment approaches: Effective alternatives* (3rd ed., pp. 13-63). Boston: Allyn & Bacon.

Moore, T. H., Zammit, S., Lingford-Hughes, A., Barnes, T. R., Jones, P. B., Burke, M., & Lewis, G. (2007). Cannabis use and risk of psychotic or affective mental health outcomes: A systematic review. *The Lancet, 370*, 319-328.

Murch, W. S., Chu, S. W., & Clark, L. (2017). Measuring the slot machine zone with attentional dual tasks and respiratory sinus arrhythmia. *Psychology of Addictive Behaviors, 31*(3), 375-384.

NAADAC. (2016). Code of Ethics (revised) Alexandriaq, VA: NAADAC

National Association of Social Workers. (1992). NASW Standards for Social Work Case Management.

National Institute on Drug Abuse. (2012). Principles of drug addiction treatment 3rd Ed: A research-based guide. *NIH Publication, 12, 4180.*

Nelsen, J., Lott, L., & Inter, R. (2018). **중독가정을 위한 긍정훈육** (*Positive discipline for parenting in recovery*). (박예진 외 공역). 서울: 학지사.

Newlin, D. B. (1995). Effect of cocaine on vagal tone: A common factors approach. *Drug and Alcohol Dependence, 37*(3), 211-216.

ONDCP. (2020). The national drug control budget: FY 2021 funding highlights.

Pajulo, Suchman, Kalland, & Mayes (2006). Enhancing the effectiveness of residential treatment for substance abusing pregnant and parenting women: Focus on maternal reflective functioning and mother-child relationship. *Infant Mental Health Journal, 27*(5).

Park, S. G. (2002). The development and effectiveness of a self-love program for the treatment of drug abusers. *Korean Journal of Clinical Psychology, 21*, 693-703.

Park, S., & Baik, M. (2019). A qualitative study on the hidden crime rate measurement of drug crimes. *Korean Police Studies Review, 18*, 151-170.

Patterson, L. E., & Welfel, E. R. (1999). The Counseling Process. Brooks/Cole.

Perez-Mana, C., Castells, X., Vidal, X., Casas, M., & Capella, D. (2011). Efficacy of indirect dopamine agonists for psychostimulant dependence: A systematic review and meta-analysis of randomized controlled trials. *Journal of Substance Abuse Treatment, 40*, 109-122.

Phillips, P. E. M., Stuber, G. O., Heien, M. L. A. V., Wightman, R. M., & Carelli, R. M. (2003). Subsecond dopamine release promotes cocaine seeking. *Nature, 422*(6932), 614-618.

Polcin, D. L., Korcha, R., Pugh, S., Witbrodt, J., Salinardi, M., Galloway, G., … & Nelson, E. (2019). Intensive motivational interviewing for heavy drinking among women. *Addictive disorders & their treatment, 18*(2), 70-80.

Pope, K., & Vasquez, M. (1998). *Ethics in psychotherapy and counseling: A practical guide*. San Francisco: Jossey-Bass.

Powell, D. J., & Brodsky, A. (2004). *Clinical supervision in alcohol and drug abuse counseling: Principles, models, methods* (Rev. ed.). San Francisco: Jossey-Bass.

Powell, D. (2004). *Clinical supervision in alcohol and drug abuse counseling.*

Prendergast, M., Hall, E. (2011) A treatment manual for implementing contingency management: Using incentives to improve parolee enrollment and attendance in community treatment.

Prendergast, M. L., Podus, D., Chang, E., & Urada, D. (2002). The effectiveness of drug abuse treatment: A meta-analysis of comparison group studies. *Drug and Alcohol Dependence, 67*, 53–72.

Prendergast, M., Podus, D., Finney, J., Greenwell, L., & Roll, J. (2006). Contingency management for treatment of substance use disorders: A meta-analysis. *Addiction, 101*, 1546–1560.

Reed, S. F., Porges, S. W., & Newlin, D. B. (1999). Effect of alcohol on vagal regulation of cardiovascular function: Contributions of the polyvagal theory to the psychophysiology of alcohol. *Experimental and clinical psychopharmacology, 7*(4), 484–492.

Reif, S., George, P., Braude, L., Dougherty, R. H., Daniels, A. S., Ghose, S. S., & Delphin-Rittmon, M. E. (2014). Residential treatment for individuals with substance use disorders: Assessing the evidence. *Psychiatric Services, 65*, 301–312.

Roll, I. M., Petry, N. M., & Stitzer, M. L. (2016). Contingency management for the treatment of methamphetamine use disorders. *American Journal of Psychiatry, 163*(11), 1993–1999.

Roozen, H. G., Waart, R. D., & Kroft, P. V. D. (2010). Community reinforcement and family training: An effective option to engage treatment-resistant substance-abusing individuals in treatment. *Addiction, 105*, 1729–1738.

Rosengren, D. B. (2020). **동기강화상담기술훈련 실무자 워크북** (*Building motivational* *interviewing skills: a pratitioner workbook*). (신성만 외 공역). 서울: 박학사.

Rubin, L. B (1996). *The transcendent child: Tales of triumph over the past.* Basic Books.

Ryan, R. M., & Deci, E. L. (2000). Self-determination theory and the facilitation of intrinsic motivation, social development, and well-being. *American psychologist, 55*(1), 68.

Ryan, R. M., & Deci, E. L. (2008). A self-determination theory approach to psychotherapy: The motivational basis for effective change. *Canadian Psychology/ Psychologie canadienne, 49*(3), 186-193.

Sayegh, C. S., Huey, S. J., Zara, E. J., & Jhaveri, K. (2017). Follow-up treatment effects of contingency management and motivational interviewing on substance use: A meta-analysis. *Psychology of Addictive Behaviors, 31*, 403-414.

Shaw, K. (2009). Inter-parental violence and child abuse among alcoholics household: Relationship to adult self-esteem and dating violence. Unpublished doctoral dissertation, virginia consortium for professional psychology.

Smith, N. T. (2002). A review of the published literature into cannabis withdrawal symptoms in human users. *Addiction, 97*, 621-632.

Söderström, K., & Skårderud, F. (2013). The good, the bad, and the invisible father: A phenomenological study of fatherhood in men with substance use disorder. *Fathering, 11*(1), 31-51.

Substance Abuse and Mental Health Services Adiministration. (1998). Comprehensive case management for substance abuse treatment, treatment improvement protocol (TIP) series, No. 27 center for substance abuse treatment. Rockville (MD):

Substance Abuse and Mental Health Service Administration. (2015). Complrehendsive Casement for Substance Abuse Treatment. Treatment Improvement Protocol Series 27.

Sulaiman, A. H., Said, M. A., Habil, M. H., Rashid, R., Siddiq. A., Guan, N. C., Midin, M., Nik, J. N. R., Sidi, H., & Das, S. (2014). The risk and associated factors of methamphetamine psychosis in methamphetamine-dependent patients in Malaysia. *ComperPsychiatry*, *55*(Suppl 1): S89-94.

Supreme Prosecutors' Office. (2010). *2009 drug crime report* (Government Publications Registration No. 11-1280000-000045-10). Retrieved from http://www.spo.go.kr/site/spo/ex/board/List.do?cbIdx=1204

Supreme Prosecutors' Office. (2019). *2018 drug crime report* (Government Publications Registration No. 11-1280000-000045-10). Retrieved from http://www.spo.go.kr/site/spo/ex/board/List.do?cbIdx=1204

Teo, T. (2015). Are psychological "ethics codes" morally oblique? *Journal of Theoretical and Philosophical Psychology, 35*(2), 78-89. doi:10.1037/a0038944

The Korean Academic of Science and Technology. (2019). *The current status of drug abuse and policies to solve the problems* (The Korean Academy of Science and Technology Research Report 126). Retrieved from https://kast.or.kr/kr/space/publication.php?bbs_data=aWR4PTE3MTk5JnN0YXJ0UGFnZT0wJmxpc3RObz0yODImdGFibGU9Y3NfYmJzX2RhdGEmY29kZT1tb2smc2VhcmNoX2l0ZW09JnNlYXJjaF9vcmRlcj0=||&bgu=view

Thompson, P. M., Hayashi, K. M., Simon, S. L., Geaga, J. A., Hong, M. S., Sui, Y., Lee, J. Y., Toga, A. W., Ling, W., & London, E. D. (2004). Structural abnormalities in the brains of human subjects who use methamphetamine. *J Neurosci, 24*(26), 6028-6036.

Thompson, R. (1990). Emotion and self-regulation, Nebraska Symposium on motivation. *Nebraska Symposium on Motivation, 36,* 367-467.

Tjeltveit, A. C. (2004). The good, the bad, the obligatory, and the virtuous: The ethical contexts of psychotherapy. *Journal of Psychotherapy Integration, 14*(2), https://doi.org/10.1037/1053-0479.14.2.149.

Tjeltvelt, A. C. (1999). *Ethics and values in psychotherapy*. New York: Routledge.

Tucker, J. S., D'Amico, E. J., Ewing, B. A., Miles, J. N., & Pedersen, E. R. (2017). A group-based motivational interviewing brief intervention to reduce substance use and sexual risk behavior among homeless young adults. *Journal of substance abuse treatment, 76,* 20–27.

U.S. Department of Defense, Department of Veterans Affairs. (2015). *VA/DOD clinical practice guideline for the management of substance use disorders* (guideline version 3.0). Retrieved from https://www.healthquality.va.gov/guidelines/MH/sud/VADoDSUDCPGRevised22216.pdf

Volkow, N. D., Chang, L., Wang, G. J., Fowler, J. S., Franceschi, D., Sedler, M., Gatley, S. J., Miller, E., Hitzmann, R., Ding, Y. S., & Logan, J. (2001). Loss od dopamine transporters in methamphetamine abusers recovers with protracted abstinence. *J Neurosci, 21*(23), 9414–9418

Walsh, J. (1998). The concept of family resilience: Crisis and challenge. *Family Process, 35*(3), 261–281.

Walsh, J. (2000). *Clinical case management with persons having severe mental illness: A relationship-based perspective*. Belmont, CA: Brooks/Cole.

Wegscheider, S. (1981). *Another chance: Hope and help for the alcoholic family*. Palo Alto, CA: Science & Behavior Books.

Welfel, E. R. (2012). *Ethics in counseling and* Wegscheider-Cruse, S., & Cruse, J. R. (2008). *Understanding* co-dependency. *psychotherapy* (5th Ed.). Cengage Learning.

White, W. L. (1998). *Slaying the dragon: A history of addiction treatment and recovery in America.* Bloomington, IL: Chestnut Health Systems.

White, W. L., & Popovits, R. M. (2001). *Critical incidents: Ethical issues in the prevention and treatment of addiction*(2nd ed.). Blooming, IL: Chestnut Health systems.

White, W. L., et al. (2007). Ethical guidelines for the delivery of peer-based recovery support services. Philadelphia, *Philadelphia Department of behavioral health and mental retardation services,* ATTC.

Whitfield, C. (1991). *Co-dependence: Healing the human condition*. Florida: Health

Communication.

Wilkinson, T. (2019). Trends in ethical complaints leading to professional counseling licensing boards disciplinary actions. *Journal of Counseling & Development, 97*(1), 98-104.

메디팜스 투데이(2012. 4. 6.). 美, 진통제 사용 증가 중독 우려.

약학정보원(2018). 약물백과 '식욕 억제제' http://www.health.kr/Menu.PharmReview/View.asp?PharmReview_IDX=2672

익명의 약물 중독자들 한국 홈페이지. http://www.nakorea.org/bbs/page.php?hid=0106

Korea Real Time (2011. 11. 2.). 진통제 사망자수, 10년간 거의 4배 늘어.

Korea Weekly (2007. 8. 31.). 마약성 진통제 사용 급증, 통증환자 많아졌나?

찾아보기

인명

내용

저자 소개

조성남(Cho Sungnam)

고려대학교 의학석사 및 배재대학교 법학박사과정 수료
건강정신의학과 전문의, 신경과 전문의
전 국립부곡병원 원장
　을지대학교 중독재활복지학과 교수
　을지대학교 강남을지병원 원장
　한국중독정신의학회 회장
　국무총리실 마약류대책협의회 위원
현 국립법무병원 원장
　을지대학교 을지중독연구소 소장
　한국법정신의학회 회장
　식약처 마약류 안전관리 심의위원회 위원

강향숙(Kang Hyangsook)

이화여자대학교 사회복지전문대학원 박사 졸업
전 회정치료공동체 상담연구팀장
　서울까리따스알코올상담센터 팀장
현 남서울대학교 아동복지학과/국제대학원 글로벌중독재활상담 전공 부교수
　한국중독재활시설협회 자문위원
　정신재활시설 비타민 운영위원장
　한국회복코치협회 부회장

김선민(Kim Sunmin)

이화여자대학교 사회복지학 석사 및 박사
미국 골든게이트 침례신학대학원 교육학 석사
전 서울대학교 간호대학 도박중독교육센터 연구교수
　한성대학교 국제대학원 마약학과 겸임교수
현 콜롬보플랜 UNODC 글로벌 마스터 트레이너
　한국회복코치협회 상담센터 센터장
　단국대학교 법무행정 대학원 사회복지학과 외래교수

김주은(Kim Jueun)

미국 컬럼비아 대학교 임상심리학 석사
미국 시라큐스 대학교 임상심리학 박사
전 캐나다 토론토 중독 및 정신건강센터 연구원 및 임상수련의
한국마약퇴치운동본부 중독재활센터 센터장
현 충남대학교 심리학과 교수
심리성장과 자기조절센터 부센터장
식약처 마약류 안전관리 심의위원

문봉규(Moon Bonggyu)

평택대학교 상담대학원 상담학 석사
전 회정치료공동체 대표
평택대학교 상담대학원 대우교수
한국중독전문가협회 자격관리위원장
한국중독심리학회 이사
현 문경회복센터 대표

박상규(Park Sang-gyu)

계명대학교 대학원 임상 및 상담심리 박사
전 한국중독심리학회 학회장
한국중독상담학회 학회장
한국도박문제관리센터 이사장
국무조정실 마약류대책 협의회 민간위원
현 꽃동네대학교 상담심리학과 교수
충북도박문제관리센터 운영위원장
한국중독포럼 공동대표
경찰청 마약범죄수사 자문위원

신성만(Shin Sungman)

미국 위스콘신 대학교 심리학 석사

미국 보스턴 대학교 재활상담학 박사

전 미국 하버드 의과대학 케임브리지병원 정신과 연구원

한국중독심리학회 학회장

현 한동대학교 상담심리사회복지학부 및 심리학과 대학원 교수

마약류 중독의 이해와 치료

Drug Addiction and Treatment

2021년 2월 10일 1판 1쇄 발행
2023년 10월 20일 1판 3쇄 발행

지은이 • 조성남 · 강향숙 · 김선민 · 김주은 · 문봉규 · 박상규 · 신성만

펴낸이 • 김 진 환

펴낸곳 • (주) 학지사
04031 서울특별시 마포구 양화로 15길 20 마인드월드빌딩 5층

대표전화 • 02) 330-5114　　팩스 • 02) 324-2345

등록번호 • 제313-2006-000265호

홈페이지 • http://www.hakjisa.co.kr
인스타그램 • https://www.instagram.com/hakjisabook

ISBN 978-89-997-2314-8 93180

정가 18,000원